중국 주재 외교관이 전하는
## 중국 新 경제 정책의 핵심

# 상하이
# 자유무역시험구

### CHINA SHANGHAI PILOT FREE TRADE ZONE

이 강국 지음

BOOK ★ STAR

중국은 1978년 12월 공산당 제11기 3중전회(三中全會)에서 등소평의 개혁개방 방침을 결정한 후에 수십 년간 연평균 10% 가까운 경제성장률을 기록하는 발전을 거듭하여 미국과 함께 G2 일원으로서 일컬어지는 강대국으로 부상하고 있다. 그런데 시진핑 주석을 중심으로 하는 현재의 중국 지도자들은 더욱 발전된 미래를 내다보고 등소평이 추진하였던 전략보다 한 차원 높은 개혁개방 전략을 구사하고 있다. 그 핵심이 바로 자유무역구 정책이다.

과거의 개혁개방 정책이 대대적인 외국인 투자 유치를 통한 발전 전략이었다면, 시진핑 체제가 구사하고 있는 개혁개방 전략은 과감한 혁신 정책을 통해 중국 자체의 경쟁력을 끌어올리겠다는 것이다. 그런데 새로운 정책 시행에 따른 리스크를 감안하여 여건이 가장 잘 갖추어져 있는 상하이 푸둥지역의 네 개 보세구에 자유무역시험구를 설정하여 정책을 실험해 보고 그 성과를 전국으로 확산시켜 나가겠다는 전략이다. 즉 중국은 개혁개방 정책을 소위 점→선→면의 3단계 발전 전략에 입각하여 시범사업, 시범지역 확대, 전면적 실시 순서에 따라 시행해 왔는데, 상하이 자유무역시험구에서 새로운 정책을 전체적으로 실험하고 그 성과를 가능한 신속히 전국적으로 복사, 확대해 나간다는 전략을 구사하고 있다.

상하이 자유무역시험구를 폄하하는 사람들은 설립 1주년이 될 무렵까지도 구체적인 세칙이 없지 않느냐고 반문하였다. 식당에서 음식이 나오는 방식에서 한국 식당과 중국 식당은 확연히 다르다. 한국 식당에서는 밑반찬이 한꺼번에 나오고 주식도 빨리 나온다. 반면 중국 식당에서는 음식을 하나하나 주문하여야 하며 먹는 속도에 따라 음식이 차근차근 나오게 되어 있다. 상하이 자유무역시험구 총체 방안이 나온 후에 관련 세칙이 하나하나 나오고 있다. 이제 세칙이 100개를 훌쩍 넘어섰으며 자고 일어나면 새로운 세칙이 나와 따라잡는데도 벅찰 지경이다.

중앙과 지방의 여러 부서에서는 전국적인 확대 시행을 염두에 두고 머리를 맞대고 심혈을 기울여 이러한 세칙들을 만들어 내고 있다. 상하이 자유무역시험구는 무역·투자·금융·서비스·정부 관리·사법 제도 등 여러 분야를 광범위하게 포괄하고 있어 한마디로 중국의 신경제 정책의 백화점이라고 할 수 있다. 자유무역시험구의 정책이나 법규를 파악하게 되면 중국의 새로운 경제정책 내용을 이해하고 예측할 수 있다. 중국 정부의 새로운 경제정책 내용을 한꺼번에 일망타진할 수 있는 것이다.

지금 상하이 자유무역시험구에 외국인 기업들도 들어오고 있지만, 특히 많은 중국 기업들이 금융, 물류 등을 중심으로 진출하고 있다. 상하이 자유무역시험구에서 노하우를 쌓은 중국 기업들은 앞으로 보다 혁신적인 개혁개방 정책이 추진될 중국에서 선도적인 위치를 차지할 것이다. 중국은행, 공상은행, 건설은행, 초상은행(招商銀行) 등 중국계 은행들이 시험구에 지점을 개설하여 쏟아져 나오고 있는 금융 세칙들을 실제에 적용하고 새로운 사업 영역을 창출해 내고 있다. 현재 중국에서 한국계 은행들은 주로 한국 기업 및 교민들을 상대로 영업을 하고 있다. 중국인들을 상대로 한 영업도 개척하려고 하고 있지만 규모가 크고 현지에 뿌리박고 있는 중국계 은행들과 경쟁하기에는 버거운 상태라고 한다.

그런데 문제는 지금 중국계 은행들은 상하이 자유무역시험구에서 새로운 금융 제도들을 몸소 체험하고 있으나 한국계 은행들은 상하이 자유무역시험구에 하나의 지점도 설립하지 않았을 뿐만 아니라

하나의 자유무역구 금융 상품도 운영하지 않고 있다. 상하이 자유무역시험구에서 시험된 제도들이 속속 중국 전역으로 확대되고 있고, 2014년 12월에 광둥, 톈진, 푸젠에 추가적으로 자유무역시험구를 설립하기로 결정하였기 때문에 금융을 비롯한 중국의 여러 정책에 있어서 큰 변화가 있게 된다.

　이러한 상태로 가면 새로운 금융 제도와 정책에 대한 학습이 부족하고 이 분야에 전혀 영업 경험이 없는 한국계 은행들은 중국계 은행(홍콩 은행 포함)들에게 노하우 면에서 절대적으로 뒤지게 된다. 지금까지 한국계 은행을 활용해 왔던 한국 기업들, 특히 대기업들이 한국계 은행 대신 중국계 은행을 이용하게 되는 상황이 올 수 있다. 벌써 이러한 조짐이 보이고 있다. 최근에 만난 한국 대기업체 임원은 HSBC 은행을 통해 상하이 자유무역시험구에서 시행되고 있는 종합금융센터(資金池) 제도를 활용할 계획이라고 말했다. 한국계 은행들이 자신들의 영업을 위해서도 자유무역시험구에 가서 학습을 하고 일을 해 보아야 하는 당위성이 바로 여기에 있는 것이다.

　중국은 철옹성처럼 닫혀 있던 서비스 시장을 자유무역시험구를 통해서 열고 있다. 청소년들에게 유해하다고 하여 금지시켰던 오락게임 산업을 허용하였다. 의료시장 개방은 획기적이기까지 하다. 상하이 자유무역시험구에서 외국인이 100% 투자의 독자 형식으로 영리성 의료기관을 설립할 수 있도록 하였다. 더 나아가 중국 정부는 북경시, 톈진시, 상하이시, 장쑤성, 푸젠성, 광둥성, 하이난 다오성 등 7개 성·직할시를 시범적으로 지정하여 외국인 투자자가 단독으로 신규 병원을 설립하거나 기존 병원을 인수하는 것을 허용하였다. 영리성 병원 설립 논란을 수년째 거듭하면서 앞으로

한 발짝 나가지 못하여 대외 개방은 고사하고 대내 개방도 이루지 못하고 있는 한국과는 대조적이다. 화물선 환적에 대한 개방 조치를 실시함으로써 상하이항의 환적 화물량이 늘어나고 있고 상대적으로 부산항의 환적 화물량이 줄어들고 있다.

한국의 최대 교역, 투자 대상국이자 경제적 앞마당으로서 적극적으로 개척해야 할 대상인 중국에서 매우 중요한 정책 변화가 이루어지고 있는데, 언론들은 아무것도 아니라는 보도를 쏟아내고 기업들은 새로운 정책 변화에 대해 관심은 고사하고 거의 무시하고 있다. 자유무역시험구의 진정한 추진 목표는 외국인 투자 유치보다는 중국 자체의 체질 개선이고 경쟁력 향상이다. 현재 4조 달러에 이르는 막대한 외화를 보유하고 있는 중국에게 한국 기업들의 투자 여부는 그렇게 중요한 것이 아니다.

오히려 지금은 한국이 아쉬운 상황이며, 한국 기업, 관료, 일반 국민들이 중국의 변화와 현실을 제대로 알고 준비하고 대응해 나가는 것이 국익에 절실하다. 중국을 위해서가 아니라 한국 자신을 위해 중국의 신경제 정책의 핵심인 자유무역구 정책을 제대로 알아야 하는 것이다. 세 개의 자유무역시험구가 추가 실시되고 기존의 상하이 자유무역시험구도 여타 푸둥신구 지역으로 확대되어 경쟁적으로 개혁정책이 실시되고 있는 현 시점에서도 아무것도 아니라고 할 것인가?

중국을 제대로 알아야 중국에 진출할 수 있고 경쟁에서 이길 수 있다. 여기서 밀리거나 주저앉으면 한국에게는 희망이 없다. 중국은 기회의 땅이다. 그러나 그 기회를 활용하지 못하면 한국에게 위기로 다가올 것이다. 시진핑호가 진군을 거듭하면 중국 기업들의 경쟁력은 커진다. 한국에게 주어진 시간은 많지 않다. 그러나 기회는 있다. 한국에겐 한류가 있고 아이디어가 풍부하며 기술 잠재력을 가지고 있다. 제도나 정책면에서 혁신을 이루면서 기술력을 키워 부가가치 높은 상품을 생산하여 광대한 중국 시장을 개척해 나가야 한다. 그 출발점이 중국의 혁신정책이 망라되어 있는 자유무역구를 제대로 알고 활용하는 것이다.

마음이 급하였다. 상하이시의 각계 인사들을 만나고, 기관을 방문하고, 세미나에 참석하고, 자유무역시험구 홈페이지, 언론 보도 등을 하나하나 체크해 나갔다. 새벽에 일어나 자료를 번역하고 정리하는 작업을 반복하였다. 중국의 자유무역구는 진행형이다. 계속해서 새로운 정책이 나오고 있다. 그래서 가능한 상하이 자유무역시험구 출범 초기부터 정책 변화의 과정을 조치가 이루어진 시간적 순서에 따라 설명하려고 하였다.

상하이 자유무역시험구 총체 방안은 시험구의 기본방침으로서 정책 가이드라인 역할을 하고 있다. 2~3년간 개혁 시험을 통해, 개방 확대와 개혁 심화의 새로운 로드맵을 추진하고 이를 중국 전역에 파급한다는 것이 종합 목표로 제시되었다. 금융혁신 조치 관련 자본계정 자유화 확대, 위안화 결제 및 국경 간 자금 이동, 금리자유화 확대 및 심사절차 간소화 등을 통한 외환관리 규제의 완화 등에 관한 세칙을 소개하였다.

투자 부문에서는 네거티브 리스트, 27개항 및 31개항 조치 등 투자 개방 확대, 기업설립 제도 개선 등에 대해 설명하였다. 통관 및 무역 편리화 부문에서는 통관 혁신 제도, 검사검역 간소화 등에 관해 기술하였다. 서비스 부문에서는 총체 방안에서 개방키로 한 서비스 항목을 중심으로 관련 세칙들을 소개하였다. 제도 구축 측면에서는 중재제도, 법원 구축, 시험구 조례 제정 등에 관해 설명하였다.

이어서 상하이 자유무역시험구에서 실시되고 있는 정책이 전국으로 확산되는 상황을 기술하였으며, 원자재, 금융 등 관련 분야에서 주도권과 발언권 강화를 염두에 두고 추진하고 있는 플랫폼 경제 구축, 중국의 정치 및 금융의 지위 상승을 염두에 두고 실시하고 있는 위안화 국제화, 자본시장 개방 조치 일환으로서 상하이-홍콩 주식 교차거래인 후강통, 빠르게 성장하고 있는 전자상거래에 관해서도 기술하였다. 아울러, 외국 기업 진출 사례와 시험구 진출 혁신 사례를 소개하여 참고할 수 있도록 하였다.

후반부에서는 출범 1년을 즈음하여 상하이 자유무역시험구의 성과와 각계의 평가를 소개하였으며, 광둥, 톈진, 푸젠 자유무역시험구 등 자유무역시험구 확대 설립 동향과 자유무역시험구 추가 설립 전망에 관해 설명하였다. 마지막으로 중국의 자유무역구 정책은 한국에 어떤 의미가 있으며 어떻게 대처해 나갈 것인지에 대해 함께 고민해 보는 장을 마련하였다.

상하이 자유무역시험구 분야가 워낙 방대하고 내용이 많고 복잡하다 보니 많은 분들의 도움이 필요했다. 정부기관, 금융기관, 기업체, 대학, 학술기관 등에서 일하는 여러분들을 면담하고 조언을 구했다. 도와주신 모든 분들께 고마움을 표한다. 내일 일어나면 자유무역시험구에 관한 새로운 내용이 또 나올 것이다. 그러나 내일 이후는 다음에 기약하기로 하고 오늘까지의 내용으로 대장정을 마무리하고자 한다. 독자들에게 도움이 되었으면 하는 바람이다.

2015년 3월 상하이에서
이강국 드림

# 차 례

# 제1장

中国(上海)自由貿易试验区
China (Shanghai) Pilot Free Trade Zone

## 상하이 자유무역시험구 설립 경과

# 제1장 상하이 자유무역시험구 설립 경과

## 제1절 상하이 스케치

### 1. 상하이 역사

상하이는 면적이 서울시의 10배에 달하고 인구가 2,400만 명이나 되며, 중국에서 가장 발달되고 국제화된 도시이다. 먼 옛날 과거에는 바다였으나 창장(長江, 양쯔강)에서 내려오는 토사와 바다에서 밀려온 토사가 쌓이면서 육지가 형성되어 만들어졌고 오랫동안 어민들이 사는 곳이었다. 상하이의 차량 번호판의 가장 앞에 쓰이고 있는 '후(沪, 호)' 자는 고기를 잡는 통발이라는 뜻으로서 과거 상하이가 어촌이라는 것을 보여주고 있다.

아편전쟁 결과 1842년 체결된 난징조약에 의해 상하이가 개항되어 영국, 미국, 프랑스 조계가 와이탄(外灘) 등지에 설치되고 외국자본의 중국 진출 교두보 역할을 하면서 본격적으로 발전하기 시작하였다. 지금도 와이탄에는 당시 은행이나 기관으로 사용되었던 석조

건물들이 보존되어 고풍스런 분위기를 자아내고 있으며, 이제는 고급 호텔과 레스토랑 등으로 단장되어 상하이의 품격을 높여주고 있다.

1911년 신해혁명(辛亥革命) 이후 상하이는 중국 근현대사의 중심 무대가 되었다. 1921년 7월 중국 공산당 제1차 대표자 회의가 개최되었으며, 쑨원(孫文)이 1920년부터 1924년까지 상하이에 머무르면서 국민당을 개편하고 제1차 국공합작을 실현시켰다. 이무렵 대한민국 임시정부가 수립되어 독립운동을 전개하였으며, 1932년에는 윤봉길 의사가 홍커우 공원에서 일제를 응징하는 의거를 일으켰다. 임시정부청사에는 관람객들이 줄을 잇고 있으며, 윤봉길 의사 기념관 '매헌'은 노신공원(홍커우 공원)에서 가장 좋은 위치에 자리를 잡고 있다. 임시정부 청사와 매헌 기념관은 역사 교육 현장이자 한중 양국의 우의의 상징으로 우뚝 서 있다.

1930년대에 동양 최대의 도시로서 번영을 구가하였던 상하이는 1949년 신 중국이 성립된 후에 부침을 거듭하다가, 1978년 말 공산당 제11차 3중전회에서 개혁개방 정책이 결정되고 1990년 푸둥 개발 계획이 시행되면서 일대 전환을 맞이하게 된다. 특히, 1992년 중국의 개혁개방의 설계자 등소평이 상하이를 포함한 남방 주요 도시를 순시한 남순강화(南巡講話)를 통해 개혁개방을 독려한 후에 푸둥 개발이 가속도를 내면서 상하이는 명실 공히 경제 중심지로서 중국의 발전을 이끌어오기 시작하였다.

## 2. 상하이의 맨해튼 푸둥

2001년 1월 김정일 북한 국방위원장이 "완전히 천지개벽을 했구면"하고 감탄사를 연발하였던 곳이 푸둥 지구 루자주이(陸家嘴) 금융중심지이다. 이곳에 동방명주탑이 들어서 푸둥 개발의 상징이 되었으며, 그 후에 88층의 진마오빌딩(金茂大廈)이 건설되어 상하이의 새로운 랜드마크가 되었다. 얼마 되지 않아 101층에 높이가 492m에 이르고 상단이 맥주 병따개 모양인 상하이 글로벌금융센터(上海環球金融中心)가 들어서 푸둥에서 가장 높은 자리를 차지하였다. 이 빌딩은 일본 자본이 건설한 것인데, 당초에는 상단을 일본 국기를 본떠 원모양으로 만들려고 하였으나 중국 측의 반대로 사각형 병따개 모양으로 바뀌었다고 한다. 중국은 글로벌금융센터 빌딩 바로 옆에 그 빌딩보다 더 높은 상하이센터(上海中心)를 건설하였다. 용이 승천하는 모양으로 되어 있는 상하이센터는 632m로 세계 2위에 해당된다. 푸둥에서 중·일 간 경쟁을 보는 듯하다.

2001년 10월에는 중국이 개최한 가장 큰 규모의 국제회의인 APEC 정상회의가 상하이에서 개최되었다. 상하이 APEC 정상회의의 첫날 장소였던 상하이 국제회의중심은 지금도 대규모 회의가 종종 개최되고 있다. 둘째 날 APEC 정상회의 장소로 사용되었던 웅장한 건물은 상하이 과학기술관으로 단장되었다. 푸둥에 예술의 전당에 해당되는 '동방예술중심(東方藝術中心)'이 들어서 상하이 시민들의 문화생활을 풍족하게 하고 있다. 세계적인 피아니스트 백건우가 동방예술중심에서 공연하여 관객들을 매료시켰다. 대구 국제 오페라 개막식에서 공연된 창작 뮤지컬 투란도트가 2014년 11월 초 상하이 국제 아트페스티벌에 초청되어 두 차례에 걸쳐 동방예술중심에서 공연되어 관객들로 하여금 한국 예술의 매력에 푹 빠지게 하였다.

2010년 상하이 엑스포(EXPO)를 계기로 푸둥의 면모가 일신되었

다. 푸둥지역 넓은 강변을 정리하여 만들어진 엑스포 전시장은 지금
은 호텔, 사무실, 회의장 등으로 활용되고 있다. 상하이 엑스포 센터
에서는 대규모 행사가 종종 개최된다. 2014년 5월에는 아시아 신뢰
구축 정상회의(CICA)가 이곳에서 개최되었다. G2 일원으로 부상한
중국호를 이끌고 있는 시진핑 주석이 집권한 후 처음으로 개최하는
대규모 국제회의로 주목받았다. 엑스포 명물로서 벤츠 실내 공연장
(메르세데스 벤츠 아레나)을 빼놓을 수 없는데, 1만 2,000명의 관객
을 동시에 수용할 수 있다. 한편, 브릭스(BRICS) 국가들이 합의한 최
종 목표 자본금 1,000억 달러 규모의 신개발은행(NDB) 본부가 상하
이 엑스포 지구안에 세워질 것으로 예정되어 있어 이곳은 신 금융지
로서 떠오를 것으로 전망된다.

## 3. 창쟝(長江) 삼각주 지역의 중심지

상하이를 흔히들 '용의 머리'라고 한다. 창쟝의 끝에서 중국 경제 발
전의 진원지 역할을 하고 있기 때문이다. 상하이는 경제·금융 중심지
일 뿐만 아니라 경제 규모가 큰 장쑤성, 저장성의 배후 중심지로서 역
할을 하고 있다. 상하이와 장쑤성 성도(省都)인 난징(南京) 사이에는
쑤저우(蘇州), 우시(無錫), 창저우(常州), 쩐쟝(鎭江) 등 크고 작은 도시
가 즐비하고 공업벨트가 형성되어 있으며, 외국 기업들의 대규모 투자
가 이루어지고 있다.

쑤저우에 삼성전자, 우시에 하이닉스, 난징에 LG전자, LG화학, 쟝
쟈강(張家港)에 포스코, 옌청(鹽城)에 기아자동차 등 대표적인 한국
대기업체들이 이 지역에 진출해 있다. 역사적으로 소금 산지로 유명

한 옌청은 기아자동차 투자 덕분에 낙후된 농어촌에서 신흥 자동차 메카로 부상하였다.

상하이 남쪽에 자리 잡고 있는 저장성은 상대적으로 큰 기업 투자는 적으나 자영 기업 및 민영 기업이 활발하며, 지역별로 특색있게 발전되고 있다. 저장성의 성도(省都)인 항저우는 문화·관광 도시이며, 지금은 애니메이션 및 전자상거래 도시로서도 명성을 날리고 있다. 항저우에는 전자상거래 분야 선두 기업인 알리바바 본부가 있다. 영어 교사 출신 마윈(馬雲)이 창업한 회사인 알리바바는 2014년 9월 뉴욕증시에 상장하여 시가 총액으로 세계 굴지의 기업들과 어깨를 나란히 하게 되었으며, 2014년 11월 11일 싱글 데이 단 하루 매출액이 한화 10조 원을 돌파하여 거대 전자상거래 기업으로서 위용을 과시하였다.

천혜의 심수항(深水港)이 있는 닝뽀(寧波)는 컨테이너 물동량 기준으로 세계 제3위 항구로 부상하였다. 이우(義烏, 의오)는 중국뿐만 아니라 세계의 소상품 메카로 우뚝 서 있다. 이우 주변 고속도로에는 컨테이너를 실은 화물차들이 분주히 오가고 있다. 원저우(溫州)는 원래 빈곤한 지역이었으나, 상인 기질을 발휘하여 중국 전역에 선제적으로 진출하여 막대한 부를 축적한 것으로 유명하다. 원저우 상인들은 부동산 투자에도 열을 올리고 있는데 원저우 상인 가는 길에 돈이 있다는 말이 있다.

상하이를 중심으로 장쑤성, 저장성 간에는 고속도로가 시원하게 뻗어 있으며, 고속철도가 건설되어 시간을 크게 단축시켜 주고 있고, 이제는 바다에 수십 킬로미터에 달하는 긴 다리가 놓여 거리를 단축시키고 있다. 고속철도는 국토 면적이 넓은 중국에게 매우 편리한 교통

시스템이다. 이로 인해 일일 생활권 나아가 반나절 생활권으로 바뀌었다. 중국 양대 도시인 상하이-베이징 간은 항공기 운항 지연이 자주 발생한다. 상하이를 출발하여 베이징에 갈 경우 비행기로 가면 두 시간 소요되나 고속철도를 이용하면 다섯 시간 정도 걸린다. 비행기 탑승 수속 시간을 감안하고 연착까지 된다면 차라리 고속철도를 타는 것이 낫다고 보아 요즘에는 고속철도를 이용하는 경우도 많다.

중국 고속철도는 속도가 빠르지만 주로 평지를 달리기 때문에 잔잔하게 달리는 느낌이고 터널이 적기 때문에 소음이 적어 아늑하기까지 하다. 상하이에서 난징까지는 자동차로 네 시간 가까이 걸리나 고속철도를 이용하면 한 시간 남짓 만에 도착할 수 있어 하루에 두 도시를 오가면서 업무를 볼 수 있다. 상하이에서 닝뽀에 가기 위해서는 가흥, 항저우, 사오싱을 경유하여야 하기 때문에 꽤 시간이 걸렸으나, 항지우만대교(杭州灣跨海大橋)라는 다리가 건설되어 두 시간 단축되어 닝뽀 당일 출장이 가능해졌다. 2013년에는 가흥과 사오싱을 연결하는 사오싱대교(嘉紹大橋)를 건설하여 상하이와 저장성 사이의 거리를 또 다시 단축시켰다.

## 제2절 상하이에 자유무역구시험구를 선정한 배경

### 1. 중국 경제 · 금융의 중심

상하이는 중국의 경제 발전을 견인해 왔다. 특히, 1990년 중국 국무원이 '푸둥 신구 전략적 개발 계획'을 발표하고, 2005년 '국가 종합

개혁시험구'로 허가한 데 이어, 2009년 3월 '상하이 국제금융, 국제 물류 중심' 이라는 '두 개의 중심' 건설 방침을 추진하면서 중앙 정부 의 정책적 지원하에 급속히 발전하였다. 나아가 중국 정부는 경제, 무 역, 항운, 금융의 4대 중심 건설 계획을 추진하고 있어 상하이는 명실 상부한 중국의 경제 중심지로서 입지를 굳히고 있다.

이에 따라 상하이에는 세계적인 다국적 기업들이 대거 진출해 있 으며 세계 굴지의 다국적기업 등 400여 개의 지역본부가 포진하고 있다. 이들 기업들이 상하이에 둥지를 틀고 있는 것은 글로벌 경제권 으로 부상하고 있는 상하이를 중심으로 하는 창장(長江) 삼각주 지역 과 배후시장의 영향력을 중시하고, 나아가 경제의 핵심이라고 할 수 있는 금융이 살아 움직이는 곳이기 때문이다.

중국은 금융 정책 본부는 베이징에 있고, 실제 집행 부문은 상하이 에 있다. 인민은행 상하이 총부가 상하이 금융기관의 좌장 역할을 하 면서 실제 금융 운영을 담당하고 있다. 그리고 푸둥 루자주이 금융 단지에는 수많은 금융기관들이 모여 있다. 상하이는 위안화 국제화의 전진기지이며, 상하이 증권거래소가 있어 자본시장 개방의 선도적 역 할을 하는 곳이다. 이런 점을 감안하여 한국계 은행들과 달리 외국의 은행들은 대부분 상하이에 중국 지역 본부를 두고 있다. 실물이 돌아 가는 곳인 상하이에서 직접 체험하면서 돈의 흐름, 경제의 방향을 제 대로 알아야만 경쟁에서 살아남고 뻗어갈 수 있다고 보기 때문이다.

## 2. 물류의 중심지

상하이는 홍챠오(虹橋) 국제공항 및 국내공항, 푸둥 국제공항 등 세 개의 공항이 있고, 항만으로는 양산심수항((洋山深水港), 와이까오챠오항(外高橋港) 등이 있으며, 창쟝이 내륙 깊숙이 연결되어 있어 화동지역뿐만 아니라 중국 각지 및 나아가 세계의 물류 중심지 역할을 하고있다. 창쟝에서 내려오는 토사가 쌓이기 때문에 와이까오챠오항(外高橋港)은 발전에 한계를 지니고 있다. 이에 따라 수심이 깊은 양산도를 동하이대교(東海大橋)라는 32km에 달하는 긴 다리를 건설하여 푸둥과 연결하여 수심 15~18m로서 초대형 컨테이너선도 접안할 수 있는 양산항(洋山港)이라는 심수항을 개발하였는데, 양산항은 상하이가 세계 제1위의 항구로 도약하는 데 원동력이 되고 있다.

## 3. 보세구 운영 경험

중국 국무원은 런던, 뉴욕, 홍콩, 싱가포르 등의 국제 자유항 정책을 참고하여 '3항' 및 '3구' 프로젝트를 통해 국제컨테이너 허브항만과 항공 운송 허브항만으로서 상호 시너지 확대 정책을 실시하고 있다. '3항' 프로젝트는 양산항, 와이까오차오항, 푸둥공항 발전 정책이며, '3구' 는 양산 보세항구를 상하이 국제항운센터의 핵심 구역으로, 와이까오차오 보세구를 상하이 국제무역중심의 중점 전진기지로, 푸둥공항 종합보세구를 상하이 국제항운센터의 핵심 구성부분으로 건설한다는 계획이다.

2002년부터 건설된 양산항이 2005년 준공되고 중국 최초 종합보세항구로 개항하였다. 종합보세구는 보세항구 기능을 갖춘 해관특수감독지구로서 물류, 가공, 무역 기능을 모두 가지고 있다. 양산 심수항 4단계 개발 사업이 2014년 10월 중국 국가발전개혁위로부터 승인을 획득하여 착공되었으며 2016년~2017년 사이에 완공될 예정이다. 그렇게 되면 양산항의 역할은 더욱 중요해지고 종합보세항구로서 기능이 더 커질 것이다.

와이까오챠오 보세구는 국무원의 최초의 승인을 받은 보세구로서 1990년 9월부터 정식 가동되었으며, 창쟝(長江)과 바다가 만나는 지점에 있다. 중국 전국 15개 보세구 가운데 경제총량 최대 규모를 자랑하고 있으며, 국제 무역업, 국제 물류, 보세 가공 등이 모두 가능한 종합보세구역으로 발전해 왔다. 와이까오챠오 보세물류원구는 보세구의 창고 기능과 인접한 항구의 물류 기능을 연결시켜 보세구의 활용도를 높이고자 2003년에 설치하였으며, 국제 환적, 구매, 배송, 중개무역 등의 기능을 하고 있다.

푸둥공항 종합보세구는 2009년 7월 국무원의 설립 승인을 받아 2010년 9월부터 개시되었으며, 푸둥국제공항을 통해 드나드는 항공화물 처리와 창고저장, 금융리스, 수출가공, 상품전시 등 다양한 기능을 수행하고 있다. 와이까오챠오 보세구, 와이까오챠오 보세물류원구, 양산 종합보세구 및 푸둥공항 종합보세구는 주변 지역과 격리되어 운영되어 온 관계로 리스크를 감안한 정책 실험을 하기에 적절하고 상호 연계하면 물류 인프라 기능의 시너지 효과를 높일 수 있어 자유무역시험구를 운영하기에 편리하다고 판단한 것이다.


## 4. 학술 인프라, 인적 자원 풍부

상하이는 유수한 학술 기관들이 포진하고 있어 자유무역시험구 설립에 따른 인프라 활용 측면에서 중국 내 다른 도시에 비해 확실한 비교 우위를 보유하고 있다. 상하이 사회과학원, WTO 자문중심 등 정부 학술 기관과 복단대학, 상하이교통대학, 상하이재경대학, 상하이 대외경제무역대학, 화동정법대학 등 유수한 대학들이 다수 소재하고 있다. 이들 학술 기관 및 대학의 교수, 연구원들이 상하이 자유무역시험구 추진 작업에 참여하고 있으며, 특히 상하이 재경대학은 자유무역구 연구는 물론 관계 공무원들에 대한 교육도 실시하는 등 중요한 역할을 하고 있다.

중국 정부는 일반적으로 정책을 전국적으로 시행하기 전에 상하이에서 먼저 시험적으로 시행해 본다. 심지어 국제회의도 먼저 상하이에서 개최해 본 후에 베이징에서 개최한다. 역대 중국에서 개최된 국제회의로서 최대 규모였던 APEC 정상회의가 2001년 10월에 상하이에서 개최되었으며, 그 후 13년만인 2014년 11월 베이징에서 APEC 정상회의를 개최하였다. 시진핑 주석이 중국 지도자가 된 후 최초로 개최한 대규모 국제회의인 아시아신뢰구축회의(CICA)가 2014년 5월 상하이에서 개최되었다. 중국이 최초로 개최한 엑스포도 2010년 상하이에서 개최되었다.

상하이 사람들은 유연하면서도 일처리에 빈틈이 없다는 평가를 받고 있다. 믿고서 일을 맡길 수 있으며 상하이에서 일을 해 본 사람이면 중앙에서도 잘 할 수 있다는 인식이 있는 것이다. 장쩌민(江澤民) 주석, 주룽지(朱鎔基) 총리, 우방궈(吳邦國) 전인대 상무위원장 등 역대 많은 중국 지도자들이 상하이에서 당서기, 시장 등을 역임하여 상하이방이라는 말이 생겨났다. 현재 중국호를 이끌고 있는 시진핑(習近平) 주석과 위정성(俞正聲) 정협주석도 상하이에서 당서기를 한 후 중앙으로 진출하였다. 시진핑 주석은 상하이에서 일한 것에 대해 큰 자부심을 가지고 있는 것으로 알려져 있다. 상하이는 그야말로 인재의 산실인 것이다.

　결론적으로 상하이는 중국에서 최대 무역이 이루어지고 있는 창구 역할을 하고 있고, 푸둥 지역에는 보세구, 공항, 항만 등 제반 시설이 골고루 갖추어져 있으며 은행들이 대거 입주해 있는 금융단지가 있어 자유무역시험구로서 실험을 하기에는 최적의 입지를 보유하고 있다. '중국(상하이) 자유무역시험구 설립방안' 명칭에서 알 수 있듯이 상하이에서 먼저 시행해 보고 다른 지역으로 확대를 염두에 두고 있는 데, 물리적 경계가 존재하는 무역과 경계가 존재하지 않는 금융 간의 융합 발전을 추구하는 새로운 개념의 자유무역지구를 일정한 여건이 갖추어져 있는 상하이에서 먼저 추진해 보자는 동기가 작용하였다.

## 제3절　상하이 자유무역시험구 추진 목적

### 1. 제2의 개혁개방의 청사진 및 신성장 동력

　시진핑 주석이 새로운 중국 지도자로 확정된 2012년 11월 18차 전당대회에서 '전면적인 개혁 심화와 개방 확대 방침'이 결정되었다. 시진핑 주석은 총서기로 선출된 직후인 2012년 11월 29일 전체 상무위원을 대동하고 국가박물관에서 개최된 '부흥의 길(復興之路)' 전시회를 참관한 계기에 가진 연설에서 중화민족의 위대한 부흥과 중국의 꿈을 언급한 이래 '중국의 꿈'의 기치를 내걸고 있다.

　중국 지도부는 중국의 꿈을 실현하는 방식으로 경제적 측면에서는 개혁 심화와 개방 확대 방침을 내세우고 있다. 이를 위해 무역 및 투자 관리 방식 혁신과 금융 등 서비스업 개방 확대를 통해 글로벌 경쟁력을 강화하여 중국경제의 수준을 높이려고 한다. 리커창 총리는 2013년 3월 17일 신임 총리로 선출된 후 가진 기자회견을 비롯하여 여러 차례 '업그레이드 버전(昇級版)' 구축을 강조하였는데, 요지는 개혁의 이점과 내수의 잠재력을 활용하고 혁신 활력을 불러 일으켜 경쟁력 있는 경제를 만들어가자는 것이다.

중국은 그동안 국가주도형 경제성장 방식을 추진해 왔으며, 특히 개혁개방 초기에는 심천 등지에 경제특구를 지정하여 세제 우대, 토지 염가 제공 등 각종 혜택을 통해 투자를 유인하는 정책을 펼쳤다. 그러나 이러한 인센티브 위주의 정책은 한계에 봉착하였고 중국의 현실에도 맞지 않다고 보고 있다. 이제는 시장주도형 성장방식으로의 전환을 추진하고 자체 경쟁력 강화를 통해 경제 발전을 이루어 나가겠다는 방침이다.

그런데, 1978년 개혁개방을 실시한 이래 과거 30여 년간 약 10%의 고도 성장을 구가하였으나 이제는 7%대의 성장률을 보이고 있으며, 앞으로 더 떨어질 수 있다는 관측도 있다. 물론 많은 국가들의 사례에서 보듯이 한참 경제가 발전할 때는 고속 성장을 이룰 수 있으나 경제의 규모가 커지고 안정기에 접어들면 경제성장률 저하는 불가피한 측면이 있다. 중국도 마찬가지 추세를 보일 것이며, 대도시를 중심으로 고령화 사회로 진입하고 있어 이러한 추세는 불가피할 것이다.

그러나 중국은 특히 연간 약 700만 명의 대학 졸업생이 배출되고 있어 경제성장률이 7%대를 지나 6%대 이하로 떨어지면 고용 문제가 심각히 대두되는 것을 우려하고 있다. 이러한 상황에서 자유무역시험구 정책이 채택되었으며, 신성장 동력이 되고 아울러 제2의 개혁개방의 진원지로서 역할을 기대하고 있다.

## 2. 새로운 세계 무역규범 제정에 대응

중국도 무역, 투자를 확대하는 데 있어서 자유무역협정(FTA) 추진이 대세라는 점을 인식하고 여러 나라들과 FTA 협정을 추진하고 있다. 한편으로 TPP(환태평양 경제동반자협정), TTIP(미국-유럽 간 환대서양 동반자 협정) 등 전 세계 무역 및 투자규범의 재구성 움직임에 대응하는 전략을 추진하고 있다. 중국은 미국이 '아태 회기 전략'에 따라 TPP를 추진하고 있다는 의구심을 갖고 있으면서도 TPP 참여에 대해서는 부정적인 입장을 취하지 않고 있다. 만약 TPP가 성립되면 미국, 일본, 호주, 동남아 국가를 망라하게 되고 한국까지 참여하게 되면 중국으로서 세계 경제의 외톨이로 남게 되는 것을 우려하여 TPP 참여도 염두고 두고 있는 것으로 보인다.

중국은 2001년 WTO에 가입하는 데 무려 7년이나 소요되고 매우 험난한 협상과정을 거쳤다고 보고, TPP 규범이 완성된 후에 참여하면 WTO 가입 때와 같은 어려움에 봉착하는 것을 우려하고 있다. 따라서 TPP 참여도 염두에 두면서 관련 협상 동향을 면밀히 관찰해 나가는 한편, 자유무역시험구를 통해 사전 준비를 해 나가겠다는 포석이다. 즉, 상하이 자유무역시험구를 통해 국제기준에 부합하는 경제시스템 실험과 준비 작업에 나선 것이다.

## 3. 중·미 간 투자협정 체결 관련 대비 및 해외 투자 진출

중국은 미국과 투자협정(BIT) 협상을 진행하고 있다. 중미 투자협정 내용에는 내국민 대우와 네거티브 리스트 문제가 포함되고 서비스 시장 개방이 핵심이다. 중국 정부로서는 중미 간 투자 협정이 타결될 경우에 협정 내용을 이행하고, 나아가 투자협정 체결에 따른 새로운 환경을 적극적으로 활용하여 중국의 제도를 혁신해 나가려고 하고 있다. 중미 투자협정 협상은 수차례 진행되어 이제 타결의 관건의 단계에 진입하고 있다.

시진핑 주석은 월드컵 축구 대회가 막 끝난 시점인 2014년 7월 14일 브라질을 방문하여 브릭스 정상회의와 중국-캐러비안 국가 정상회의에 참석하였다. 이때에 브라질 동부와 페루 서부를 잇는 남미 대륙 횡단철도 건설을 제안하여 합의를 이끌어냈다. 리커창 총리는 5월에 아프리카 순방길에 나이지리아와 케냐 등과 철도 건설 협약을 체결한 데 이어 영국 방문 시에는 런던-버밍엄 고속철도 건설 사업을 따냈다.

리커창 총리 러시아 방문기간에는 '모스크바-카잔' 구간 고속철도 협력을 위한 양해각서를 체결하였다. 이 노선은 베이징까지 연장되어 유라시아 대륙을 연결하는 총 7,000km 이상의 장거리 주요 노선이 될 것이다. 방콕을 거쳐 말레이시아, 싱가포르로 이어지는 동남아 연결 철도 사업에도 적극적이며, 2014년 12월 태국 방문 시 철도 건설에 관한 문건에 서명하였다. 이제 인도의 고속철도 사업에 눈독을 들이고 있으며, 일본과 치열한 경쟁을 벌이고 있으나 중국이 타당성 사업을 추진해 나가기로 하여 우세한 상황이다.

중국이 중미 간 투자협정 타결을 서두르는 것은 미국 시장 진출을 염두에 두고 있기 때문이라는 분석도 있다. 고속철도 해외 진출에 자신감을 얻은 중국은 이제 시선이 미국 캘리포니아 고속철도 프로젝트에 가 있다. 자본력과 기술력이라는 측면에서 캘리포니아 프로젝트를 따는 데 상당히 자신감을 가지고 있다고 한다. 그런데 이 프로젝트에 접근하기 위해서는 중미 간 투자협정이 체결되어야만 한다. 중국 자신이 외국기업을 수용할 수 있는 시스템이 되어야만 중국도 해외에 진출할 수 있는 사례인 것이다. 이는 중국 정부가 적극적으로 추진하고 있는 해외투자 촉진 전략과 맞물려 중요한 의미를 지니고 있다.

## 제4절 상하이 자유무역시험구에 대한 중국 지도층의 관심

### 1. 주요 문건에 반영

2013년 11월 12일《중국 공산당 제18기 중앙위원회 제3차 전체회의(3중전회) 공보》를 통해 투자 진입을 관대히 하고 자유무역구 건설 및 내륙연변 개방을 가속화해야 한다는 정책이 발표되었다. 2014년 3월 전인대 정부업무보고에서 전방위적이고 주체적으로 개방을 확대해 나가며 적극적이고 효과적인 외자이용 원칙을 견지하고 서비스업의 개방 확대를 추진하며 내외자 기업을 동일시하고 공평하게 경쟁하는 영업 환경을 조성하여 외상투자자들이 계속 선호하는 지역으로 만들어가겠는 방침이 발표되었다. 특히, 상하이 자유무역시험구 건설과 관리를 제대로 하여 복제 가능하고 보급이 가능한 시스템을 만들어 새로운 시범지로서 역할을 해 나가도록 해야 한다고 강조하였다.

## 2. 시진핑 주석 상하이 자유무역시험구 방문

시진핑 주석은 2014년 5월 23일 상하이 자유무역시험구를 시찰한 자리에서 상하이 자유무역시험구는 선행선시(우선시행, 우선시범), 통제 가능한 리스크, 단계적인 추진 및 순차적인 개선의 원칙에 따라 개혁 확대를 해야 한다고 말하였다. 아울러, 과감히 뛰어넘고 과감히 시험하고 자주적으로 개혁하여 상하이가 지속적으로 전국에서 개혁개방의 선두주자 역할을 담당하도록 하며, 제도 혁신을 핵심 임무로 삼아 복제 가능하고 보급이 가능한 자유무역시험구로서의 성과를 이루어야 한다는 점을 역설하였다. 아울러, 상하이 4개 중심전략(경제·금융·무역·항운)에 창신(혁신)을 추가하여야 한다고 강조하였다.

또한, 상하이 자유무역시험구는 커다란 '시험의 밭'으로서 양질의 씨앗을 뿌리고 정성껏 경작하고 관리하여 좋은 성과를 거두도록 해야 하며, 양질의 씨앗을 키운 경험을 널리 보급하도록 해야 한다는 점을 언급하였다. 아울러, 더욱 국제화, 시장화, 법치화된 공평하고 통일적이며 효과적인 영업 환경을 조성하도록 노력해야 하고, 리스크를 잘 관리해 나가야 하며 리스크 가능성과 잠재된 리스크 요소를 제거해야 한다고 말하였다. 기업을 중요한 주체로 삼고 제도 구축 과정에서 각 기업들의 요청 사항을 중시하여 기업들이 적극적으로 시험구 건설에 동참할 수 있도록 독려해야 한다고 덧붙였다.

## 3. 리커창 총리 상하이 자유무역시험구 방문

리커창 총리는 2014년 9월 18일 상하이 자유무역시험구를 방문하여 먼저 외자기업인들과 간담회를 갖고 상하이 자유무역시험구 건설의 핵심은 정부 자체의 혁신임을 강조하였다. 사전심사 방식이 뜻은 좋지만 시장 규율과 국제 규범에 부합하지 않아 사후 등록제 방식으로 변경하였으며, 이러한 방식을 통해 중국기업을 외국기업과 같은 출발선상에 놓음으로써 더 자유롭게 경쟁할 수 있게 되었으며, 이러한 방식이 더욱 보급되기를 바란다고 말하였다.

상하이 자유무역시험구 구축은 정부 자신의 혁명임을 재차 강조하고, 정부기구 간소화와 권력의 하부기관 이양, 완화와 관리의 결합을 통해 정부와 시장의 관계를 잘 처리하고, 네거티브리스트 관리 방식을 탐색하며, 사중(事中) 사후(事後) 관리감독 방식으로 개선해야 하고, 개혁개방을 통한 발전을 이루어야 한다고 말하였다.

상하이는 본래 개방의 선도적인 지역으로 개방의 경험을 가지고 있기 때문에 이 지역을 더욱 개방하기로 결정했다고 말했다.

기업들이 정부에 더 많은 의견을 내고 문제를 지적해 주기를 바란다고 주문하면서, 기업에서 제기한 문제에 대해 정부는 최선을 다해 연구할 것이라고 말하고, 상하이 자유무역시험구의 성공과 경험을 중국 내 다른 지역으로 전파하고 보급해야 하는 공동의 목표가 있는 만큼 협력을 강화해야 하며 혁신을 강화하여 혁신의 선두자가 될 것을 당부하였다.

중국은행 자유무역시험구 분행 방문 시에는 금융개혁 혁신과 대외개방 확대를 지속적으로 추진하여 개방을 통한 개혁과 실물경제 발전을 이루어야 하며, 자유무역시험구 금융 리스크 예방 조치를 긍정적으로 평가하고 관리감독이 자리를 잡아야 더 큰 저력으로 개방을 할 수 있고 더욱 개방된 경쟁 환경을 조성할 수 있다고 말하였다.

와이까오챠오 종합서비스 센터 방문 시에는 정부 권력의 '몸집 줄이기'를 시도하고 있는데, 이는 정부 자체의 개혁으로서 시장에 더 많은 공간을 마련해 주어 시장 활력과 창업 및 혁신의 열의를 활성화하기 위함이며, 권력을 하부기관으로 이양하면 정부의 책임은 더 커지고 관리에 대한 요구 수준도 높아지게 된다고 말하였다. 더 많은 탐색을 통해 다양한 측면에서 국제사회와 발을 맞추어야 하며, 외자기업을 내자기업과 같이 인식하고 더 공평하고 개방된 환경을 조성해야 한다고 강조하였다.

## 4. 시진핑 주석 정치국 회의 및 자유무역구 집체학습에서 언급

2014년 12월 5일 중앙 정치국 회의에서 시진핑 주석은 향후 경제의 뉴노멀(新常太) 진입을 강조하는 동시에 자유무역시험구 전국적 확대를 통해 개방형 경제체제를 조성해 나아갈 것을 강조했다. 시 주석은 자유무역구 추진전략은 새로운 대외개방의 중요한 부문이라고 하고, 중국이 새로운 역사의 기점에서 중국의 꿈(中國夢)을 이루기 위해서는 반드시 경제 글로벌화에 동참해야 한다고 강조했다.

이어서 개최된 자유무역구 건설 가속화에 대한 제19차 집체학습에서 시진핑 주석은 주도적 대외개방을 통해 중국의 경제 발전과 국제 경쟁에서 주도권을 잡을 수 있다고 하면서 자유무역구 전략의 속도를 높임으로써 개방형 경제의 새로운 체제 건설을 가속해야 한다고 역설하였다.

## 1. 상하이 자유무역시험구 설립

중국(상하이) 자유무역시험구[China (Shanghai) Pilot Free Trade Zone]는 상하이시 내 와이까오챠오보세구(外高橋保稅區), 와이까오챠오보세물류원구(外高橋保稅物流園區), 양산보세구(洋山保稅區), 푸둥공항종합보세구(空港綜合保稅區) 등 4개 보세구의 28.78km² 면적에 설립되었다. 상하이 자유무역시험구가 보세구의 좁은 면적에 시행되는 것은 무엇보다도 이 지역이 약 20년간 보세구로서 운영되어 대외 개방에 따른 리스크 관리가 용이하기 때문이다. 상하이 자유무역시험구의 핵심인 금융 측면을 고려하였다면 당연히 루쟈주이(陸家嘴) 금융지구를 포함시켰을 것이나, 그렇게 하지 않은 것은 리스크를 감안한 점진적인 정책 추진을 염두에 두었기 때문이다.

## 2. 상하이 자유무역시험구 추진 과정

### (1) 상하이 자유무역시험구 형성 단계

2011년 4월에 양슝(楊雄) 당시 상하이시 상무부시장 겸 상하이 종합보세구관리위원회 주임이 종합보세구를 국제적 수준의 자유무역원구로 전환할 것을 제의하였으며, 2012년 11월 상하이시 인대(人大)는《상하이시 국제무역중심 건설 추진 조례》를 통과시키고 국제적 관례에 부합하는 자유무역원구 설립 추진을 명시하였다.

2013년 1월 상무부는 상하이시가 중앙정부에 중국 최초의 자유무역시험구 설립 방안을 정식 제안하였다고 홈페이지를 통해 공개하였고, 2013년 2월 상하이시는 정부 업무 보고 시에 자유무역시험구 지역으로 푸둥지역을 선정하였다고 발표하였다. 3월 5일 시진핑 총서기는 전인대 회의에 참석한 상하이 대표단과의 좌담회에서 개혁개방을 부단히 심도 있게 추진하고 새로운 발전의 동력을 창조해 나가야 한다고 강조하면서 상하이가 개혁의 선두 역할을 해야 한다고 역설하였다.

3월 리커창 국무원 총리는 와이까오챠오보세구(外高橋保稅區) 시찰 시 종합보세구의 기초하에 상하이시에 자유무역시험구 건설을 추진해 나가겠다고 밝히고, 내수를 촉진하고 세계로 나아가며 다국적기업의 본부를 유치하고 서비스 부문을 육성시켜 새로운 개념의 개혁개방의 중심 역할을 해 줄 것을 주문하였다.

5월 2일 상하이시는 36개 시 기관과 중앙 부서 상하이 대표처가 참가한 가운데 회의를 개최하여 자유무역시험구의 구체적 의미, 개방 영역, 관리 제도 등을 심도 있게 연구하여 조속히 총체방안을 만들어 나가기로 하였다고 설명했다. 5월 11일 양슝(楊雄) 상하이 시장과 까오후청(高虎城) 상무부 부장이 공동 주재한 회의에서 총체방안 내용 구조에 관해 인식의 일치를 보았으며, 6월 30일 상무부, 상하이시는 《중국(상하이) 자유무역시험구 총체방안(초안)》을 입안하고, 국무원에 심의를 제청하였다.

## (2) 상하이 자유무역시험구 총체방안 완성

2013년 7월 3일 리커창 총리가 주재한 국무원 상무회의에서《중국(상하이) 자유무역시험구 총체방안》을 원칙적으로 통과시켰다. 8월

16일 국무원 상무위원회는 전인대(全人大)에 중국(상하이) 자유무역시험구 내 외자, 중외합자, 중외합작 기업의 설립 및 변경심사 등 관련 법률규정 시행의 잠정중단을 제청하였으며, 2013년 8월 30일 전인대 상무위원회는 국무원이 제청한 중국(상하이) 자유무역시험구 내 외자, 중외합자, 중외합작 기업의 설립 및 변경심사 등 관련 법률규정 시행의 잠정 중단 방안을 통과시켰다. 9월 26일 상하이시 인대 상무위원회는 중국(상하이) 자유무역시험구 내 관련 법률규정 시행의 조정에 관련한 지방 법규를 통과시켰다.

9월 27일 국무원은 《중국(상하이) 자유무역시험구 총체방안》을 발표하였다. 9월 29일 오전 한정(韓正) 상하이시 당서기, 까오후청(高虎城) 상무부 부장, 양슝(楊雄) 상하이 시장이 참석한 가운데 중국(상하이) 자유무역시험구 출범식과 관리위원회 현판식이 거행되었다. 오후에는 국가발전개혁위원회, 상무부, 재정부, 해관총국, 질량총국, 법제판공실, 인민은행, 은행 감독국 등 관련 부서의 실무 업무를 총괄하는 국장급 인사들이 언론 브리핑에 참석하여 상하이 자유무역시험구 총체방안에 입각한 부서별 시행 방침을 상세히 설명하였다. 상하이시 정부는 '중국(상하이) 자유무역시험구 외상투자 진입특별관리조치(2013 네거티브 리스트)' 등 6개 관리방법을 공표하였다. 10월 1일부터 상하이 자유무역시험구가 정식 개시되었다.

## (3) 상하이 자유무역시험구 실제 운영 단계

2013년 11월 9-12일간 중국 공산당 18차 3중전회가 개최되었으며 《중공중앙의 전면 심화 개혁에 관한 약간의 중대 문제 결정》이 통과되었다. 이 《결정》에서 중국(상하이) 자유무역시험구 건설은 새로운 형세하에서 추진하는 개혁개방의 중대한 조치이며, 전면적이고 심도 있는 개혁개방을 모색하는 새로운 길을 닦고 새로운 경험을 축적해 나가기 위한 것이라고 천명하였다.

2013년 12월 2일 인민은행은 《중국인민은행의 중국(상하이) 자유무역시험구 금융 지원에 관한 의견》을 발표하여 상하이 자유무역시험구 내에서의 금융지원 조치의 기본방향을 제시하였다. 2014년 2월 21일 인민은행 상하이 총부는 《중국(상하이) 자유무역시험구 위안화 국경 간 사용 확대 지지에 관한 통지》를 발표하였다.

2014년 2월 28일 국가외환관리국 상하이 분국은 《중국(상하이) 자유무역시험구에서의 외환관리 시행세칙 수립에 관한 통지》를 발표하여 외화 관련 심사 승인 절차를 간소화하였다.

2014년 7월 1일 중국(상하이) 자유무역시험구 외상투자 진입 특별관리조치(네거티브 리스트) 2014년도 수정판이 발표되었다. 7월 25일 상하이시 인대 상무위원회 제14차 회의에서 자유무역시험구 건설의 기본법이라고 할 수 있는 《중국(상하이) 자유무역시험구 조례》가 통과되었다. 11월 17일 상하이 주식시장과 홍콩 주식시장 간 연계를 통한 상호주식투자(후강통)가 개시되었다.

## 3. 상하이 자유무역시험구 특징

중국 언론은 정부 발표 내용 및 관계자 인터뷰 등을 통해 상하이 자유무역시험구 특징에 대해 다음과 같이 분석 보도하였다. 첫째, 보세구와 다르다. 1990년 이래 중국의 보세구는 세수 감면 및 통관 편리 등 특수정책을 위주로 운영되었으며, 2009년 이래 상하이 종합보세구는 무역 편리화 환경 조성에 역점을 두었다. 그런데, 자유무역시험구는 제도 혁신이 핵심이며, 투자, 금융, 무역, 정부관리 등 일련의 제도 개혁을 통해 경쟁력을 배양하고 플랫폼을 구축하는 데 주안점을 두고 있다.

둘째, 전통적인 자유무역원구와 다르다. 전통적인 자유무역원구는 대외무역, 항운 서비스 편리화 등에 목적이 있으나 자유무역시험구는 이 기초하에 서비스 교역과 투자를 증대하고 금융 영역을 가일층 확대 개방하는 데 있다. 특히, 상하이 자유무역시험구는 금융 혁신이 핵심이며, 이 분야의 성과가 자유무역시험구 성공 여부를 좌우한다고 할 수 있다.

셋째, 싱가포르 자유항 모델과 다르다. 싱가포르 모델은 무역 자유, 융자태환 자유, 항운 자유 등을 통해 개방, 고효율, 낮은 세율을 통해 자유항의 국제 경쟁력을 높이는 데 있다. 그런데, 자유무역시험구는 국가전략으로서 국제적으로 통용되는 방식을 참고하되 전국적인 개혁개방을 위해 경험을 축적해 나가는 것이다. 투자관리, 서비스 산업 개방, 금융, 항운, 무역 등 다층적인 측면에서 선행선시와 전방위적인 제도 혁신을 추진하는 개방형 경제 수준을 높이는 실험장이다.

일반적으로 보세구나 자유무역지구는 큰 유인 요소가 세수 혜택이나, 상하이 자유무역시험구가 단순한 외국인 투자 유인 창구가 아니라 혁신을 통해 새로운 시스템을 창출하여 전국적으로 시행하는 시험 무대임을 고려하여 특별한 세수 혜택은 부여하지 않은 방향으로 결정하였다. 자유무역시험구는 세수 혜택 대신 제도 개선 및 정책 혁신을 기치로 내걸고 있는 것이다.

## 4. 상하이 자유무역시험구 추진 관련 잠정 조정 조치

자유무역구 추진 과정에서 기존 법규나 제도와의 충돌 문제가 생기는데, 관련 법규 및 인허가 조치 잠정 조정 조치를 취하여 이러한 문제를 해결하였다. 2013년 8월 30일 전국인민대표대회 상무위원회 제4차 회의에서 《전국인민대표대회 상무위원회의 국무원에 대한 중국(상하이) 자유무역시험구 관련 법률규정의 행정 비준 부여에 관한 결정》이 통과되었다. 국무원이 전인대(全人大) 상무위원회로부터 향후 3년간 시범구에서 각종 허가기준을 조정할 수 있는 권한을 위임받음으로써 시범구 조성 및 운영에 필요한 재량권을 확보한 것이다.

2013년 12월 31일에 국무원은 중국(상하이) 자유무역시험구 내 행정법규 및 국무원 문건규정 관련 행정 비준 혹은 진입 전 특별관리 조치에 관해 결정하였다. 외상투자 관리모델을 개혁하며 네거티브 리스트 이외의 외상 투자에 관한 기존 외자기업, 합자기업, 합작기업 실시세칙 등 관련 법규의 상하이 자유무역시험구 적용을 잠정 조정하기로 하였다. 서비스업의 개방을 지속적으로 확대하고 항운, 오락 장소, 통신 등의 업계에 대한 관련 행정 인허가 및 관련 자격에 대한 요구, 지분 비율 제한, 경영 범위 제한 등 특별 관리 조치들을 조정하기로 하는 등 수많은 법규, 규정에 대한 잠정 조정 조치가 이루어졌다.

# 제2장

## 상하이 자유무역시험구 기본정책

- 상하이 자유무역시험구 총체방안
- 중국 정부와 상하이시 관련 부서 실무책임자
- 언론 브리핑

중국(상하이) 자유무역시험구

와이까오챠오보세물류원구
와이까오챠오보세구
푸동공항종합보세구

상하이

푸동
국제공항

동하이대교

양산보세구

인천항 한국
상하이 부산항 일본
중국

# 제2장 상하이 자유무역시험구 기본정책

## 제1절 상하이 자유무역시험구 총체방안

### 1. 상하이 자유무역시험구 총체방안 개요

2013년 9월 27일 중국 국무원은 《중국(상하이) 자유무역시험구 총체 방안》을 발표하였다. 총체방안은 상하이 자유무역시험구의 기본 방침으로서 시험구 정책의 가이드라인 역할을 하게 된다. 전면적인 개혁 심화와 새로운 개방 방향을 모색하고 노하우를 축적하는 국가 전략적 사명을 가지고 있으며, 경제 글로벌화에 융화될 수 있는 중요한 매개체로서 경제의 업그레이드 버전을 구축하고, 중화민족의 위대한 부흥과 '중국의 꿈' 실현에 공헌하는 것이라고 천명하였다.

2~3년간 개혁 시험을 통해, 정부 직능(직무·기능) 전환을 가속화하고, 서비스 산업 개방 확대와 외자 투자 관리체제 개혁을 적극 추진하며, 신형 무역 업무를 발전시키고, 자본항목 태환과 금융서비스 개방을 적극적으로 모색해 나가며, 투자 환경 개선 등을 통해 국제적

인 투자무역 편의, 화폐태환 자유, 관리감독 고도화 및 법제 환경 규범화를 이룬 자유무역지구를 달성하여 개방 확대와 개혁 심화의 새로운 로드맵을 모색하고, 나아가 이를 중국 전역에 확산시킨다는 것이 총체목표로 제시되었다.

중국 전역에 기능할 수 있는 전략적 요구와 상하이 4개 중심 건설 전략에 맞추어, 선행선시(先行先試 : 새로운 정책의 우선 실시 및 시험), 리스크 억제, 단계별 추진, 점진적 개선의 방식을 통해 개방 확대와 체제개혁 결합 등의 원칙하에 상하이 자유무역시험구 내에서 취해야 할 5개 분야별 주요 업무와 조치 내용을 구체적으로 설명하고 있다.

## 2. 상하이 자유무역시험구 분야별 추진 업무

### (1) 정부 직능(직무 · 기능) 전환 가속화

정부 직능 전환을 가속화하고 정부 관리방식을 혁신한다. 국제화, 법치화 요구에 따라 국제적인 높은 수준의 투자와 무역 규칙 시스템이 서로 부합되는 행정관리 체계를 모색하며, 정부의 관리를 '사전 승인' 중시에서 '업무 중점, 사후 관리' 중시로 전환한다.

하나의 창구에서 업무 처리, 종합 심사승인 및 고효율의 업무 서비스 모델을 구축하며, 정보 네트워크 플랫폼을 개선하고, 여러 부서들의 협력 관리 메커니즘을 실현한다. 행정정보 추적, 관리감독 및 집중이 가능한 종합평가 메커니즘을 구축한다. 집중되고 통일된 시장관리 종합 법집행 시스템을 구축하고, 품질기술, 식약품, 지적재산권, 공상, 세무 등 관리 영역에서 효율적인 관리감독을 실현하고, 사회적 역량들이 시장 관리감독에 적극 참여할 수 있도록 장려한다.

행정의 투명성을 제고하며, 투자자들이 참여하고 국제규칙에 부합되는 정보공개 메커니즘을 구축한다. 투자자 권익 보호 체계를 개선하고, 각종 투자 주체들의 공정한 경쟁을 실현하며, 조건에 부합하는 국외투자자들이 투자수익을 자유롭게 이전할 수 있도록 허용한다. 지식재산권 분규 조정, 지원 등 해결 메커니즘을 구축한다.

### (2) 투자영역의 개방

서비스 개방을 확대한다. 금융서비스, 해운서비스, 비즈니스 서비스, 전문서비스, 문화서비스 및 사회서비스 영역을 확대 개방한다. 투자자의 자격요건, 지분 제한, 경영범위 제한 등 진입장벽 조치(은행기관, 정보통신서비스 제외)를 잠정 중지 혹은 취소하고, 각종 투자자들이 평등하게 진입할 수 있는 시장 환경을 조성한다.

네거티브 리스트(negative list) 관리모델 구축을 모색한다. 국제적으로 통용되는 규칙을 참조하여 외상 투자에 대해 진입 전 내국민대우(national treatment)를 실시하며, 내국민대우 등과 부합되지 않은 시험구 외상 투자에 대해서는 네거티브 리스트 제정을 연구하며 외상 투자 관리모델을 개혁한다.

네거티브 리스트 이외의 영역에 대해서는 내외자 일치의 원칙에 따라 외상 투자 항목을 '심사허가제'에서 '등록제'(국무원 규정이 국내투자항목 투자 승인을 보류한 영역 제외)로 전환하고 상하이시가 담당하여 처리한다. 외상 투자기업 계약 장정(정관) 심사는 상하이시가 담당하는 등록제 관리로 변경하며, 등록 이후에 국가 관련 규정에 따라 관련 수속을 진행한다.

공상 등기와 상사(商事) 등기 제도 개혁을 서로 연계하고, 등기 절차를 점진적으로 개선해 나간다. 국가 안전심사 제도를 완비하고, 외자와 관련된 국가 안전 심사를 시험구 내에서 시험 실시하며, 안전하고 고효율의 개방형 경제체제를 구축한다. 축적된 시범 실시의 노하우를 기반으로 하여 국제사회에 통용되는 외상투자 관리 제도를 점진적으로 형성해 나간다.

대외투자 서비스 촉진 시스템을 구축한다. 경외 투자관리 방식을 개혁하고, 경외 투자기업에 대해서 '등록제' 위주의 관리방식을 실시하며, 경외 투자 일반 항목에 대해 '등록제'를 실시하고, 상하이시가 등록 관리를 담당하며, 경외투자 편리화 수준을 제고한다. 투자 서비스 촉진 메커니즘을 혁신하고, 경외투자 사후관리와 서비스를 강화하며, 여러 부문이 공유할 수 있는 정보 모니터링 플랫폼을 구축하고, 대외 직접투자 통계와 연차검사 업무를 차질없이 실시한다. 시험구 내의 다양한 투자주체가 다양한 형태의 경외투자를 전개하도록 지지한다. 전문적으로 경외 주식투자에 종사하는 프로젝트 회사의 시험구 내 설립을 장려하며, 조건을 갖춘 투자자의 경외주식투자 모태펀드 설립을 지지한다.

### (3) 무역발전 방식 전환

무역 발전 방식의 업그레이드를 추진한다. 무역의 신형 업무 행태와 기능을 적극적으로 배양하고, 기술, 브랜드, 품질, 서비스가 핵심이 되는 대외무역 경쟁에서 새로운 우위를 확보하여 세계무역 체제에서 중국의 지위 제고를 가속화한다. 다국적 기업의 아태지역 본부 설립을 장려하며, 무역·물류·청산 등 기능이 종합화된 운영 센터를 수립한다.

국제무역 결산 중심 시범실시를 심화시키며, 전용계좌의 국경 간 지불 및 융자 기능을 확대한다. 시험구 내 기업의 역외업무 발전을 지지한다. 기업의 국내외 무역 종합 발전을 장려하며, 국내외 무역의 일체화 발전을 실현한다. 시험구 내 국제 대종상품 교역 및 자원 분배 플랫폼 설립을 모색하고, 에너지 상품, 기초 공업원재료, 농산품 등의 국제무역을 전개한다. 선물 보세 거래 시범실시를 확대하고, 창고 적하목록 저당 담보융자 등을 전개한다. 대외문화 무역기지 건설을 가속화한다.

바이오, 소프트웨어 정보, 경영컨설팅, 데이터서비스 등 아웃소싱 업무 발전을 촉진한다. 각종 융자리스 회사의 시험구 내 프로젝트 자회사 설립과 경내외 리스서비스 업무 전개를 허용하고 지지한다. 3자 검역감정기관 설립을 장려하고, 국제표준에 입각하여 그 검사결과를 채택한다. 경내외 하이테크 기술, 고부가가치의 AS 업무를 시범 실시한다. 국경 간 전자 비즈니스 서비스 기능의 배양을 가일층 가속화하고, 이에 서로 부합한 해관 관리감독, 검사 검역, 세금 환급, 국경 간 지불, 물류 등 기반 시스템을 시범적으로 구축한다.

국제해운 서비스 능력을 제고한다. 와이까오차오항, 양산 심수항, 및 푸둥공항을 적극적으로 연계하여 국제 경쟁력을 갖춘 해운 발전제도와 운영모델 형성을 모색해 나간다. 해운 금융, 국제선박 운수, 국제선박 관리, 국제해운 중개 등의 산업을 적극 발전시킨다. 항운(航運) 운임 지수 파생상품 교역 업무의 발전을 가속화한다. 컨테이너의 집화 및 환적 업무 발전을 추진하며, 중자회사가 보유 혹은 최대 주주로 있는 비중국적선이 중국 기타 연안항만과 상하이항 간 대외수출입 컨테이너 운송 선행선시를 허용한다.

푸둥공항의 국제환적 노선 증설을 지지한다. 상하이의 지역 이점을 충분히 활용하고 중자 편의치적선에 대한 세금우대 정책을 이용하며 조건에 부합하는 선박의 상하이 등록을 촉진시킨다. 현재 톈진에서 시범 실시되고 있는 국제선박 등록 정책을 시험구에도 실시한다. 국제선박 운송경영 허가 수속을 간편히 하여 고효율의 선박등록 제도를 구축한다.

## (4) 금융영역의 개방 혁신

금융제도 혁신을 가속화한다. 리스크 억제의 전제하에 시험구 내 위안화 자본 태환, 금융시장 이자율 시장화, 위안화 국경 간 사용 등 측면에서 여건을 조성하고 선행 실시한다. 시험구 내 금융기구 자산 가격의 시장화 평가를 실현한다. 국제화를 지향하는 외환관리개혁의 시범실시 방법을 모색하고, 자유무역시험구 건설에 상응하는 외환관리 체계를 구축하며, 무역투자 편리화를 실현한다. 기업이 국내외 자원 및 시장을 충분히 이용하도록 장려하며, 국경 간 융자 자유화를 실현한다. 대외채무 관리방식을 개혁하며, 국경 간 융자 편리화를 촉진한다. 글로벌 기업 본부(헤드쿼터)의 외환자금 집중 운영관리를 심화 발전시키며, 글로벌 기업들의 지역적 혹은 글로벌 자금센터 설립을 촉진한다. 시험구의 금융 개혁혁신 및 상하이 국제금융센터 건설 연동 메커니즘을 구축한다.

금융서비스 기능을 강화한다. 조건에 부합하는 민영자본 및 외자 금융기구에 대해 금융서비스업을 전면개방하고, 시험구 내 외자은행과 중외합자은행 설립을 지지한다. 금융시장의 시험구 내 국제적인 교역 플랫폼 설립을 허용한다. 경외기업의 상품 선물교역 참여를 점진적으로 허용한다. 금융시장 상품 혁신을 장려한다. 주식위탁 교역기관의 시험구 내 종합 금융서비스 플랫폼 설립을 지지한다. 위안화 국경 간 재보험업무 전개를 지지하며, 재보험 시장을 육성한다.

## (5) 법제영역 제도 개선

시험구 발전의 수요에 부합하는 높은 수준의 투자 및 무역 규범 제정을 가속화한다. 시범 실시 내용을 관철시킬 수 있도록 관련 행정법규와 국무원 문건의 일부 규정을 잠정 중지할 필요가 있으면 규정 절차에 따라 처리한다. 전국인민대표대회 상무위원회의 수권에 따라 《중화인민공화국 외자기업법》, 《중화인민공화국 중외합자경영기업법》 및 《중화인민공화국 중외합작경영기업법》 규정의 관련 행정심사를 조정하며 2013년 10월 1일부터 3년간 시범 실시한다. 각 부서에서는 시험구의 서비스업 확대 개방, 진입 전 내국민 대우 및 네거티브 리스트 관리 모델 등 측면에서 개혁을 심화하고, 시범 실시 과정 중의 제도 보장 문제는 즉시 해결한다. 상하이시는 지방입법을 통해 시범실시 요구에 상응하는 시험구 관리 제도를 수립한다.

## 3. 상하이 자유무역시험구 운영 방안

### (1) 상하이 자유무역시험구 관리감독과 세수정책 방향

국제 일류 수준의 투자 및 무역 서비스 체계 건설 요구에 부응하여 관리감독 모델을 혁신하고, 시험구 내 화물, 서비스 등 각종 요소들의 자유로운 이동을 촉진하며, 서비스업 확대 개방 및 화물 무역의 발전을 추진하여 공개적이고 투명한 관리 제도를 구축한다. 동시에 현행

세수제도의 공평성, 통일성, 규범성 유지 보호의 전제하에 능력을 배양하는 방향으로 관련 정책을 완비해 나간다.

## (2) 관리 감독 서비스 모델 혁신

'1선 개방'을 실시한다. 기업이 수입 선하증권(B/L)에 의거해 화물을 바로 구역 내로 옮기는 것을 허용하며, 다시 수입 물품목록에 의거해 관할해관에 신고 수속하도록 하고, 수출입 물품목록 간소화 및 국제환적, 집화, 혼재, 분재 등 업무의 입출경 수속의 간소화를 모색한다. '수입검역 실시, 수출입 검사 완화' 모델을 실시하여 관리감독 기술 및 방법을 혁신한다.

무역 편리화를 중심으로 하는 화물 무역구역과 서비스 영역 확대 개방을 중심으로 하는 서비스 무역구역 건설을 모색한다. 효율적인 관리감독의 전제하에 화물상태 분류 감독모델 구축을 모색한다. 기능 확대를 심화하고, 화물 수출입 납세정책을 엄격히 집행하는 전제하에 특정구역에 보세 전시 교역 플랫폼 설립을 허용한다.

'2선 안전, 고효율 관리' 실시를 견지한다. 자유무역시험구 출입관리를 최적화하며, 전자정보 네트워크 연결을 강화하고, 수출입 목록의 비교대조 관리, 장부 관리, 카드 출입구 화물 증명 및 확인, 위험성 분석 등 관리감독 강화를 통해 2선 관리감독 모델의 1선 관리감독 모델과의 상호 연계를 촉진하며, '편리한 출입, 품질 안전 리스크 엄격 방지'의 검험검역 관리감독 모델을 추진한다. 전자 장부관리를 강화하고, 시험구 화물의 각 해관 특수 관리감독 구역 간 및 해관 관할지간 편리한 이전을 추진한다.

시험구 내 기업은 원칙적으로 지역 제한을 받지 않고 구역 이외에 가서 재투자 혹은 업무를 전개할 수 있으며, 특정 규정이 관련 수속을 요구하면 여전히 특정 규정에 따라 처리한다. 기업 운영정보 및 관리감독 시스템 연계를 추진한다. 리스크 모니터링, 제3자 관리, 보증금 등 방식을 통해 효율적인 관리감독을 실시하고, 상하이시 신용시스템 건설 효과를 충분히 발휘하도록 하고, 기업 비즈니스 진실 관리 및 경영활동 전속 관할제도 형성을 가속화한다.

### (3) 관리감독 업무 협력 강화

관리감독을 가일층 강화한다. 국가안전과 공정한 시장 경쟁을 확실히 수호한다는 원칙하에 관련 부서와 상하이시 정부 간 협력을 강화하고, 경제사회 안전을 유지 보호하는 서비스 보장 능력을 제고한다. 시험구는 국무원 관련 부서와 협조하여 경영자 집중 반독점 심사를 엄격히 실시한다. 해관, 검역, 공상 관리, 세무, 외환 등의 관리부서와의 협력을 강화한다. 일체화된 관리감독 방식 완비를 가속화하고, 통일되고 효율이 높은 항구 관리감독 체제 건설을 추진한다. 시험구의 통일적인 전자펜스 관리를 모색하고, 리스크 억제 가능한 해관 관리감독 메커니즘을 구축한다.

### (4) 자유무역시험구에 부합되는 세수정책 모색

투자를 촉진하는 세수정책을 실시한다. 시험구 내에 등록된 기업 혹은 개인 주주들이 비화폐성 자산의 대외투자 등 자산 개편 행위로 인해 발생하는 자산 평가 증가치 부분에 대해 5년 기한 내 소득세 분할 납부가 가능하다. 시험구 내 기업이 주식 혹은 출자비율 등 주주권 형식으로 기업 고급 인력 및 희소 인력에게 장려금(stock option)을 부여하며, 이미 베이징 중관춘 등지에서 시범 실시되고 있는 스톡옵션 개인소득세 분할납세 정책을 실시한다.

무역을 촉진하는 세수정책을 실시한다. 시험구 내 등록된 융자리스 기업 및 금융리스 기업이 시험구 내에 설립한 프로젝트 자회사를 융자리스 수출세 환급 시범실시 범위에 포함시킨다. 시험구 내에 설립된 국내 리스회사 혹은 리스회사가 설립한 자회사에 대해서는 국가 관련 부분의 비준을 거쳐 경외에서 구매한 자체중량 25톤 이상이고 국내항공사에 임대한 항공기는 관련 증치세(수입부가가치세) 우대 혜택을 향유한다. 시험구 내에 설립한 기업이 생산·가공하여 '2선'을 거쳐 국내시장으로 판매되는 화물에 대해 규정에 따라 증치세, 소비세를 징수한다.

기업의 신청에 의거하여 내수 판매되는 화물은 그에 상응하는 수입원료 혹은 실제 실제검사 상황에 따라 관세 징수 정책을 실시한다. 현행 정책 틀 범위에서 시험구 내의 생산기업 및 생산성 서비스기업이 필요로 수입하는 기계, 설비 등 화물은 면세한다. 다만, 생활형 서비스업 등에 종사하는 기업이 수입하는 화물과 법률, 행정법규 및 관련 규정에 명확하게 면세가 부여되지 않은 화물은 제외된다. 선적항(loading port) 수출환급 시범실시 정책을 완비하며, 대상 선적항, 운송 기업, 운송도구 등 시험 범위 확대 방안을 적시에 연구한다. 그밖에 세제개혁 방향과 국제관례에 부합하고, 소득이전(BEPS) 및 세원잠식을 야기하지 않는다는 전제하에 해외주식투자 및 역외업무 발전에 부응하는 세수정책을 적극적으로 연구하고 완비해 나간다.

## (5) 상하이 자유무역시험구 관련 부서간 업무 협력

국무원은 시험구 추진 업무를 총괄하고 조율한다. 상하이시는 세심하게 조직하고 실시하며, 업무 메커니즘을 완비하고, 업무 책임을 실현한다. 총체방안에 명시된 목표와 선행선시 임무에 근거하여, "성숙된 부분은 먼저 실행하고 다시 점진적으로 개선한다."라는 요구에 따라 실행이 가능한 구체적인 계획을 세우고 열심히 실시하며, 추진과정 중에 새로운 상황을 진지하게 연구하고, 새로운 문제를 해결해 나가며, 중대한 문제는 즉시 국무원에 지시를 요청하는 보고를 해야 한다. 관련 부문들은 힘껏 지지하고, 적극적으로 협조하며, 평가 등 업무를 지도하고, 관련 체계 메커니즘과 정책 혁신을 공동으로 추진하여 시험구를 제대로 건설하고 제대로 관리해 나가야 한다.

## 4. 상하이 자유무역시험구 서비스업 확대 개방

### (1) 금융 서비스 영역

• 은행 서비스 : ① 조건에 부합하는 외자 금융기관의 외자은행 설립과 조건에 부합하는 민영자본과 외자 금융기관이 공동으로 설립하는 중외합자은행 설립을 허용한다. 조건 구비 시 적절한 시기에 시험구 내에 제한적 인가은행(RLBs : Restricted Licence Bank, 여수신이 아닌 투자업무 중심 은행) 설립을 시범적으로 허용한다. ② 관련 관리규정 완비 및 효과적인 관리감독 강화의 전제하에 시험구 내 조건에 부합하는 중자은행의 역외금융 업무 취급을 허용한다.

• 전문 건강의료보험 : 외자(外資) 전문적인 건강의료 보험기관을

시범적으로 설립한다.

• 융자리스 : ① 융자리스 회사가 시험구 내에 설립한 항공기, 선박 자회사는 최저 자본금 규제를 받지 않는다. ② 융자리스 회사의 업무 관련 상업 팩토링(factoring : 금융기관이 상업어음, 외상 매출증서 등 매출채권 매입, 자금 융자 제도) 겸업을 허용한다.

## (2) 항운 서비스 영역

• 원양화물 운수 : ① 중외합자, 중외합작 국제선박운수기업의 외자 지분비율 제한을 완화하며, 국무원 교통 운수 주관 부서가 제정한 관련 관리시행 방법을 따른다. ② 중자회사가 보유 혹은 최대 주주인 비중국 적선(편의치적선)의 대외무역 수출입 컨테이너화물의 국내 연해항구와 상하이항 간 연해운수 업무를 선행선시(先行先試)적으로 허용한다.

• 국제선박 관리 : 외상독자 국제선박 관리회사 설립을 허용한다.

## (3) 비즈니스 서비스 영역

• 부가가치 통신서비스 : 인터넷정보 보안 보장의 전제하에 외자기 업이 경영하는 특정 형태의 일부 부가가치 통신서비스를 허용하며, 행정법규에 저촉될 경우 반드시 국무원 비준 동의를 받아야 한다.

오락 설비 판매 및 서비스 : 외자기업이 오락 설비의 생산 및 판매 에 종사하는 것을 허용하며, 문화 주관 부서의 내용 심사를 통과한 오락 설비는 국내시장 판매가 가능하다.

## (4) 전문 서비스 영역

• 변호사 서비스 : 중국 법률사무소와 외국 법률사무소간 밀접한

업무협력 방식 및 체계를 모색한다.

- 신용조사 : 외상투자 신용조사회사의 설립을 허용한다.
- 여행사 : 시험구 내 등록한 조건에 부합하는 중외합자 여행사의 대만지역 이외의 해외여행업 종사를 허용한다.
- 인재중개 : 중외합자 인재중개기관의 설립을 허용하며, 외자의 지분은 70%를 초과할 수 없다. 홍콩, 마카오 서비스 제공자에 대해서는 독자 인재중개기관 설립을 허용한다. 외자 인재중개기관의 최저 요구 자본금액을 30만 달러에서 12.5만 달러로 낮춘다.
- 투자관리 : 주식제 외자 투자기업 설립을 허용한다.
- 공정설계 : 상하이시를 위해 서비스를 제공하는 외자 공정설계 (공정탐사 불포함) 기업에 대해 최초 자격 신청 시 투자자의 공정설계 실적 요구를 취소한다.
- 건축 : 시험구 내 외상독자 건축기업이 상하이시의 중외 연합 건설 프로젝트를 수주한 경우 건설 프로젝트의 중외 투자비율 제한을 적용하지 않는다.

### (5) 문화 서비스 영역

- 연출 에이전트 : 외자 연출 에이전트 기관의 지분비율 제한을 취소하며, 외상독자 연출 에이전트기관 설립과 상하이시 영업을 허용한다.
- 오락 장소 : 외상 독자의 오락장소 설립을 허용하며, 시험구 내 서비스를 제공한다.

## (6) 사회 서비스 영역

- 교육훈련, 직업기술훈련 : ① 중외합작 경영 교육훈련기관의 설립을 허용한다. ② 중외합작 경영 직업기술훈련기관의 설립을 허용한다.
- 의료 서비스 : 외상독자 의료기관 설립을 허용한다.

## 제2절 중국 정부와 상하이시 관련 부서 실무 책임자 언론브리핑

2013년 9월 29일 오전에 상하이 자유무역시험구 현판식이 개최된 후 당일 오후에는 상무부, 재정부, 국가발전개혁위원회, 국무원 법제판공실, 해관총서, 질검총국, 인민은행 상하이 총부, 상하이 은행감독국 등 관련 부서 국장급 인사들이 참석하여 내외신 기자회견을 통해 시험구에 대한 상세한 내용에 관해 설명하였다.

## 1. 투자관리 체제 개혁

### (1) 외상투자관리체제 개혁 (상무부 외국투자관리국장)

자유무역시험구의 선행선시(先行先試) 역할을 매우 중시하고 있으며, '진입 전 내국민 대우와 네거티브 리스트 제도'를 시범 실시한다. 현행 외상투자 관리체제인 '외자 3법'(외자기업법, 중외합자경영기업법, 중외합작경영기업법)에 기초한 허가제를 30년간 실시하여 왔으나, 중국 경제, 사회, 법제환경 변화 및 국제투자 체제와 규칙 변화에 따라 개혁개방 확대에 부합되지 않은 부분도 나타나고 있다. 이에 따라 외상기업 투자 심사절차를 부단히 축소하고 간소화시키고 있으며,

자유무역시험구 출범을 계기로 새로운 외상투자 관리모델을 모색해 나갈 것이다.

국제적으로 통행되는 방식을 참고하여 개혁해 나갈 것이다. 2013 년에 개최된 제5차 중미 전략경제대화에서 미국 측에 '네거티브 리스트'를 기초로 하여 투자협상을 진행하는 데 동의하였다. 현재 국제적으로 70여 국가가 '진입 전 내국민 대우와 네거티브 리스트' 관리체제를 도입하고 있는데, 각국별로 구체적인 형식, 내용 및 실시방법 등에서 차이가 있다.

중국은 각국의 방식을 참조하되 중국의 경제발전 단계 및 실정에 맞게 추진해 나갈 것이다. 상하이 자유무역시험구 내에서 네거티브 리스트 이외의 투자에 대해서는 심사허가제를 잠정 중단하고 등록제로 변경하는 방안을 전인대 상무위원회에 보고하여 '외자 3법'의 외상투자 심사 내용 조정관련 비준을 획득함으로써 앞으로 3년 동안 심사허가제를 등록제로 변경하는 데 법적 보장을 받았다.

## (2) 외상투자 및 경외투자 항목 개혁(국가발전개혁위원회 외자사용 및 경외투자국장)

외상투자 항목 관련, 자유무역시험구 내 외상 투자에 대해 네거티브 리스트 관리모델을 시행하며, 네거티브 리스트 내의 영역 투자 관련 항목은 여전히 심사허가제를 실시한다. 네거티브 리스트 이외의 영역 투자는 내외자 일치 원칙에 따라 진입 전 내국민 대우를 실시하고, 심사허가제에서 등록제 관리로 변경한다(단, 국무원이 국내 투자 항목에 대해 심사비준을 유보하기로 규정한 것은 제외).

경외투자 항목 관련, 대외투자 필요성에 부응하여 대외투자관리 체제개혁을 추진해 왔으며, 2012년 11월 상하이를 포함한 몇 개 성(省), 시(市)에서 경외투자 심사허가 절차 간소화 방안을 시범 실시해 오고 있다. 자유무역시험구 내 경외투자관리 개혁의 핵심은 시험구 내 등록된 경외투자 일반 항목에 대해 등록제를 실시하고, 등록 항목 규모를 대폭 상향 조정하는 것이다. 이는 중국의 경외투자 항목 관리의 방향이고, 기업들의 경외투자 편리화를 제고하여 국제적인 경영 능력을 강화시키는 데 필요하다.

## 2. 금융제도 개혁(인민은행 상하이 총부 부주임 겸 국가외환관리국 상하이 분국장)

### (1) 위안화 국제화 사용 확대

무역투자의 편리화를 촉진하기 위하여 2009년 7월 상품무역을 시작으로 위안화 국제결제 업무를 시행한 이후, 경상항목과 국경 간 직접투자, 대외항목 대출, 증권시장 투자 등 부분적인 자본 항목 경제활동을 포함하여 국경 간 위안화 사용 범위가 확대되고 있다. 상하이 자유무역시험구 총체방안에 근거하여 시험구 실물경제를 지원하고 국경 간 위안화 업무를 추진하기 위하여 경상항목의 국경 간 위안화 결제업무 프로세스와 절차를 가일층 간소화해 나갈 것이다.

### (2) 금융시장 금리 자율화

2013년 7월 29일 위안화 대출 금리를 자율화하였으며, 현재 인민은행은 예금 금리 상한만 관리하고 있다. 시험구 내 금리 자율화 시행은 현행 금리 관리정책과 향후 지속 추진해야 할 금리시장 개혁 필요성에 부합한다. 그런데, 금리자율화는 거시적이고 신중한 금융관리의 틀 내에서 시험구 내 실물경제 수요, 금융시장 주체 육성 목표 및 시장 환경 등을 감안하여 점진적으로 추진한다.

### (3) 위안화 자본항목의 자유로운 태환 시범 운영

자유무역시험구 투자심사 관리체제 개혁에 부응하고, 실물경제 발전에 맞추며, 투자융자 업무 구체 수요에 따라 리스크 방지가 가능한 전제하에 위안화 자본항목의 태환의 선행선시를 추진한다. 이를 통해 기업의 해외 진출을 적극적으로 지원하고 기업의 국제 경쟁력을 제고한다.

### (4) 자유무역시험구에 상응하는 외환관리 체제 수립

기업들이 경내외 자원과 시장을 충분히 활용하도록 고취하여 국경 간 융자 자유화를 실현해 나간다. 외채 관리방식의 개혁을 심화시키며, 국경 간 융자 편리화를 촉진해 나간다. 다국적 기업 본부의 외화자금 집중 운영관리를 시범적으로 시행하고, 다국적 기업의 지역 또는 전국적인 자금관리센터 설립을 촉진한다.

### (5) 리스크 방지 대책 마련

상술한 금융개혁은 리스크 방지가 가능한 전제하에서 추진한다. 인민은행은 금융 거시적 심사관리 각도에서 세밀하게 관찰하고 리스크 방지와 안정적인 추진을 견지하면서, "하나가 성숙되면 하나를 추진한다."라는 원칙하에 적시에 조직적으로 시범 사업을 전개해 나간다. 상하이시 정부와 함께 일련의 리스크 방지책을 마련하고, 모니터링 분석 및 평가를 강화하며, 전 과정에 걸쳐 리스크 관리를 해 나간다. 자유무역구를 통한 핫머니가 국내 경제에 충격을 주지 않도록 방지해 나가고, 시험구 내 기업과 기관들이 자금세탁 방지, 테러자금 융자 금지, 조세회피 방지 등 의무사항을 이행하도록 감독하고 촉구해 나간다.

## 3. 은행업 관리감독 체제 개혁(상하이시 은행 감독국 국장)

은행감독위원회가 발표한 상하이 자유무역시험구 지원조치 8개항을 낭독한 후 은행감독위원회가 심사 허가한 시험구 내 금융기관 현황에 대해 다음과 같이 설명하였다. 중국공상은행, 중국농업은행, 중국은행, 중국건설은행, 교통은행, 상하이은행의 시험구 내 지행이 분행으로 승격되고 중국(상하이) 자유무역시험구 분행으로 명칭이 변경된다.

초상은행 및 상하이 포동발전은행이 중국(상하이) 자유무역시험구 분행 설립 허가를 획득하였다. 교통은행 금융리스공사가 중국(상하이) 자유무역시험구 전문 자(子)회사 설립 허가를 획득하였다. 화치(花旗)은행 (중국) 유한공사(시티뱅크), 싱잔(星展)은행 (중국) 유한공사(싱가포르 DBS 은행)가 중국(상하이) 자유무역시험구 지행 설립 허가를 받았다.

## 4. 해관 감독 혁신(해관 총서 가공무역 및 보세관리감독국장)

### (1) 무역편리화 추진

'1선 개방'의 관리감독체계를 개혁하고 정보시스템을 업그레이드하여 '선통관, 후진입' 현행 방식을 선적서류에 의거한 '선진입, 후통관'

으로 개선한다. 자유무역시험구의 4개 해관 특수 관리감독구와 주변 해관 특수 관리감독구 간의 효율적이고 편리한 보세물류 관리감독체계를 수립한다. 통일적인 정보화 관리시스템을 구축하여 4개 해관 특수 관리감독 지역 간 물류 관리감독 협력, 통관 수속 지능화 수준 업그레이드, 전자 네트워크 관리 등을 추진한다.

## (2) 신형 무역업 발전 촉진

서비스 무역 발전을 추진하고, 자유무역시험구 내의 판매, 결산, 물류, 유지보수와 R&D 등 업무를 지원하며, 신형 무역업에 부합되는 해관 관리감독체계를 혁신한다. 선물보세거래 업무 시범 시행을 확대하여 국제무역에서 중국의 가격결정권을 강화한다. 조건에 부합된 시험구 내 기업이 세금담보가 제공되는 상황하에서 시험구 이외에서의 보세전시 거래 전개를 지원한다. 시험구의 해외 전자상거래 업무 시범 사업을 지원한다. 시험구 내 기업의 생산, 가공 및 2선을 통한 시험구 밖으로의 판매에 대해 선택성 징세정책을 실시한다.

## 5. 해관 검사검역 업무(국가 질검총국 통관업무국장)

품질검사 제도를 적극적으로 개혁하고, 새로운 검사검역 관리 형태를 마련하며, 새로운 품질 검사 감독 및 집행체제를 수립하고, 무역편리화 수준을 제고하며, 검사검역 조기경보와 방어체계를 구축하고, 공공정보 플랫폼 수립, 신의성실 체계 구축 및 국제전자상거래업무 발전 등을 추진한다.

아울러, 국가 질검총국이 발표한《중국(상하이) 자유무역시험구 건설 지지에 관한 의견》의 10가지 분야에 관한 조치에 관해 설명하였다. 또한, 국가 질검총국이 제시한 정책을 시행하기 위해 상하이 검험검역국이 18개 부문에 걸쳐 구체적인 업무를 진행하고, 상하이시 질량기술감독국이 관련 조치를 연구 제정하고 있다고 소개하였다.

## 6. 조세정책(재정부 관세국장)

### (1) 기본원칙

자유무역시험구 조세개혁은 국가세제 개혁의 방향에 부응하고, 공평하고 통일적이며 규범에 맞는 세수 원칙을 준수하는 원칙하에 시행한다. 7가지 항목의 확정된 세수정책을 실시하며, 2가지 항목의 세수정책을 연구해 나갈 것이다. 7가지 확정된 세수정책에는 투자촉진 정책과 무역촉진 정책이 포함된다. 투자촉진 정책은 주로 비금융성 대외투자와 스톡옵션 등 두 가지 정책을 의미하며, 무역촉진 정책은 주로 금융리스 수출 환급세, 수입 부가가치세, 선택적 과세, 선적항 과세, 일부화물 면세, 선적항 환급세 등 5가지 정책을 가리킨다.

### (2) 투자촉진 정책

• 비화폐성 자산투자 정책 : 자유무역시험구 내 등록한 기업 혹은 개인 주주가 비화폐성 자산대외투자 등 자산 재조정 행위로 생긴 자산평가 절상부분은 5년을 초과하지 않는 범위 내에서 소득세를 분기 납부할 수 있다.

• 주주 권리 장려 정책 : 자유무역시험구 내의 기업이 주식 혹은

출자비례 등 주주권 형태에 근거하여 기업 고급인재와 소수인재에게 장려를 주는 것이며, 중관촌 등에서 시범 실시하고 있는 주주 장려 개인소득세 분기납세 정책을 실시한다.

### (3) 무역촉진 정책

자유무역시험구에 등록한 융자임대회사 또는 금융임대회사가 자유무역시험구 내에 설립한 자회사를 융자임대 수출 환급세의 시험 범위에 넣을 수 있다. 자유무역시험구 내에 등록한 국내 임대회사 또는 자회사는 국가 관련 부서의 비준을 걸쳐 경외에서 적재량 25톤 이상의 항공기를 구매하고 국내 항공사에 임대하는 것과 관련해서는 수입 일환 증치세 우대 정책을 향유한다. 자유무역시험구 내에 설립된 기업이 생산, 가공하고 '2선'을 통과하여 내륙으로 판매한 화물은 규정대로 수입 세금(증치세, 소비세)를 징수한다.

기업의 신청에 근거하여, 시험구 내 판매 화물에 대해 대응 수입 원료 혹은 실제 검사 신청 상태에 따라 징수하는 관세 정책을 실시하는 데, 이를 선택성 징세정책이라 한다. 현행 정책의 틀 범위에서 시험구 내 생산기업과 생산성 서비스업 기업이 수입한 기계, 설비 등 화물에 대해 면세를 부여한다. 다만, 생활성 서비스업 등 기업이 수입한 화물과 법률, 행정법규 및 관련 규정에서 명확하게 면세를 부여하지 않은 화물은 제외한다.

해운항만의 환급세 시범 정책을 완비하고, 선적지, 운송기업, 운송도구 등의 시범 범위 확대를 적시에 연구해 나간다. 세금정책 개혁 방향과 국제관례에 부합한 이익 이전의 조건에서 경외 주주투자 및 역외업무의 발전에 적용할 세수정책을 적극 연구한다.

### (4) 연구해 나갈 세수 정책

세제 개혁 방향과 국제관례에 부합되며, 이윤이 전이되거나 세수 기반을 침식하지 않는다는 전제하에 경외 주식 투자와 역외업무 발전에 부응하는 세수정책을 적극 연구하고 완비해 나간다. 화물상태분류 감독제도 모델 수립을 연구한다. 동 개혁은 관리감독 방법 개혁에 관계될 뿐만 아니라 관련 세수정책에도 관련된다.

## 7. 법제 보장(법제 판공실 재정금융법제국장)

### (1) 국가적인 측면에서 법제 보장

국무원이 비준한 《중국(상하이) 자유무역시험구 총체 방안》에 의거하여, 자유무역시험구 외상투자진입 특별관리조치 열거표(네거티브 리스트) 이외의 부문에서는 외상투자기업 관련 심사허가제를 등록제 관리로 변경한다.

2013년 8월 30일 제12기 전인대 상무위원회 제4차 회의의 결정에 의거하여, 2013년 10월 1일부터 자유무역시험구 내에 국가가 규정한 진입 특별조치(네거티브 리스트) 이외의 외상투자에 대해 《중화인민공화국 외자기업법》, 《중화인민공화국 중외합자경영기업법》, 《중화인민공화국 중외합작경영기업법》을 잠정 조정하여 외자기업 설립 심사비준, 중외합자경영기업 설립 비준 및 중외합작경영기업 설립 비준 등 11개항의 행정 심사비준이 등록 관리로 변경된다.

### (2) 지방 법제 보장

상하이시 인민정부는 《총체 방안》에 의거하여 《중국(상하이) 자유무역시험구 관리방법》을 제정하여 2013년 10월 1일부터 시행한다. 《관리 방법》은 자유무역시험구의 기본관리 제도에 관해 규정하고 있다. 자유무역시험구 관리위원회의 체제와 통일적인 관리, 자유무역시험구에 관련된 행정업무 협조 및 외상 투자 네거티브 리스트 관리 모델, 화물상태 분류 관리감독, 해관과 검사검역관리감독 서비스 편리화 조치, 금융혁신과 리스크 방지 시스템 등 정보 공개, 원스톱 처리 시스템, 안전심사와 독점금지 심사시스템, 관리감독 정보의 공유 등이 주요 내용이다.

# 제3장

## 상하이 자유무역시험구 분야별 조치

- 금융 제도 혁신
- 투자 편리화 조치
- 통관 수속 간소화 및 무역 편리화 조치
- 세무 제도 부문
- 서비스 부분 개방 확대
- 상하이 자유무역시험구 내 행정관리, 분규 해결 제도

# 상하이 자유무역시험구 분야별 조치

## 제1절 금융 제도 혁신

　　상하이 자유무역시험구가 출범하면서 은행감독위원회, 증권감독위원회, 보험감독위원회 등 세 개의 금융 감독기관이 분야별로 세칙을 발표하였다. 이어서 2013년 11월 개최된 중국 공산당 제18기 3중전회에서 국경 간 자본 및 금융 태환 정도 제고, 자본시장 개방, 금융감독 시스템 정비 등 금융체제 개혁에 관한 방향이 결정되어 상하이 자유무역시험구 금융 혁신에 탄력을 불어 넣었다.

　　12월 2일에는 인민은행이 상하이 자유무역시험구 금융 지원에 관한 의견을 발표하여 금융 조치의 기본방향을 제시하였다. 이어서 외환업무 간소화, 금리시장화, 자본시장 개방 등에 관한 일련의 제도 및 관리방식에 관한 세칙들이 속속 발표되고 있다.

### 1. 금융 감독기관의 지원 조치 발표

### (1) 은행감독위원회 지원 조치

은행감독위원회는 상하이 자유무역시험구 출범식 하루 전인 2013년 9월 28일《중국(상하이) 자유무역시험구 은행 감독 관련 문제에 관한 통지》를 각급 은행 감독기관, 정책성 은행, 국유 상업은행, 주식 상업은행, 금융자산공사, 금융융자공사 등에 시달하여 금융기관의 자유무역시험구 입주를 독려하였다. 중자은행에 대해 금융기관별 쿼터를 적용하지 않고 지행에서 분행으로의 점포 승격과 신규 설립을 허용하였다.

외자은행의 영업도 적극적으로 지원하여 대표처의 지점 승격에 필요한 최소 기간과 위안화 업무 취급에 필요한 최소 영업기간을 단축하는 방안을 연구해 나가기로 하였다. 참고로, 2013년 9월 현재 기존《외자은행 관리조례》에 따르면 외국계 은행은 국내 개업을 3년 이상이어야 하고, 2년 연속 수익을 창출해야만 위안화 업무경영을 신청할 수 있다고 되어 있었다.

### 은행감독위원회의 상하이 자유무역시험구 지원조치(8개항)

1. **중자(中資)은행의 시험구 내 발전 지지** : 전국적인 중자상업은행, 정책성 은행, 상하이 지역 은행에게 분행 또는 전문 경영 기관 신설을 허용한다. 시험구 내 현재 있는 은행 인터넷점의 분행 또는 지행으로 승격을 허용한다. 시험구 내 증설 혹은 승격된 지점은 연도 신설 증설 계획 제한을 받지 않는다.

2. **비은행금융회사 설립 지지** : 조건에 부합하는 대형기업 그룹의 기업그룹재무공사(캐피탈회사) 설립을 지지하며, 조건에 부합하는 발기인의 자동차 할부 금융공사, 소비자 금융공사 설립을 지지하고, 상하이 관할 내의 신탁공사의 시험구로의 발전을 지지하며, 전국적인 금융자산공사의 분공사 설립을 지지하고, 금융융자공사의 전문자회사 설립을 지지한다.

3. **외자(外資)은행의 시험구 영업 지지 :** 조건에 부합하는 외자은행의 자행(子行), 분행, 전문 기관 및 중외합자은행 설립을 지지하며, 외자은행 지행의 분행으로의 승격을 허용하고, 은행 대표처를 분행으로 승격시키는데 필요한 연한과 외자은행 분행의 위안화 업무 종사 연한 요건을 적절히 단축시키는 방안을 연구한다.

4. **민간자본의 시험구 내 은행업 진출 지지 :** 조건에 부합하는 민영자본의 리스크를 자신이 부담하는 민영은행, 금융리스공사 및 소비금융공사 등 금융기관의 설립을 지지하고, 조건에 부합하는 중자, 외자 금융기관의 중외합자은행의 설립 시 민영자본의 지분 투자를 지지한다.

5. **국경 간 투융자 업무 장려 :** 시험구 내 은행업 금융기관의 국경 간 융자업무로의 발전을 지지한다. 여기에는 은행업 금융기관의 대종상품 무역융자에 제한되지 않고, 전국적인 공급망(supply chain) 무역융자, 역외 선박 융자, 현대 서비스업 금융 지원, 외부담보에 의한 대출, 상업어음 등과 관련한 국경 간 융자업무 취급을 포함한다. 시범구 내 은행업 금융기관의 국경 간 금융서비스 투자를 지지한다. 여기에는 역외합병 대출에 한정하지 않고 경내 담보를 통한 경외 대출(PF), 역외자산관리업무, 부동산 신탁투자 펀드 등을 포함한다.

6. **역외 금융업무 지지 :** 요건에 부합하는 중자은행의 시험구 내 역외 은행업무 취급을 허용한다.

7. **진입 방식 간소화 :** 시험구 내 분행 이하(분행 불포함)의 기관, 고급관리인원 및 일부 업무의 진입 사항은 사전 심사제에서 사후 보고제로 변경한다. 은행업 진입 사항에 관한 녹색신속 통로를 도입하고 진입사항 시한 내 처리 제도를 수립하여 진입 효율을 제고한다.

8. **감독 업무 체제 완비 :** 시험구 내 은행업 실제에 부합하는 상대적으로 독립된 은행업 감독 체제 수립 검토를 지지하고, 시장친화적인 감독서비스를 제공하여 효과적으로 리스크를 억제한다. 시험구 내 은행업 특색에 맞는 건전한 모니터링(監測) 보고 체제를 구축하고, 시험구 내 은행업에 부합하는 완

전한 리스크 통제 지표 수립을 모색한다. 예대비율, 유동성 조절 등 감독체계를 최적화한다.

## (2) 증권감독위원회 지원 조치

증권감독위원회는《자본시장의 중국(상하이) 자유무역시험구 촉진을 위한 약간의 정책 지원 조치》를 통해 상하이 자유무역시험구 내 조건에 부합하는 법인 및 개인이 국내외 증권 선물시장에 쌍방향 참여를 허용하였다.

시험구 내 금융기관 및 기업이 상하이 지역의 증권·선물 거래소에서 투자 및 교역이 가능하고, 시험구 내 취업하고 요건에 부합하는 경외 개인이 시험구 내 증권선물회사에서 비거주자전용계좌를 개설하고 경내 증권 선물투자도 할 수 있다. 요건에 부합하는 금융기관 및 개인의 경외 증권 선물투자를 허용하였고, 시험구 내 취업하고 요건에 부합한 개인의 경외 증권선물 투자가 가능해졌다.

### 증권감독위원회의 '자본시장 관련 상하이 자유무역시험구 지원 조치(5개항)'

1. 상하이 선물거래소의 상하이 자유무역시험구 내 상하이 국제 에너지거래소(주) 설립에 동의할 예정이며, 구체적으로 국제 원유 선물거래 플랫폼 구축 업무 추진을 담당한다. 동 플랫폼을 통해 전면적으로 국외 투자자의 국내의 선물거래 참여를 유도하고, 이를 계기로 중국 선물시장의 대외 개방도를 확대해 나간다.
2. 자유무역시험구 내 조건에 부합하는 법인 및 개인이 규정에 따라 국내외 증권 선물시장에 쌍방향 참여를 지지한다. 시험구 내 금융기관 및 기업은 규정에 따

라 상하이 지역의 증권선물 거래소에서 투자와 거래를 할 수 있으며, 시험구 내 취업하고 요건에 부합하는 경외 개인은 시험구 내 증권선물회사에서 비거주자전용계좌를 개설하고 경내 증권 선물투자가 가능하고, 요건에 부합하는 금융기관 및 개인에게 규정에 따른 경외 증권선물 투자가 허용되며, 시험구 내 취업하고 요건에 부합한 개인은 경외 증권 선물투자를 할 수 있다.

3. 시험구 내 기업의 해외 모(母) 회사는 규정에 따라 국내시장에서 위안화 채권을 발행할 수 있다. 시장 수요에 따라 시험구 내 국제 금융자산 거래 등을 모색한다.

4. 증권선물회사의 시험구 내에 등록 전문자회사 설립을 지지한다.

5. 시험구 내 증권·선물 경영기관의 경내 고객에 대한 대종상품 및 금융 파생상품의 장외거래를 허용한다.

## (3) 보험감독위원회 지원 조치

보험감독위원회는《중국(상하이) 자유무역시험구 건설 지지》를 통해 상하이 자유무역시험구 내 건강보험을 전문적으로 취급하는 외자 보험회사 설립을 시범 허용하고, 국경 간 위안화 재보험 업무를 허용하며, 상하이 자유무역시험구 보험회사의 해외투자를 시범적으로 허용하고, 동 해외투자의 범위 및 투자비율 규제를 시범적으로 완화하는 방안을 적극 검토한다고 하였다.

국제적으로 저명한 보험중개 회사 등 서비스 기관과 재보험 업무에 종사하는 사회조직과 개인이 시험구 내에 규정에 따라 관련 업무를 전개하여 보험업 발전을 위한 전문기술 시스템 서비스를 제공하는 것을 지지한다고 하였다.

## 보험감독위원회의 '상하이 자유무역시험구 건설 지지를 위한 주요조치(8개항)'

1. 시험구 내 건강보험을 전문적으로 취급하는 외자보험회사 시범 설립을 지지한다.
2. 보험회사의 시험구 내 지점 설립과 국경 간 위안화 재보험 업무 전개를 지지하며, 상하이에 거액 재해보험 시스템 연구 모색을 지지한다.
3. 시험구 보험회사의 해외투자를 시범적으로 허용하고, 동 해외투자의 범위 및 투자비율 규제를 시범적으로 완화하는 방안을 적극 검토한다.
4. 국제적으로 저명한 보험중개 회사 등 서비스 기관과 재보험업무에 종사하는 사회조직과 개인이 시험구 내 규정에 따라 관련 업무를 전개하여 보험업 발전을 위한 전문기술 시스템 서비스 제공하는 것을 지지한다.
5. 상하이에서 해운보험업 전개, 해운보험 영업기관과 해운보험중개인 육성 및 상하이 해운보험협회의 발전을 지지한다.
6. 보험회사 신상품 개발, 책임보험 서비스 영역의 지속적인 확대를 지지한다.
7. 상하이의 보험시장 시스템 개선과 해운보험 수가 산정 센터, 재보험센터 및 보험자금 운용센터 등 기능형 보험기관의 육성을 지지한다.
8. 시험구의 금융개혁 혁신과 상하이 국제금융센터 건설의 연동 시스템 구축을 지지하며, 보험감위원회와 상하이시 정부와의 협력양해비망록 업무 협조 시스템을 부단히 강화하고 전개해 나간다.


## (4) 중국 인민은행 금융지원 의견 발표

인민은행은 2013년 12월 2일 《중국 인민은행의 중국(상하이) 자유무역시험구 금융 지원에 관한 의견》을 발표하여 자유무역시험구 내에서의 금융 조치의 기본방향을 제시하였다. 자금조달 및 투자 편의 제고를 위한 자본계정 자유화 확대, 위안화 결제 및 국경 간 이동의 편의 제고, 금리자유화 확대 및 심사절차 간소화 등을 통한 외환관리 규제의 완화 등이 주요 내용이며, 상하이 자유무역시험구 금융개혁의 나침반 역할을 하게 된다.

구체적인 내용을 살펴보면 첫째, 자본계정 자유화 확대 분야에서는 상하이 자유무역시험구 기업은 대외직접투자(ODI) 시 소관 관청의 인가절차를 거치지 않고 직접 은행에서 대외지급과 환전이 가능하며, 시험구 내에 취업하고 조건에 부합한 개인은 합법적인 해외 증권투자를 포함한 대외투자를 할 수 있다. 시험구 내에 취업하고 조건에 부합한 경외 개인은 비거주자투자전용계좌를 개설하여 증권투자를 포함한 국내투자를 할 수 있다.

시험구 내 금융기관 및 기업은 상하이 지역의 증권 및 선물 거래소에서 거래를 할 수 있다. 시험구 기업의 해외 모(母) 기업은 국내 자본시장에서 위안화 채권을 발행할 수 있다. 시험구 기업, 비은행금융기관 등은 해외에서 외화 차입을 할 수 있다. 시험구 기업 중에 요건에 부합하는 경우는 해외증권 및 파생상품 투자가 가능하다.

둘째, 위안화 결제 부문이다. 상하이 소재 은행 금융기관은 시험구 기업 및 개인을 대상으로 경상계정 및 대외직접투자를 위한 위안화 결제업무를 취급할 수 있다. 상하이 소재 은행 금융기관은 지급 결제기관과 협력하여 국경 간 전자상거래를 위한 위안화 결제업무도 취급할 수 있다. 시험구 기업은 소속그룹 전체의 위안화 자금 종합관리 업무(資金池)를 전개하고 관련기업에 대한 자금 수취, 지급 업무를 할 수 있다.

다만, 시험구 금융기관 및 기업이 해외에서 위안화 자금을 차입하여 증권, 파생상품에 대한 투자와 위탁대출을 하는 것은 불허하고 있다. 한편, 상무부가 2013년 12월에 발표한《국경 간 위안화 직접 투자 관련 문제에 대한 공고》에서도 외상투자 기업은 경외 위안화로 직접 투자한 자금으로 중국 내 금융상품에 대한 직접 혹은 간접적으로 증권과 금융파생상품에 대한 투자 및 위탁대출을 불허한다고 규정하였다.

셋째, 금리자유화이다. 기본조건의 성숙 정도를 감안하여 금리자유화를 추진한다고 하였다. 상하이 자유무역시험구 내 요건을 충족하는 금융기관에게 거액 양도성예금증서(CD)를 발행할 수 있는 권한을 부여할 수 있다고 하였으며, 시험구 내 일반계좌의 소액 외화 이자율 상한 제한을 완화하였다.

넷째, 외환 관리규제 완화 부문이다. 상하이 자유무역시험구 기업이 다국적기업의 종합 자금센터 역할을 할 수 있도록 외환 및 국제무역결제에 대한 규제를 완화하고, 외국인 직접투자(FDI)의 외환 등기 인가를 외국환은행에 위임하여 관리토록 하고 사후 감독을 강화하였다. 금융리스회사의 해외차입 업무를 허가제에서 등록제로 변경하고 시험구 기업이 해외에 지급하는 담보비용의 사전 인가제를 폐지하였다.

인민은행 지원 조치를 요약하면 투융자 송금 편리화 방안을 모색하고, 위안화 자본항목의 자유태환을 추진하며, 시험구의 대외개방을 더욱 확대하고 기업들의 해외진출을 적극 지원하는 것이다. 또한, 시험구 내 기업과 개인이 더욱 유연하게 위안화를 사용하여 역외 거래를 할 수 있도록 하고, 이를 통해 환리스크를 감소시킬 수 있도록 하였다. 아울러, 금리자유화의 안정적 추진과 개혁 속도 가속화를 통해 실물경제 발전을 지원할 수 있도록 하고, 행정심사를 축소하는 등 외환관리 제도 개혁을 심화시키는 것이다.

상하이 자유무역시험구 진출 기업이 해외로부터 차입한 자금에 대해 증권 및 파생상품 투자, 위탁대출 등을 제외하고는 별도의 용도규제를 하지 않은 점은 시장 기대를 뛰어넘는 중요한 사항으로 평가되었다. 또한, 일부 요건을 충족하는 개인의 해외증권 투자 허용과 상하이 자유무역시험구 내 기업의 상하이 지역 증권투자 및 상하이 자유무역시험구 내 기업의 해외 모(母) 기업에 대한 국내 채권발행 허용 등도 자본 자유화 측면에서 진전으로 평가되었다.

## 인민은행의 상하이 자유무역시험구
## 금융 부문 지원 조치에 관한 의견(30개 항목)

### 1. 리스크 관리에 유리한 계좌 시스템 혁신

- 시험구 내 거주자는 위안화 외화 자유무역계좌(이하 '거주자 자유무역계좌') 개설을 통해 분할회계 관리를 실현하고, 투융자 혁신업무를 전개할 수 있다. 비거주자는 시험구 내 은행에서 위안화 외화 비거주자 자유무역계좌(이하 '비거주자 자유무역계좌') 개설하고 진입 전 내국민 대우 원칙에 따라 관련 금융서비스를 향유할 수 있다.
- 거주자 자유무역계좌와 경외계좌, 경내의 시험구 외의 비거주자 계좌, 비거주자 자유무역계좌 및 기타 거주자 자유무역계좌 간 자금은 자유롭게 운용이 가능하다. 동일한 비금융기간 주체의 거주자 자유무역계좌와 기타 은행 결산 계좌 간의 경상항목 내 업무, 상환대출, 사업투자 및 기타 규정에 부합한 국경 간 무역 수요로 인한 경우에 자금 운용을 할 수 있다. 거주자 자유계좌와 경내 외의 은행결산 계좌 간에 발생하는 자금 유동은 국경 간 업무와 같이 관리한다.
- 거주자 자유무역계좌와 비거주자 자유무역계좌는 국경 간 융자, 담보 등의 업무를 추진할 수 있다. 조건 성숙 시 계좌 내 위안화 외화 자금은 자유 태환을 할 수 있다. 거주자 자유무역계좌와 비거주자 자유무역계좌 위안화 환어음 모니터링 제도를 수립한다.
- 상하이 지역 금융기관은 인민은행 규정에 따라 시험구 내 분할 회계 방식을 통해 요건에 부합하는 주체를 위해 자유무역계좌를 개설하고, 관련 금융 서비스를 제공한다.

### 2. 투융자 편리화

- 기업의 국경 간 직접투자 편리화 촉진 : 시험구 국경 간 직접투자는 상하이시 관련 규정에 의거하여 이전에 정한 심사 비준에 기속되지 않고 직접 은행이 처리 가능한 국경 간 수납지불, 태환 업무를 할 수 있다.

- 개인의 국경 간 투자 편리 : 시험구 내 취업하고 요건에 부합한 개인은 규정에 따라 증권투자를 포함하여 각종 경외투자를 할 수 있다. 개인이 시험구 내에서 획득한 합법적인 소득은 세금 완납 후 외부에 지불이 가능하다. 시험구 내 공상 개체 후는 업무 수요에 따라 경외경영 주체에 국경 간 대부를 할 수 있다. 시험구 내 취업하고 요건에 부합한 경외 개인은 규정에 따라 시험구 내 금융기구와 비주민개인경내투자 전용계좌를 개설할 수 있으며, 규정에 의거하여 증권투자를 포함한 각종 경내 투자를 할 수 있다.
- 점진적인 자본시장 개방 : 시험구 내 금융기관과 기업은 상하이 지역의 증권 및 선물거래 장소에서 투자와 거래를 할 수 있다. 시험구 내 기업의 경외 모(母) 기업은 국가의 관련 법규에 따라 경내 자본시장에서 위안화 채권을 발행할 수 있다. 시장 요구에 따라 시험구 내 국제 금융자산 거래 등 전개를 모색한다.
- 대외 융자 편리화 촉진 : 경영 수요에 근거하여 시험구에 등록된 중외자기업, 비은행기관 및 기타 경제조직(이하 '시험구 내 기관')은 규정에 의거하여 경외에서 위안화, 외화 자금을 융통할 수 있으며, 모든 종류의 외채에 대해 외채 거시 신중관리 제도를 완비하고, 외채 리스크를 확실히 방지하기 위한 효과적인 조치를 취한다.
- 다양한 리스크 대응 수단 제공 : 시험구 내 기관은 규정 범위 내에서 통화의 종류 및 기한 일치의 실제 필요성에 의거하여 시험구 내 혹은 경외에서 리스크 헤징 관리를 할 수 있다. 조건에 부합한 시험구 내 기업은 시험구 규정에 따라 경외 증권투자와 경외 파생상품 투자업무가 허용된다. 시험구 업무 별도 계정은 시험구 내 또는 경외 기관과의 본외화 수수에 따라 환율 변동으로 인해 오픈포지션이 발생하며, 시험구 내 혹은 경외시장에서 환리크 헤지를 해야 한다. 시험 업무 별도 계정은 자체리스크 관리 수요에 입각하여 국제 금융시장의 파생 상품 거래에 참여할 수 있다. 시험구 업무 별도 계정은 비준을 거쳐 일정 금액 한도 내에서 경내 은행간 시장에서 차입 또는 역환매조건부 채권(RP) 거래를 할 수 있다.

## 3. 위안화 국경 간 사용 확대
- 상하이 지역 금융기구는 '고객 이해, 업무 이해, 직무를 다하여 심사'라는 세 가지 원칙에 기초하여 시험구 내 기관(수출화물교역 위안화 결산기업 중점 관리 명단 내의 기업 제외)과 개인이 제출한 수납 지불 명세에 따라 경상항목, 직접 투자한 국경 간 위안화 결산업무를 할 수 있다.

- 상하이 지역 은행업 금융기관은 시험구 내 《지불업무 허가증》이 있고 업무 범위의 인터넷 지불을 포함하여 업무가 허용된 지불기관과 합작이 가능하고, 지불기관 관련 정책에 따라 국경 간 전자상거래(화물무역 혹은 서비스무역)를 위해 위안화 결산업무를 할 수 있다.
- 시험구 내 금융기관과 기업은 경외에서 위안화 자금 차입을 할 수 있으나, 차입된 위안화는 유가증권, 파생상품에 투자할 수 없고, 위탁대출에 사용해서는 안된다.
- 시험구 내 기업은 자신의 경영 수요에 따라 그룹내 양방향 위안화 종합자금센터(資金池) 업무 전개를 전개하여 경내외 관련 기업을 위해 경상 항목의 집중 지불 업무를 할 수 있다.

## 4. 점진적인 이자율 자율화 추진
- 관련 기초 조건의 성숙 정도에 따라 시험구 이자율 시장화 체제 건설을 추진한다.
- 시험구 내 거주민 자유무역계좌와 비거주민 자유무역계좌 위안화외화자금 이자율의 시장가격 결정 모니터링 제도를 완비해 나간다.
- 시험구 내 조건에 부합한 금융기관에 한해 거액 양도성예금증서(CD)를 발행할 수 있는 권한을 부여하고 시범운영한다.
- 조건 성숙 시 시험구 내 일반계좌의 소액 외화 이자율 상한 제한을 개방한다.

## 5. 외환관리 심화 개혁
- 시험구 내 지역본부 경제 및 신형무역 발전 지지 : 다국적기업 본부 외화자금 집중 운영관리 시범기업의 범위를 확대하고, 외화 종합자금센터(資金池) 관리를 간소화하며, 국제무역 결산센터의 외화관리 시범을 심화 발전시키고, 무역투자 편리화를 촉진한다.
- 직접투자 외화 등기수속 간소화 : 직접투자의 외환 등기 및 변경 등기 인가를 은행에 위임하여 관리토록 하고 사후감독은 강화한다.
- 시험구 경내외 리스업무 지지 : 금융리스회사의 해외차입 업무를 허가제에서 등록제로 변경한다. 비준을 거쳐 금융리스회사와 중자융자리스회사의 국경 내 융자리스 외화자금 수취를 허용하고, 항공기, 선박 등 대형 융자리스 항목의 예금지불 수속을 간소화한다.
- 시험구 내 기업의 경외에 지불하는 담보비용의 사전 인가제를 폐지하고, 시험구 내 기관은 직접 은행에 가서 담보비 전신환 매입 수속을 진행한다.

- 은행의 경내 고객에 대한 대종상품 파생품의 장외거래 추진을 지지한다.

### 6. 모니터링(監測) 및 관리
- 시험구 내 기관과 특정 비금융기관은 법률 법규에 따라 자금세탁방지, 테러 방지 융자, 조세회피 방지 등 의무를 확실하게 이행하고, 적시에 확실히 완전하게 인민은행과 기타 금융감독 부문에 자산부채표와 관련 업무 정보를 전달해야 하며, 관련 규정에 의거하여 국제수지 통계를 보고해야 한다. 금융감독 부문과 협력하여 국경 간 이상 자금 유동을 면밀히 관찰해야 한다.
- 상하이시 정부는 시험구 종합 정보 관리감독 플랫폼을 구축하여 시험구 내 비금융기관에 대해 관리감독을 할 수 있다. 연도별로 시험구 내 비금융기관에 대해 평가를 하고, 평가 결과에 따라 시험구 내 비금융기관에 대한 분류 관리를 실시할 수 있다.
- 시험구 업무 별도 계정은 법인은행 전체의 자기 자본비율 계산 시 반영하여 계산하며, 유동성 관리는 해당 점포 자체적으로 과부족 관리를 실하는 것을 원칙으로 하되 필요한 경우 상급 점포에 제공할 수 있다.
- 시험구 내 금융 거시 신중 관리 실시 : 인민은행은 형세 판단에 따라 시험구 단기 투기성 자본 유동에 대한 관리를 강화하고, 직접 임시적인 관리 조치를 취한다. 기타 금융 부문과 소통 협력을 강화하고, 정보의 적시적이고 충분한 공유를 보장한다.
- 인민은행은 리스크 통제 가능, 점진적인 추진의 원칙에 입각하여 상응하는 세칙 제정 후에 조직적으로 실시하고, 기타 금융 관리감독 부문과 신중 관리 요구의 연결 역할을 잘해야 한다.


## 2. 국경 간 위안화 사용 및 지불 확대

### (1) 위안화 국경 간 사용 확대 조치 발표

인민은행 상하이 총부는 2014년 2월 21일 《중국(상하이) 자유무역시험구 위안화 국경 간 사용 확대 지지에 관한 통지》를 발표하였다. 인민은행이 2013년 12월 2일 발표한 상하이 자유무역시험구의 금융부문 지원조치 기본 방향의 후속 조치에 해당된다. 위안화의 국경 간 사용 절차를 간소화하였고, 위안화의 국경 간 사용의 범위를 확대하였으며, 자유무역시험구 위안화 해외 차입업무의 절차에 대하여 구체적으로 규정하고 있다.

상하이 자유무역시험구 내 기업 및 금융기관들은 모든 역외 위안화시장으로부터 위안화 차입이 가능하며, 일정요건을 충족하는 기업이나 개인들의 경우 대외투자도 허용되었다. 상하이 지역 은행업 금융기관은 시험구 내 기관(수출화물 교역 위안화 결제기업 중점 관리 명단내의 기업 제외)에 대해 제출된 '입지급 지령'에 따라 경상항목, 직접 투자한 국경 간 위안화 결제업무가 가능하다.

해외로부터의 위안화 차입한도는 상하이 자유무역시험구 내 기업의 경우 납입자본금의 1배, 비은행금융기관의 경우 납입자본금의 1.5배로 설정되었다. 차입한 위안화 자금은 상하이 지역 은행에 개설된 전용계좌를 이용해야 하며 자금 사용 용도는 시험구 내 생산경영, 시험구 내 프로젝트 건설, 경외 프로젝트 건설 등을 포함하여 시험구 내 또는 경외로 한정되었다. 시험구 내 은행이 경외로부터 차입한 위안화 자금은 반드시 시험구 분할계좌로 들어와야 하며, 시험구 내에 사용되고 실제 경제 건설에 이용되어야 한다.

시험구 내 기업은 그룹 내 국경 간 양방향 위안화 종합자금센터(資金池) 업무를 전개할 수 있다. 그룹은 시험구 내 기업(재무회사 포함)을 포함하여 자본관계로 유대관계에 있는 모(母)회사, 자회사 등 투자성 관계에 있는 성원이 공동으로 조성한 다국적 그룹 회사를 지칭한다. 국경 간 양방향 위안화 종합자금센터 업무는 그룹 성원 간 자금 집결업무이며, 그룹 내 경영성 융자활동을 지칭한다.

그룹 내 국경 간 양방향 위안화 종합자금센터 업무 전개를 위해 그룹 본부는 하나의 기업을 지정하여 시험구에 등록하고 실제 경영 혹은 투자의 성원 기업(재무회사 포함)으로 만들며, 하나의 은행을 선정하여 위안화 전용계좌를 개설하여 그룹 내 국경 간 양방향 위안화 종합자금센터 업무를 전담토록 하고, 그 계좌는 기타 자금과 혼용되어서는 안된다.

또한, 상하이 지역 은행이 시험구에 등록된 국경 간 전자상거래 운영기관에 국경 간 전자상거래상 업무에 기초한 위안화 결제 서비스 제공을 장려하며, 상하이 지역 은행이 시험구 내 규정에 의거하여 '인터넷 지불' 업무 허가를 받은 지불기관(지점 포함)과 합작하여 국경 간 전자상거래상 업무에 기초한 위안화 결제 서비스를 제공하는 것을 장려한다고 규정하고 있다.

상하이 진출 외자은행들은 역외 위안화 종합자금센터(資金池) 업무를 추진할 수 있게 된 데 대해 기대감이 높고 역외 위안화 대출업무도 활성화될 것으로 보아 교통은행, 상하이은행, HSBC 및 시티은행 등 4개 은행은 세칙 발표 당일 관련 기업들과 위안화 종합자금센터 협약을 체결하고 업무를 개시하였다. 첫 번째 역외 위안화의 차입, 대출 계약이 세칙 발표일에 중국은행과 교통은행리스 간에 체결되었으며, 건설은행, 교통은행, 초상은행 등이 상하이 자유무역시험구 내 기업 및 비은행 금융기관들을 대상으로 해외로부터의 위안화 자금 차입 업무를 시작하였다.

홍콩상하이은행(HSBC), 씨티은행(Citi Bank) 등 일부 외자은행들도 상하이 자유무역시험구 내에서 양방향 국제 위안화 캐시풀링(Cash Pooling) 서비스를 시작하였다. 국제 위안화 캐시풀링은 글로벌 기업이 위안화 자금을 효과적으로 조달하는 방법으로서 은행은 캐시풀링을 통해 기업에서 필요로 하는 운영자금을 지원하며, 국제

캐시풀링과 자동으로 연결되어 기업의 유동자금 관리에 도움을 줄 것으로 기대되었다.

전문가들은 동 세칙 발표로 자유무역시험구에서 위안화의 국경 간 사용이 활성화되어 위안화 국제화를 가속화하고, 상하이가 위안화의 상품 혁신, 교역, 가격 결정 및 청산 중심지 위치를 확고히 하는 데 긍정적으로 작용할 것으로 전망하였다. 홍콩상하이은행 관계자는 "홍콩상하이은행은 국제 위안화 캐쉬풀링 서비스를 통해 기업이 다양한 경로를 통해 저렴한 비용으로 운영자금을 조달할 수 있도록 도움을 줄 것으로 예상된다."라고 하였으며, 씨티은행 관계자도 "위안화의 국제 유동성 해결 방안을 제시하여 기업을 지원함과 동시에 위안화의 국제화를 지원하는 역할을 담당할 것이다."라고 말하였다.

## (2) 국경 간 위안화 지불업무 활성화

2014년 2월 18일 인민은행 상하이 총부는 《상하이 지역 지불 결제 회사의 국경 간 위안화 지불업무에 관한 실시 의견》을 관련 기관에 통보하였다. 국경 간 전자상거래 지원, 위안화 국경 간 사용 확대, 지불 기관의 위안화 업무 규범화와 발전 촉진에 목적을 두고 있다. 상하이시에 등록하고 인터넷 지불업무 허가를 받은 지불기관은 시험구 내에 등록되어 설립된 지불회사, 시험구 외 상하이시 내에 등록하여 설립된 지불회사 그리고 상하이시 이외 지역에 등록하여 설립되고 인터넷 지불업무 허가를 받은 지불회사가 시험구 내 분공사를 둔 경우를 포함한다.

2014년 2월 18일 상하이 지역 지불 결제회사의 국경 간 위안화 지급업무 개통식이 개최되었다. 동 개통식에서 상하이 인리엔(銀聯) 전자지불유한공사, 통리엔(通聯) 지불인터넷복무주식유한공사, 동팡(東方)

전자지불유한공사, 콰이치엔(快錢) 지불청산정보유한공사, 상하이성푸통(盛付通) 전자상무유한공사 등 5개 지불회사가 공상은행, 중국은행, 건설은행, 초상은행, 민생은행 등 5개 상업은행의 상하이 분행과 5개 지불기관 특약 대표처 대표와 협약식을 개최하였다. 상하이 인리엔(銀聯) 전자지불유한공사는 현장에서 위안화 지불업무를 개시하였다.

그 후에 차이나페이(銀聯電子支付, ChinaPay), 콰이치엔공사(快錢公司, 99Bill.com) 등이 국경 간 전자상거래의 위안화 지불 결제 업무를 개시하였다. 차이나페이(ChinaPay)는 차이나 유니온페이(中國銀聯, China UnionPay)의 자회사로서 중국 전역에서 인터넷 결제, B2B(Business to Business) 결제, 전화 결제, 인터넷 펀드 이체 등 업무를 수행하고, 콰이치엔(99Bill.com)은 국내 은행카드 및 외국 신용카드 업체와 제휴한 각종 인터넷 기반 결제, 이동통신망 결제를 대행하는 제3자 지불 결제회사이다.

## 3. 외환관리 관련 개방 조치

### (1) 외환관리 시행세칙 발표

국가 외환관리국 상하이시 분국은 2014년 2월 28일《중국(상하이) 자유무역시험구에서의 외환관리 시행세칙 수립 지지에 관한 통지》를 발표하여 외환 관련 심사 승인 절차를 대폭 간소화하는 조치를 취하였다. 경상 항목의 결제, 구매 지불 및 환전 시 서류가 간소화되었다. 직접투자로 유입된 외환의 등기절차가 간소화되고, 직접투자 외환등기업무 처리 경로가 확대되었으며, 외상투자기업이 외환 자본금을 자신의 의지에 따라 결제할 수 있도록 하였다.

대외 채권채무 관리를 확대하고, 대외담보 및 담보료 지급에 대한 허가제를 폐지하였으며, 자유무역시험구 기업의 경외 외환대출 상한액을 자기자본의 30%에서 50%로 확대하였다. 다국적기업 본부의 외화자금 관리방식을 개선하여 종합적으로 관리할 수 있는 외화종합자금센터(資金池) 업무가 가능하도록 시범기업의 선정 요건을 완화하고, 관련 거래 심사 및 계좌관리 절차를 간소화하였다. 대종상품의 파생상품의 장외거래 활성화를 위해 관련 외화 환전 규제를 완화하였다.

《자유무역시험구 외환관리 세칙》의 시행으로 인해 외환 수속에 있어서 다음과 같은 편리 조치가 이루어졌다. 첫째, 외국인 직접투자 관련 외환등기 절차 진행 기관을 기존의 외환관리국에서 은행으로 변경하였다. 기존의 외환관리 정책에 따르면 외국인 직접투자 외환등기 및 변경은 각 지방 외환관리국에서 진행하여야 했으며 절차가 복잡하고 까다로웠다.

외국인 투자자가 자본금을 납입하기 위해서는 우선 외환관리국에 외환등기를 한 후 은행에 외환관리국으로부터 취득한 외환관리 등기증을 제출하면 은행은 해당 등기증에 기재된 번호에 따라 외환관리국에 재차 사실 확인을 하여야 비로소 자본금 계좌를 개설할 수 있었으나,《자유무역시험구 외환관리 세칙》의 시행으로 해당 지역에 설립된 외국인 투자기업은 외환관리국에서의 등기 절차를 생략하고 직접 은행에서 외환등기와 자본금 계좌 개설업무를 진행할 수 있게 되었다.

둘째, 외국인 투자기업의 외화 자본금에 대한 외환 자유결제 시행이다. 기존의 정책에 따르면 외국인 투자기업의 외환자본금은 '사용한 만큼 결제하고 수요에 따라 결제' 원칙에 따라 지급 증빙서류를 제출하여야 외화 자본금을 위안화로 환전할 수 있었다. 그러나《자유무역시험구 외환관리 세칙》의 시행으로 해당 지역에 설립된 외국인 투자기업은 기업의 의지에 따라 위안화로 환전 여부를 정할 수 있게 되었는데, 외화 자본금의 원활한 사용과 더불어 환율 변화에 따른 리스크도 줄일 수 있게 되었다.

셋째, 대외담보 사전 인허가 취소이다. 기존의 정책에 따르면 내국인 기업이 대외담보를 제공하기 위하여서는 외환관리국의 사전 승인을 받아야 했으나,《자유무역시험구 외환관리 세칙》의 시행으로 해당 지역에 설립된 기업이라면 내국인 기업도 대외담보 사전 승인을 받을 필요가 없이 직접 대외담보 제공이 가능하게 되었다. 또한 해당 사전 인허가 절차의 취소와 더불어 대외담보 관련 기존의 담보 관계자간의 순자산 비율, 지분 관계, 피담보인의 수익상태 관련 제한사항도 해제되어 대외담보 제공을 당사자간 의지로 원활하게 진행할 수 있게 되었다. 단, 대외담보 사전 승인은 취소되었지만 대외담보 등기와 대외담보 이행 승인은 여전히 진행하여야 한다.

한편,《자유무역시험구 외환관리 세칙》과 함께 발표된《중국(상하이) 자유무역시험구 건설에 대한 외화관리 실시 세부규정》에서 외상투자기업 자본금 및 환전 위안화 소득은 직접 혹은 간접적으로 회사 경영 범위를 벗어나거나 국가 법률이 금지하는 지출에 사용할 수 없다고 명시하였다. 별도 규정 이외에는 직접 혹은 간접적으로 증권투자에 사용할 수 없고, 직접 혹은 간접적으로 위안화 위탁 대출발행(경영 범위 허용시 제외), 기업간 대출(제3자 보증)과 제3자에게 전이된 대출상환에 사용할 수 없을 뿐만 아니라 외상투자 부동산기업 이외에는 비자가주택 부동산 구매 관련 비용을 지불할 수 없다고 규정하였다.

인민은행 상하이 총부 부주임 겸 국가 외환관리국 분국 짱신(張新) 부국장은 상하이 총부는 동 세칙이 상하이 총부 명의로 발표되었지만 실제 작성 작업은 베이징의 본부 주도로 수차례의 현지조사와 현지 기업들의 의견을 청취하여 이루어졌다고 설명하였다. 동 세칙은 정부의 심사 권한을 상당 부분 금융기관에 이양하거나 기업 자율에 맡김으로써 기업의 외화 환전 및 대내외 차입의 선택권을 보장했다는 점에서 의의가 크다고 말하였다.

## (2) 다국적회사 본사 외환자금 집중 운영관리업무 개시

2014년 5월 16일 상하이 자유무역시험구 다국적회사의 본사 외환자금 집중운영관리 시범 업무가 시작되었다. 21개 기업이 중국은행, 농업은행, 건설은행, 교통은행, 푸둥발전은행, 시티은행, HSBC 등 13개 중자 및 외자 은행과 협력 협정서에 서명하였다. 다국적 회사의 본사 외환자금 집중 운영관리 업무는 다국적 회사가 경내외의 구성 회사들의 외환자금을 집중적으로 운영 관리하여 경내 및 경외 구성 회사들 외환자금의 양방향으로의 흐름을 실현하는 것을 말한다.

국가 외환관리국은 2012년 12월부터 전국 12개 성, 직할시에 다국적 기업 외환자금 집중관리업무 시범사업을 전개하였으나, 그것은 특별히 비준을 받는 명단제 방식이었다. 국가 외환국이 2014년 4월말에 《다국적기업 외환자금 집중 운영관리 규정》을 6월 1일부터 실시키로 확정하였는데, 상하이 자유무역시험구에서는 이보다 앞서 시범 실시한 것이다.

시범 실시 이후에 다국적기업 자금운영에 몇 가지 큰 변화가 발생하였다. 첫째, 다국적 회사는 동시에 혹은 단독으로 국내, 국제 외환자금계좌를 개설하고, 경내외의 성원 기업들의 외환자금을 집중관리하며, 자금 집중 회수, 차액 결제, 계좌 내에서 전부 혹은 부분적으로 외채와 대외 대출 한도 내에서 자금을 공유할 수 있다.

둘째, 국제 외환자금 계좌와 경외 계좌 사이의 자유로운 이체가 허용된다. 규정된 외채와 대외 대출 한도 내에서, 국내, 국제 계좌 간 상호 연결하여 기업 내부 자금 부족분이나 잉여분을 조절하여 편리를 도모할 수 있다. 전문가들은 이 정책의 실시로 다국적 회사의 전 세계 범위에서의 자금 운영의 효율 향상, 재무 비용의 절감에 도움이 되고 자유무역시험구를 통해 본사를 중심으로 하여 사업을 추진하는 데도 도움이 될 것으로 보았다. 나아가 자유무역시험구에 다국적기업 본부를 유치하는데도 긍정적으로 작용할 것으로 전망하였다.

국가 외환관리국 상하이시 분국이 상하이 자유무역시험구 외환관리 실시세칙을 발표하여 상하이 자유무역시험구 내 외환관리 완화 조치가 이루어진 이후에 중국은행, 상하이 분행 등이 상하이 자유무역시험구 내 기업을 대상으로 원자재 파생상품 거래에 수반되는 외환 매매 서비스를 개시하였다.

공상은행 상하이 분행, 중국은행, 상하이 분행 등이 다국적기업의 외화자금 집중관리업무를 실시하고 있으며, 농업은행, 상하이분행, 푸동발전은행 등이 위안화 자금 집중관리업무를 개시하였는데, 상하이 자유무역시험구에 소재한 자회사의 역외계좌를 주계좌로 설정하고 일정금액 한도 내에서 외국 소재 계좌 간에 자유로운 자금 유출입이 가능토록 함으로써 그룹의 국내외 회사 전체의 자금을 결집하여 효율적 운용이 가능하게 되었다.

## (3) 외환관리 혁신 방향 발표

2014년 7월 19일 국가 외환관리국 국제수지사 관타오(管濤) 사장(司長)은 '2014년 상하이 신(新)금융 연례총회 및 인테넷 금융 와이탄 고위급 회의'에서 상하이 자유무역시험구 외환관리 혁신에 관한 4개의 주요 방향을 발표하였다. 첫째, '선거래, 후환전'의 개방 순서에 따라 태환의 편리화 수준을 제고하는 것이다.

둘째, 은행에 '은행 발전의 3개 원칙'에 따라 실사 의무를 이행토록 하여야 한다. 여기서 '은행 발전의 3개 원칙'이란 '고객에 대한 이해, 업무에 대한 이해 및 책무를 다하는 실사(盡職審査)'를 가리킨다. 은행은 이 3개 원칙을 바탕으로 자유무역시험구 기관과 개인이 제공한 '입출금 지령'으로 직접 관련 업무를 진행할 수 있다.

셋째, 사전 심사에서 사중, 사후관리(事中, 事後管理)로의 전환이다. 국가 외환관리국 상하이시 분국은 이미 《중국(상하이) 자유무역시험구 외환관리 실시 세칙》을 제정하여 외환관리 인허가 절차를 간소화하고, 국제 자금의 유동과 조달의 편리화를 실현하도록 한 바 있다고 설명하였다. 넷째, 법에서 금지되지 않는 것은 할 수 있다는 원칙이다.

행정기구를 보다 간소화하고 권한을 하부 기관에 이관하며, "법이 금지하지 않으면 실행할 수 있다."는 원칙에 따라 환전 편리화를 추진하여 반드시 유지하여야 할 최소한의 환전 통제 조치만 남겨놓고, "법이 권한을 주지 않으면 실행할 수 없다."는 원칙에 근거해 법에 따라 행정업무를 진행하도록 제한해야 한다고 설명하였다. 통제를 완화하는 한편 거시적 및 미시적인 신중 관리 조치를 채택하여 국제 자금 유동 상황에 대한 모니터링 분석을 강화해야 한다고 말하였다.

## 4. 외화예금 금리 자유화

### (1) 소액 외화예금 금리상환 폐지

인민은행 상하이 총부는 2014년 2월 25일 《중국(상하이) 자유무역시험구에서의 소액 외화예금 이자율 상한 폐지에 관한 통지》를 통해 3월 1일부터 상하이 자유무역시험구에서 소액 외화예금 금리 상한을 폐지하였다. 동 통보에 첨부된 《중국(상하이) 자유무역시험구에서의 소액 외화예금 이자율 상한 폐지에 관한 실시의견》은 다음과 같은 내용을 규정하고 있다.

상하이 지역 은행 기관은 시험구 주민의 외화 이자율에 대해 자주적으로 가격을 정한다. 시험구 내 주민은 시험구 내 법에 의거하여 설립된 중자, 외자 기업법인(금융기관 포함), 시험구 내 등기되어 있으나 법인 자격을 아직 득하지 않은 조직, 기타 조직, 경외 법인 기관의 시험구 내 주재 기관 및 시험구에서 1년 이상 취업한 경내 개인을 포함한다.

종전에는 300만 달러 이상 거액 외화예금 금리에 대해서만 금융기관이 고객과 자주적으로 협의하여 정할 수 있었다. 이로써 상하이 자유무역시험구는 전국에서 최초로 외화예금 금리의 완전 자율화가 실현된 셈이다. 인민은행이 상하이 자유무역시험구 내에서 300만 달러 이하의 소액 외화예금 금리 상한을 철폐한 이후 2014년 3월 1일부터 중국은행 등이 상하이 자유무역시험구 내 취업자를 대상으로 협의금리에 의한 소액 외화예금 업무를 개시하였다.

한편, 2014년 6월 26일에 인민은행 상하이 총부는 상하이 자유무역시험구 지역을 대상으로 실시 중인 외화예금 금리 자유화 조치를 6월 27일부터 상하이시 전체 지역으로 확대한다고 발표하였다. 인민은행 측은 최근 3개월간의 시범실시 결과 예금금리의 급변 또는 자금의 급격한 이동 등의 현상이 나타나지 않음에 따라 조치의 적용 범위를 확대하게 되었다고 설명하였다. 상하이 자유무역시험구에서 시범 실시한 금융개혁 조치를 상하이 자유무역시험구 외 지역으로 확대하는 최초의 사례로서 중요한 의의를 가진다고 강조하면서, 다만 금번 조치는 '법인 선 시행, 개인 후 시행' 원칙에 따라 상하이시 소재 법인에 대해서만 적용되며, 향후 동향을 보아가며 적용 대상을 개인까지 확대할 방침이라고 밝혔다.

## (2) 예금자 보호제도 시행

중국 정부는 금리 자유화를 위한 보다 전향적인 조치로 예금자 보험제도를 추진하고 있다. 2014년 11월 30일 인민은행은 예금자 보호 초안을 발표하면서 이르면 2015년부터 이 제도를 도입할 것이라고 밝혔다. 예금자 보호제도는 은행의 영업 정지나 파산 등으로부터 고객의 예금을 보호하는 일종의 금융보장 제도로서 예금보험 기관에 가입한 금융기관이 경영 위기에 처하거나 파산했을 때에 예금자에게 예금액의 일부 혹은 전액을 보상하는 제도다.

이는 예금자의 권익과 은행 신용을 보호하여 안정적인 금융 질서를 유지하도록 하는 시스템이다. 현재 세계적으로 110여 개 국가에서 시행되고 있으며 1인당 GDP의 2~5배에 해당하는 금액을 보장해 준다. 인민은행은 중국 내 중국계 모든 은행의 예금 계정을 대상으로 최고 50만 위안을 보장해 줄 것이라고 발표하였는데, 이는 중국의 1인당 GDP의 12배에 해당하는 수치로 국제적인 수준을 훨씬 넘는 것이라고 설명했다.

예금자 보호제도는 중국 정부가 20여 년 동안 검토해 온 제도로서 시진핑 정부의 또 하나의 획기적인 개혁 정책으로 평가되는데, 인민은행은 이번 조치를 통해 금융기관들에게 공정한 경쟁 발전의 환경을 조성해 줄 것을 기대한다고 하였다. 지금까지 중국에서는 은행의 불량채권이 발생하여도 결국에는 정부에서 해결하여 소위 '음성적인 예금자 보호제도'가 운영되어 왔다고 볼 수 있으나, 예금자 보호제도가 공식적으로 시행되면 은행의 존폐도 시장의 원리에 맡겨지고 파산의 위험도 은행 자신이 감수해야 하는 것을 의미하며, 본격적인 경쟁의 시대에 진입하게 됨을 의미한다.

예금자 보호제도 실시 방침 발표 며칠 후 공상은행 상하이 지점은 1만 위안 이상, 2년 이하의 정기예금과 5만 위안 이상의 3년, 5년 정기예금의 금리를 20% 상향 조치한다고 발표하였으며, 교통은행도 1~3년 예금, 500만 위안 이상의 예금금리를 20% 인상한다고 전격 발표하였다. 전문가들은 인터넷 금융이 발전하게 되면서 예금 이탈 현상이 급속히 진행되고 있는 가운데 후강통 실시 이후 A주 시장으로의 자금 유입도 가속화되면서 국유은행 상업은행들이 예금금리를 상향 조정할 수밖에 없게 되었으며, 국유은행 '가격담합' 시대의 종말이라고 분석하기도 하였다.

중국 국무원은 2015년 3월 31일 예금자 보호제도를 5월 1일부터 시행한다고 밝혔다. 앞서 저우샤오촨(周小川) 인민은행장은 3월에 열린 양회(정협, 전인대) 기자 회견에서 예금자 보호제도 시행에 관한 조건이 성숙되었다고 하면서 올해 상반기에 공표할 수 있는 전망이 밝다고 언급한 바 있다.


## 5. 계좌 분할 회계업무 관련 제도

### (1) 계좌 분할 회계업무 시행세칙 발표

인민은행 상하이 총부는 2014년 5월 22일《중국(상하이) 자유무역시험구 계좌 분할 회계업무 시행 세칙》과《중국(상하이) 자유무역시험구 계좌 분할 회계업무 리스크 감독 관리 세칙》을 발표하였다.

《업무 시행 세칙》에서는 상하이 지역 금융기관에 시험구 계좌 분할 회계 관리제도에 관한 구체적 요구사항을 제정토록 하고, 자유무역 계좌 개설 및 계좌의 자금 사용과 관리 등 내용에 관해 상세히 규정하였다. 《심사 관리 세칙》에서는 주로 시험구의 계좌 분할 회계업무 관리에 관한 심사 합격 표준, 업무 심사 합격 평가 및 검수, 리스크 관리, 자금 이상 유동 모니터링 경보, 항목별 임시적 관제 조치 등에 대해 규정하였다.

《자유무역구 계좌 분할 회계업무 시행 세칙》의 핵심 내용은 첫째, 상하이 지역의 금융기관은 분할 회계 단위를 통해 자유무역구 계좌를 개설한 시험구 내 주체에게 경상항목, 직접 투자 및 투융자 관련 등의 업무를 수행하고, 진입 전 내국민 대우 원칙에 따라 경외 기관에게 관련 금융서비스를 제공할 수 있다. 둘째, 자유무역구계좌를 시험구 내의 기업과 외국 기관이 필요에 따라 개설할 수 있다고 명시하였다.

셋째, 상하이 소재 금융기관들은 상하이 자유무역시험구 기업 및 개인 거주자에 대해 자유무역계좌를 개설할 수 있으며 시험구 소재 은행들은 비거주자에 대해서도 동 계좌 개설이 가능하다. 자유무역계좌는 역외 계좌, 비거주자 자유무역계좌, 거주자 자유무역계좌, 비거주자의 역내 예금계좌 등과 자유롭게 거래할 수 있으나, 동일 예금주의 역내 예금계좌와의 거래는 제한된다.

계좌 분할 제도가 구축됨에 따라 금융기관은 자유무역시험구 내의 기업, 개인, 동종업자, 외국 기관에게 단독 계좌를 개설할 수 있게 되었다. 이 계좌에는 FT(자유무역) 표식이 기재되기 때문에 일반 계좌와 구별된다. 자유무역시험구 계좌는 별도로 개통하는 통로에 비유될 수 있다. 인민은행이 제시한 30개 항목의 시행세칙에 시험구에 있는 기업들에게는 자유 무역 계좌 개설을 인정하는 내용도 들어있었는데,

이번에는 자유무역계좌 제도를 도입하여 구체화시켰다.

과거에는 무역 등 경상항목에서만 위안화, 외환 자유태환이 가능했고 투자 등 자본항목에서의 자유태환이 제한을 받았으나, 자유무역시험구 계좌 제도로 인해 기업의 자유무역구 계좌 내의 경상항목과 자본항목은 자유태환이 가능하게 되었다. 이로써 기업 자본의 운영 효율을 대폭 높이고 기업의 자금 원가를 절감하게 될 것으로 전망된다. 외환 당국의 허가를 받아야만 자금의 해외 이전이 가능하였던 기존 중국의 비즈니스 관행을 타파할 만한 조치다.

이번 세칙 발표로 위안화를 이용한 경상거래, 해외직접투자(FDI), 국경 간 대출 등에 대해서는 즉시 거래가 허용되었으며, 나아가 금융기관과 감독기관 시스템이 정비되면 순차적으로 자유 무역 결제 서비스 시대를 열 것으로 보인다. 시행 세칙에는 은행뿐만 아니라 증권회사나 보험사 등도 구좌 개설이 가능하도록 돼 있어 해외 금융기관을 유치하는 데도 속도를 낼 전망이다.

세칙에 규정된 자유무역계좌는 다섯 가지 종류가 있다. 첫째, 구내기관 자유무역계좌로서 구내기관과 시험구 내에 등록한 개인 공상업체를 적용대상으로 하며, 계좌번호 앞쪽에 'FTE'로 표시한다. 둘째, 역외기관 자유무역계좌이다. 역외기관을 적용대상으로 하며 구내 금융기관에서만 계좌개설이 가능하다. 계좌 번호 앞쪽에 'FTN'로 표시한다. 셋째, 동업기관 자유무역계좌로서 기타 금융기관의 시험구 별도 계정 정산 단위 및 역외기관을 적용대상으로 하며, 계좌번호 앞쪽에 'FTU'로 표시한다. 넷째, 구내 개인 자유무역계좌로서 계좌번호 앞쪽에 'FTI'로 표시한다. 다섯째, 구내 역외 개인 자유무역계좌이며 구내 금융기관 내에서만 개설할 수 있다. 계좌번호 앞쪽에 'FTF'로 표시한다.

## (2) 계좌분할 회계업무 경외융자 시행세칙 발표

2015년 2월 12일 인민은행 상하이 총부는 《중국(상하이) 자유무역시험구 계좌 분할 회계업무 역외융자 및 역외자금유동 거시관리 실시세칙》을 발표하여 상하이 자유무역시험구에 입주한 금융기관을 비롯한 기업들의 해외 자금조달 규제가 대폭 완화되게 되었다.

이번 세칙은 첫째 전체 상하이 자유무역시험구를 실시 범위로 하며, 둘째 상하이 자유무역시험구 내에 등록하고 자유무역구좌를 개설한 기업, 비은행기관들에 적용되고, 셋째 자유무역계좌 관리시스템을 구축한 은행기관에게도 적용된다. 일종의 '역외계좌'인 자유무역계좌를 개설하면 해외계좌와 자유무역계좌 사이에 자유롭게 자금을 이전할 수 있다.

세칙의 핵심은 기업 및 금융기관이 능동적으로 경외 자금조달을 할 수 있도록 역외 융자의 규모와 경로를 확대하는 것이다. 향후 경제주체들의 역외 융자가 확대되어 기업 융자 규모가 자기자본의 2배까지 허용되었다. 해외 자금 조달을 위해 거쳐야 했던 까다로운 사전 심사비준도 취소되었으며, 그동안 금지됐던 기업의 해외 위안화 자금 조달도 가능해진다. 증권회사와 같은 비은행기관 역시 역외 자금조달이 가능해졌다.

상하이 자유무역시험구 입주 기업들의 해외 자금조달 금리는 중국 국내 기준금리보다 낮지만 그동안 까다로운 심사 비준으로 인해 누적 해외 자금 조달액은 많지 않았다. 전문가들은 기업과 금융기관이 중국 국내보다 낮은 금리로 홍콩을 비롯한 해외에서 자금조달이 가능해지면서 실물경제에 기여할 것으로 내다보고 있다. 해외 위안화 자금조달도 허용되는 등 자본계정이 한층 개방되면서 위안화 국제화에도 가속도가 붙을 전망되며, 상하이의 위안화 허브로서의 지위도 한층 강화될 것으로 보인다. 아울러, 이번 조치로 인해 자유무역시험구를 통한 금융개혁에도 한층 속도가 붙을 것으로 전망된다.

### (3) 진일보한 자유무역 계좌제도 시행지침 발표

　중국 중앙은행인 인민은행은 중앙당국과 국무원의 요구에 따라 자유무역구 전략 시행을 가속화하며, 자유무역구의 무역·투자 편리화와 자유화 및 금융개혁 등 개방형 경제체제 구축에 박차를 가해 대외개방에 적극적으로 대처해야 한다고 밝혔다. 특히 인민은행 상하이 총부는 4월 22일 '자유무역계좌 외환업무 서비스 실시 세칙'을 발표하여 상하이 자유무역구 계좌 분할 회계업무 관련 제도 및 위안화 국제화 작업 등에 본격적 속도를 낼 방침이다. 4월말 현재 상하이 자유무역시험구에서 인민은행으로부터 '자유무역계좌'를 열 수 있는 허가를 받은 중국 및 외자 은행은 17곳으로, 2014년 6월 자유무역 계좌제도를 실시한 이래 총 12,466개의 자유무역계좌를 설립하였으며, 국내외 위안화 결산액은 총 3,148억 위안에 달한다. 또한, 인민은행은 이번 조치로 실물경제 발전 및 금융 개혁·개방의 실현에도 기여할 것으로 내다보고 있다.

　자유무역계좌 실시 이후, 인민은행 본점과 국가외환관리국은 본 시책에 대해 적극적 지도와 운용 상황을 평가한 바, 평과 결과 자유무역계좌를 통한 태환화 기능은 사회 각계각층의 만장일치로 계좌 분할 회계업무의 위험 방지책이라 평가받고 있다. 또한, 자유무역계정 관리시스템에 의해 자유무역계좌 리스트와 자유무역구간 역내 자금흐름 상황에 대해 감측 시스템을 구축하여 금융안전을 확보하였다. 이로써 종합적으로나 위험관리 측면에서 바라볼 때, 자유무역계좌는 외환업무 서비스 제공에 적합한 조건을 갖추었다고 볼 수 있다.

본 자유무역계좌 외환업무 서비스 개시는, 자유무역시험구의 금융 서비스 수준을 향상시킬 뿐만 아니라, 제도적 정비에도 의미가 있을 것으로 전망되며, 동 실시 세칙의 발표는 다음의 몇 가지 영역에서 역할을 담당할 것으로 전망된다. 첫 번째, 기업 및 금융기구 업무에 편의성을 제공함으로써 실물경제의 발전에 활력을 더 주입할 것이 며, 기업들의 자금조달 비용의 감소, 체계적인 위험관리가 가능하도 록 도울 것이다. 뿐만 아니라, 국제 경쟁력을 갖춘 금융서비스 창출 과 금융서비스 개선을 향한 방향 제시 효과를 기대할 수 있다.

두 번째, 위안화를 위주로 화폐 일체화 관리가 실현되어 외화자금 흐 름의 체계적 관리에도 유리하다. 마지막으로, 인민은행은 상하이 자유 무역시험구 자본계정 시스템을 기반으로 상하이 국제금융센터 건설을 추진하고, 국제금융센터 건설에 따른 기업의 역외금융 규모 확대와 융 자 루트의 다양화를 통해 운용의 효율성을 증진시킬 수 있을 것이다.

## 6. 외자은행에 대한 개방 조치

### (1) 외자은행 관리조례 수정

은행감독위원회는 상하이 자유무역시험구 설립 초기에 발표한《중국 (상하이) 자유무역시험구 은행감독 관련 문제에 관한 통지》의 8개항의 지원 조치에서 외자은행의 영업 지원 방안으로 은행 설립, 대표처의 지점 승격에 필요한 최소기간 단축, 위안화 업무 취급에 필요한 최소 영업기간 단축 등을 연구해 나가겠다고 표명한 바 있다. 2014년 12월 21일 리커 챵 총리는《외자은행 관리조례 수정에 관한 국무원 결정》에 서명하고, 외 자은행과 중외합자은행의 지점 설립 시 최소 자본금 보유 규정과 대표처 설립 의무 규정 등을 2015년 1월 1일부로 폐지한다고 발표하였다.

새로운 규정에 따르면 외자은행, 중외 합자은행이 지점(분행)을 설립할 경우 최소 운영자금 기준이 폐지된다. 그동안 외자은행들은 분행을 설립할 때 최소 1억 위안의 자본금을 보유해야 했다. 외자은행이나 중외자 합자은행이 분행을 설립하기 전에 대표처를 먼저 설립해야 한다는 규정도 폐지되었다.

외자은행의 중국 내 지점 설립에 있어서 필수 조건이었던 3년 이상의 영업기간 조건은 1년으로 단축되었고, 지점 설립 직전 2년 연속 영업이익을 실현해야 한다는 조항도 폐지되었다. 외자은행의 한 지점이 이미 위안화 취급 영업 허가를 받은 경우에 동 외자은행의 타 지점은 일정 기간이 지난 후에야 위안화 취급 영업 허가를 신청할 수 있다는 조항도 폐지되었다. 전문가들은 이번 조치는 중국 정부가 외자 은행과 국내 은행을 평등하게 대하겠다는 의지를 피력한 것이라고 평가하고, 외국계 은행들의 중국 금융시장 진출과 영업에 긍정적인 영향을 줄 것으로 예상하였다.

### (2) 외자은행 자유무역구좌 개설 권한 획득

2015년 1월 중순 시티뱅크(花旗銀行), HSBC(匯豊銀行), 남양상업은행(南洋商業銀行, 홍콩계 은행), 스미토모미쓰이은행(三井住友銀行) 등 네 개의 외자은행이 인민은행 상하이 총부로부터 계좌 분할 회계업무 시스템 검수를 받고 1월 말부터 시스템을 가동하기 시작하였다. 이로써 해당 은행들은 자유무역시험구 내 기관과 금융 동업하고 경외 기관 등과 자유무역계좌(FT)를 개설하여 각종 계좌 분할 회계 업무를 할 수 있게 되었다.

한편, 이와 동시에 화시아은행(華夏銀行), 상하이농상은행 등 두 개의 중자은행도 검수를 받았다. 이로써 10개의 중자은행이 자유무역계좌를 개설할 수 있게 되었다. 2014년 6월 18일 중국은행, 공상은행, 건설은행 및 푸둥은행 등의 상하이 분행이 자유무역계좌 개설 협약을 체결하고 자유무역계좌 업무를 시작하였고, 2014년 8월 15일 중신은행 상하이분행, 농업은행 상하이분행, 민생은행 상하이 자유무역시험구분행이 자유무역계좌를 개설할 수 있는 자격을 획득한 바 있다.

## 7. 자유무역구 주요 금융 상품 : 상하이 은행 취급 사례

### (1) 해외 위안화 차입

상하이 은행은 자유무역시험구 내의 중자 및 외자기업을 위하여 해외 금융기관에서 위안화 차입금을 받을 수 있는 금융보증을 제공하여 경영상 필요한 자금 지원을 하고 있다. 이 대출은 반드시 시험구 내 혹은 해외의 자체 생산 경영, 시험구 내 프로젝트 건설 및 해외 프로젝트 건설 등이 대상이며, 유가증권에 투자하거나 파생상품 및 위탁 대출에는 사용할 수 없다.

시험구를 통한 해외 위안화 차입제도로 인해 중자, 외자기업 모두 위안화 외채 차입이 가능해졌다. 이전에는 외자기업만이 상무 부문에서 승인한 투자차액 범위 안에서 위안화 외채를 차입할 수 있었고, 중자회사는 관련된 부서의 승인을 받아야 외채를 차입할 수 있었다. 은행의 '신용보증(Guarantee Credit Enhancement)'을 통해 기업들이 경내보다 낮은 이자의 금융 자금을 조달할 수 있으며 기업의 재무 부담을 줄이고 금융 채널을 넓힐 수 있다.

## (2) 지급 결제 간소화

경상항목과 직접투자 항목의 국경 간 위안화 결제업무, 경외 간의 경상적인 외화 결제업무를 '고객의 요청'에 따라 직접 처리할 수 있다. 은행은 시험구 내의 기업과 개인이 제출한 입출금 요청에 근거하여 경상항목과 직접투자 항목의 해외 위안화 결제 업무를 직접 처리할 수 있다.

다만, 네거티브 리스트 안에 있는 기업의 직접투자 항목의 해외 위안화 업무는 반드시 허가권을 가진 부서의 승인 자료가 필요하다. 시험구 내의 기관과 경외 간의 경상항목의 외환 결제업무에는 원칙적으로 심사비준이 필요하지 않으나, 자금 성격이 불명확할 경우는 반드시 관련 서류를 제공하여야 한다. 5만 달러 이상의 무역외 거래는 반드시 '세금 신고서'를 제출하여야 한다.

## (3) 국경 간 양방향 위안화 종합자금센터(위안화 자금풀) 업무

그룹 내 모(母)회사, 자회사, 주식투자회사 등 투자관계를 맺고 있는 그룹사의 국내외 소속기업 간의 융자활동으로서, 그룹 본부는 시험구 내의 계좌를 종합자금센터(자금풀) 주계좌로 지정하여 국내외 위안화 자유태환 유통을 실현한다. 종합자금센터 업무로 인해 기업에서 국제자금을 한층 더 포괄적으로 배정하고 자금을 효과적으로 통제할 수 있게 되었다. 즉, 용도 관련 자료를 제출할 필요가 없이 기업이 자체수요에 따라 자금을 배정하고 시장 이자율이나 환율에 따라 자금을 배정할 수 있어 자금사용 효율을 높이고 재무비용을 절감하여 기업 내 최적화 유동자금 관리에 도움이 된다.

다만, 생산 경영이나 실제 투자활동에서 발생한 자금흐름이여야 하며 차입으로 발생된 자금으로는 참여할 수 없다. 종합자금센터 업무에 참여한 경내외 기업은 '종합자금센터 업무협의서'를 체결하고 자금세탁 방지, 테러자금 융자 금지 및 조세회피 금지 등 관련 책임과 의무를 확실히 해야 한다.

기본적인 업무절차는 ① 고객과 은행이 공동으로 업무양식을 만들고 관련된 서비스 협의서를 체결하며, ② 고객은 인민은행 상하이 총부에 업무등록을 하고, ③ 그룹 내 기업은 은행에 계좌를 개설하고 시험구 내에 등록한 기업을 지정하여 은행에서 위안화 전용예금 계좌를 개설하며, ④ 자금풀 업무의 참여사들이 '종합자금센터 업무협의서'를 체결하면, ⑤ 은행은 고객을 상대로 국경 간 양방향 위안화 종합자금센터(자금풀) 업무를 시작할 수 있다.

### (4) 외화 종합자금센타(외화 자금풀) 업무

다국적회사가 동시에 혹은 단독으로 국내외 외화자금 주계좌를 개설하여 국내외 소속기업들의 외화자금을 집중적으로 관리하여 입지급, 차액결제를 실행한다. 외화자금 관리절차를 간소화하고 외화자금 운영비용 지출을 한층 더 절감할 수 있다. 자본금과 외채 환전 시간을 더욱 자유롭게 선택할 수 있고 환전 비용을 통제할 수 있다.

시험구 내의 주관기업은 국내 외화자금 주계좌와 국제 외화자금 주계좌를 개설하며, 국내 주계좌는 중국 국내 소속회사들의 일반 결산계좌, 자본금 계좌, 외채계좌 등의 자금을 집결할 수 있고, 당일 차월 혹은 익일 차월 다통화 계좌는 이재 상품을 구매할 수 있다. 국제 주계좌는 해외 소속기업들의 외화자금과 해외에서 차입한 외채자금을 집중관리할 수 있다.

국제 외화자금 주계좌는 해외 이체가 자유이며 한도 통제를 받지 않는다. 국내 외화자금 주계좌는 국제 외화자금 주계좌에서 전적으로 유입된 자금이 국내 성원기업들의 자금이 집결된 외채한도를 초과할 수 없다. 국내 외화자금 주계좌에서 국제외화자금 주계좌로 유출할 금액은 국내 소속기업들의 집결된 대외 대출지급한도(즉, 자본총액의 50%)를 초과할 수 없다.

기본적인 업무절차는 ① 시험구 내 주관 기업에서 자유무역시험구 관리위원회에 업무자격을 신청하며, ② 고객과 은행이 공동으로 업무 양식, 처리절차, 내부 통제제도, 부서 설치, 조직구조, 이체한도, 리스크 통제조치, 데이터 통제 방법 및 기술보안 방안 등에 관한 협의서를 체결하고, ③ 시험구 내 주관 기업은 외환관리국에 업무등록을 하며, ④ 시험구 내 주관 기업이 은행에 국내 외화자금 주계좌 및 국제 외화자금 주계좌를 개설한 후, ⑤ 고객은 자금풀 업무를 개시한다. ⑥ 업무처리가 시작되면 은행은 외환관리국에 관련 정보와 보고서를 발송한다.

## (5) 경상계정 국제 위안화 집중 입지급

시험구 내 기업은 경영과 관리 필요에 따라 경내외 관련 기업 간 경상계정 국경 간 위안화 집중 입지급 업무를 실시하여 시험구 내 기업의 집중 입지급 계좌를 통하여 대리 입지급, 차액 결제를 할 수 있다. 순수 차액 결산으로 국제 위안화 입지급 거래 건수 및 금액을 줄여 자금운영 효율을 높인다. 이를 통하여 관리비용을 줄일 수 있다. 소속 그룹 외 관계사 기업을 포함하고 있어 자금 포시션 관리 비용을 줄임으로써 그룹 외의 광범위한 관계 기업들에게 혜택을 줄 수 있고 소속기업이 공급채널 관리에서 주도적 위치를 점유할 수 있다.

경상계정 국제 위안화 집중 입지급 업무에는 자본관계를 근거로 모회사, 자회사, 주식투자회사 등 투자관계가 있는 그룹 소속 기업과 그룹내 소속 기업과 공급 관계가 있거나 밀접한 무역거래가 있는 그룹외 기업이 참여할 수 있다. 그룹본부는 시험구 내에 등록되고 실제 경영 혹은 투자한 회사를 지정하여 상하이 지역 은행에서 원화 전용계좌를 개설하고 전문적으로 경내외 관련기업의 경상계정 집중 입지급 업무를 처리할 수 있다. 시험구 내 기업은 집중 입지급 업무를 실시하는 각 회사와 집중 입지급 협의서를 체결하고 각자의 무역 진실성 등 책임을 명확히 한다.

업무 처리과정은 ① 고객과 은행이 협의하여 업무 형식을 제정하고 관련 업무 협의서를 체결하며, ② 고객이 인민은행 상하이 총부에 업무 등록을 신청하고, ③ 고객이 한 곳의 시험구 내 기업을 지정하여 은행에서 위안화 전용계좌를 개설토록 하고, ④ 시험구 내 관련 기업의 경상계정 집중 입지급 업무를 실시하는 개별 집중 입지급 협의서를 체결한 후에, ⑤ 고객은 국경 간 위안화 집중 입지급 업무를 전개한다.

## 8. 자본시장 개방을 위한 조치

### (1) 상하이 자유무역시험구를 활용한 자본시장 개방

자본시장 개방은 자유무역시험구 기업에 대해서 다양한 융자통로를 제공하는 동시에 효과적으로 경외 자금의 투자 통로를 확장할 수 있다. 중국 정부는 상하이 자유무역시험구에 자본시장 대외 개방도가 가장 높은 시험장을 건설하여 중국의 자본시장의 개방을 촉진하고, 국제 금융거래 플랫폼을 가속화하며, 증권선물 서비스업 등의 개방수준 제고를 표방하고 있다.

과거에 중국정부는 불안정한 핫머니 유입을 막기 위해 자본의 해외이동을 엄격히 통제하였으며, 기업들이 자금을 중국 내로 이전할 경우 반드시 엄격한 심사승인 절차를 거치도록 했다. 그런데, 국가 외환관리국 상하이 분국이 2014년 2월 28일《중국(상하이) 자유무역시험구 외환 관리 실시 세칙 수립에 관한 통지》세칙을 발표하였는데, 여기에는 자본거래 관련 외화자금 운용의 자율성을 확대하는 외환관리 조치들이 포함되어 있다.

상하이 자유무역시험구에서 자본항목의 태환이 정식으로 시작되게 되었다. 새로운 규정에 따르면 외국 투자자(벤처캐피탈 및 사모펀드 회사 포함)는 위안화 자본계정 태환으로 중국 내 기업의 지분을 사들일 수 있게 된다. 그러나 외국계 기업의 증권시장에 대한 위안화 투자는 금지하며, 부동산투자회사 외에는 비사용(非自用) 부동산을 구입할 수 없다. '비사용 부동산'이란 생산, 경영에 필요한 부동산 목적 이외의 부동산을 일컫는다.

## (2) 자본시장 개방 신국9조 발표

2014년 5월 9일 중국 국무원은《자본시장의 건강한 발전을 촉진하는 일련의 의견》(신국9조)을 발표하였다. 2020년까지 채권선물시장 및 주식시장 개방 확대, 기업공개(IPO) 등록제 및 상장폐지 등 자본시장 개방에 관한 전반적인 내용을 포함하고 있다. 또한, 2020년까지 합리적인 구조, 완비된 기능 및 투명한 규범이 마련되고, 고효율의 개방적이고 포용적인 다차원적 자본시장 시스템을 구축해 나갈 것이라고 명시하였다.

국무원은 2004년에 '국9조'(금융분야 개혁 9개 조치)라는 이름으로 자본시장 선진화 방안을 처음 마련하였으며, 이는 원론적인 수준으로서 자본시장 선진화를 위한 기본 방향을 제시하는 정도였고, 이후 2008년, 2013년에도 자본시장 관련 개혁 방안이 나왔다. 이번에 국무원의《자본시장의 건전한 발전을 위한 국무원 의견》형태로 신국9조가 발표되었는데, 국9조가 수정 보완되는 과정에서 자본시장 개방 범위도 넓어지고 구체화되는 양상을 보이고 있다.

신국9조는 실물경제 발전의 촉진을 위해 시장의 혁신 활력을 불러일으키고 직접융자 비중을 제고하며 혼합소유제 경제를 적극 발전시켜 자본 형성과 주주권 이전(流轉) 촉진, 다차원적 주식시장 발전, 규범적인 채권시장 발전, 사모펀드 시장 육성, 선물시장 건설 추진, 증권선물 서비스업의 경쟁력 제고, 자본시장 개방 확대, 금융리스크 예방 및 해소, 자본시장의 양호한 발전을 위한 환경 조성 등 9개 조항에 걸쳐 증시 투자환경 개선과 투자 활성화를 위한 총체적인 요구와 구체적인 임무를 명시했다.

신국9조는 중국 금융시장 개방 방향과 거시적인 경제 발전 정책과 방향을 같이한다고 볼 수 있다. 이전의 국9조 방안이 시장 시스템 개선이나 투자자 보호 등의 특정 분야를 다룬 데 비해 이번 신국9조는 주식시장, 채권시장, 금리자율화, 증권업무, 대외 개방, 리스크 관리 등 거의 전 분야에 걸쳐 구체적인 개혁 방안을 담고 있다. 가장 눈에 띄는 것은 역시 개인투자자에 대한 증시 개방으로서 신국9조는 주로 소규모 투자자들에 대한 제도적 보호를 강조하고 있다. 중소 투자자의 합법적인 권익을 보호하기 위해 상장회사 중소 투자자의 투표 및 의결권 시스템과 투자자 보상 시스템을 마련했다. 다양한 분쟁 해결 방법과 투자자 손해배상 청구 시스템과 더불어 상장폐지 제도 구축도 주목된다.

그동안 중국 증시에 직접 투자할 수 있는 해외 투자자는 적격 외국인 기관투자자(QFII)로 제한되어 있었으나 신국9조는 해외의 개인이 중국 증시에, 중국 개인이 해외 증시에 직접 투자하는 것을 허용하겠다고 밝혔다. 신국9조는 이밖에도 시장 기능의 강화, 외자계 증권사의 경영 업무 범위 확대, 해외 증권 거래소와의 상품 상호 인정 등 항목이 포함되어 있다. 신국9조는 자본시장 자유화로 가는 길을 열어나가겠다는 정책 의도와 함께 투기적인 부분은 억제하면서 건전한 투자를 활성화하겠다는 중국 정부의 의지가 나타나 있다고 볼 수 있다.

### (3) 신국9조 상하이판 발표

상하이시는 2014년 9월 15일《자본시장의 건전한 발전을 촉진을 위한 실시 의견》을 발표하였다. 중국 국무원이 발표한 신국9조의 '상하이판' 시행 세칙에 해당된다. 후강통 시행을 바로 앞두고 나왔으며 자본시장 대외개방을 위한 실험적 성격을 지니는 것으로서 A증시 등 중국 전체 자본시장 기능 강화와 국제화에 중점을 두고 있다. 상하이 자유무역시험구의 자본시장 개방, 자본시장의 서비스 기능 강화, 상하이 증권거래소의 후강통 제도 시범시행 추진, 증권선물 서비스 기관의 핵심 경쟁력 강화 지원 등을 내용으로 하고 있다.

처음으로 사모투자 펀드의 혁신을 인정하였는데, 다양한 사모투자 펀드와 각종 사모투자 상품의 발전을 독려하고 투자 범위를 확대해 나간다고 하였다. 또한, 자유무역시험구 내 증권선물 업무 개방 수준을 높이고, 합자 증권회사의 업무 범위를 점진적으로 확대하며, 조건에 부합하는 외자 기구의 시험구 내 합자 증권회사, 기금관리 회사 및 선물 회사의 설립 예대 비율을 점진적으로 높인다고 하였다.

상하이 자유무역시험구 관련해서는 자본시장의 대외 개방을 최고조로 심화시키는 시범지대가 되도록 노력한다고 표명하였다. 이를 위해 조건에 부합하는 개인의 국경 간 양방향 투자가 가능하도록 하고, 자유무역시험구 내 경외 모(母)기업 등록과 위안화 채권 발행을 장려하며, 자유무역계정을 바탕으로 해외자본의 양방향 유통을 실현시킨다고 하였다. 또한 "자유무역시험구 내 금융시장 플랫폼 조성을 촉진하며, 증권선물 서비스업 개방 수준을 제고하고, 금융 리스크 통제와 자유무역지구 금융안전망을 구축해 나간다"고 하는 상당히 광범위한 내용이 포함되어 있다.

## 상하이시의 '자본시장의 건전한 발전 심화 추진에 관한 실시 의견' 주요 내용

### 1. 자유무역시험구를 통한 자본시장 개방 수준 제고
- 자본시장 개방 촉진 : 상하이 지역 증권과 선물 거래소에서의 투자와 거래 촉진, 국경 간 양방향 투자 장려, 경외 모(母)기업 등록과 채권 발행 장려
- 국제적 금융 플랫폼 조성 : 국제 황금거래센터 지원, 국제 에너지거래센터 설립 추진을 통한 원유 선물거래 장려, 국제 금융거래 플랫폼 확대, 채권 발행과 위탁 청산 결산 장려
- 증권 선물서비스업 개방 수준 제고 : 합자증권회사의 설립 장려, 외자기관의 펀드 관리기업과 선물기업의 지분 비율 점진적 제고, 증권선물 운용기관의 등록과 지점, 전문 자회사 설립 장려, 상하이 증권선물기관의 자유무역구 플랫폼을 이용한 '저우추취' 해외투자 전략 실시

### 2. 다양한 자본시장 서비스 업무 구축
- 주식시장의 발전 장려 : 주식 발행 등록제 개혁 추진, 후강통 등 상호 연동된 거래 등을 시범 운영하여 상하이 자본시장의 국제적 영향력 확대, 기업 상장 장려
- 채권시장 발전 장려 : 상하이시에 등록된 조건에 부합되는 상업은행의 역환매조건부채권(RP) 거래 참여 지원, 다양한 방식의 채권 발행을 통한 자금 조달 지지, 회사채 관리방법 규정에 따른 공개 혹은 비공개로 채권

발행 지지, 채권 발행인의 입찰을 통한 채권 발행 지지

- 상품 선물시장 발전 장려 : 원자재 선물 옵션, 탄소 배출권 등의 거래 매개체를 이용하여 선물시장 발전과 리스크 관리 장려, 상품 선물시장과 상품 현물시장의 연동 발전, 상하이시 기업의 합리적인 선물 운용을 통한 리스크 관리 방안으로 사용 장려
- 금융선물시장 발전 장려 : 각종 선물, ETF(Exchange Traded Funds, 지수 연동형 펀드) 등의 금융 파생상품 개발, 국채선물 발전 장려, 위안화 환율 메카니즘 완비 및 외환선물 개발 장려
- 주식위탁 관리거래 시장의 서비스 및 기능 제고 : 종합적인 금융서비스 역할 수행 플랫폼으로 발전
- 장외시장 규범 발전 : 사모투자펀드와 세컨드보드 발전 촉진, 적격기구 투자자의 장외시장 거래 육성, 사모투자 상품의 발행 관련 가격결정, 평가, 거래, 리스크 관리 등을 수행하는 서비스 기관 육성, 사모투자기금의 산업표준과 행위규범 선도적 연구
- 자본시장 기초건설 촉진 : 등록기관의 등록, 결산, 청산, 위탁 등 기초 인프라 건설, 후강통 등 관련 해외등록 결산업무 시스템 구축
- 증권선물 기관의 업무 발전 : 리스크 통제가 가능한 범위 내에서 증권선물업무 신청 허용, 전문적인 허가를 취득한 증권회사나 기금관리회사의 설립 지지, 민영자본의 증권선물시장 진입 장려
- 증권선물 운영기관의 경쟁력 제고 : 기금관리 기업의 현대 자산관리기관으로 전환, 증권선물 운영기관의 상장을 진행하여 시장을 통한 자금조달 메카니즘 완성, 건전한 법인 구조, 높은 서비스 수준 및 리스크 관리 수준이 높은 증권선물 운영기관 발전 추진
- 상하이 증권선물 기관의 경영 규제 시스템 개선 : 주총을 통해 이사를 선임하고 기업가의 역할 증진, 증권선물 운영기관의 구비 조건인 스톡옵션 발행 등의 시범운영 전개 과정에서 장기적 실적 달성과 연동 등 조치
- 증권선물 온라인 업무의 건전한 발전 촉진 : 인터넷 기업의 상하이 자본시장에 참여하여 공모 등의 업무 확대를 통한 온라인 금융의 건전한 발전 촉진
- 사모투자기금의 탐색과 창조 지지 : 다양한 사모투자기금의 발전 지지 및 사무투자 상품의 투자 범위 확대, 적격국 내 유한투자자 제도와 외국 유한파트너 제도의 시범 운영 확대
- 증권선물 관련 전문 서비스 발전 촉진 : 회계사무소, 자산평가기관, 신용

평가기관, 법률사무소의 서비스와 관리를 강화하여 기능이 완비되고 전 문화된 양질의 금융 서비스를 제공하는 금융 서비스업 발전 촉진

### 3. 자본시장 자원분배 기능을 통한 기업의 창조 발전 추진

- 기업들의 다원화된 자본시장 상장 추진 : 기업이 유가증권시장, 중소기업 판, 차스닥, 전국 중소기업 주식양도 시스템과 상하이 주식위탁 교류 센터에 상장 지지
- 상장기업의 실력 제고 : 상장회사 시가관리 및 평가체계를 강화하고 상장 회사의 스톡옵션과 종업원 주주제 장려
- 자본시장에 의거한 기업 개혁과 발전 : 다차원 자본시장을 이용하여 국유 기업 주식소유제 개혁을 가속화하고 그룹 전체의 상장을 실현하며, 핵심 업무의 자산 상장 혹은 전략적 투자자 유치 국유자본과 민간자본 등 각 종 자본의 융합을 통한 혼합소유제 경제 지지
- 자본시장을 통한 M&A 확대 : 우선주 발행을 장려하며, 선별적 전환사채 발 행을 구조조정의 지불대가로 거래하고, 선별적 옵션 등의 지불 수단 연구

## 9. 금융 관리감독 방안 구축

### (1) 자금세탁 및 테러자금 조달 방지 관련 세칙

2014년 2월 28일 인민은행 상하이 총부는 《중국(상하이) 자유무 역시험구 자금세탁 및 테러자금 조달방지 세칙》을 발표하였다. 자금 세탁 방지 내부 통제제도 확립, 고객 실사와 리스크 관리 도모, 자유 무역 계좌 및 주체에 대한 감독 및 분석 강화, 국경 간 업무 과정에서 의 돈세탁 방지 강화, 자금세탁 조사, 자금 추적 및 명단 확보 업무 원활화 등 일련의 조치들을 포함하고 있다. 이 세칙이 발표된 당일에 인민은행 상하이 총부와 자유무역시험구 관리위원회는 자금세탁 방 지업무 협력 시스템을 구축하고 교류협력 비망록에 서명하였다.

## (2) 은행업 관리감독 제도 발표

2014년 5월 14일 상하이 자유무역시험구 은행업 관리감독 관련 제도가 발표되었다. 관련 규정은 《자유무역시험구 내 관련 기구 및 고급 관리인원 진입에 관한 실시 세칙(시행)》, 《자유무역시험구 내 업무 리스크 평가 지도 의견(시행)》, 《자유무역시험구 내 은행 감측 보고서 제도(시행)》이며, 자유무역시험구 은행 감독의 기본 틀로서 주요 내용을 여섯 가지로 간추릴 수 있다.

첫째, 행정 간소화 권한 이양과 시험구 내 사전 진입 간소화이다. 시험구 내 분행급 이하(분행 불포함)의 중자상업은행 기관과 고급관리 인원에 대한 진입허가 방식을 사전 심사비준에서 사후 보고로 변경하였다. 시험구 내 증설 혹은 승격되는 하부 기관은 소재 은행의 연도 증설 계획에 포함되지 않는다. 시험구 업무와 시험구 내 기구의 효과 심사표준에 대해 적절히 조정할 수 있다. 시험구 업무 전개 초기에 시험구 업무와 시험구 내 하부기관에 단독 예대비율 심사지표 등을 하달하지 않는다.

둘째, 관리감독의 중점 업무를 조정하여 사중사후(事中事後) 감독을 강화하였다. 셋째, 시험구에서 업무를 하는 은행 기관들의 리스크 관리 강화를 강조하고, 네째, 관리감독 방식에서 기관과 업무 종사 직원들의 자기 책임도 강조하였다. 다섯째, 중자(中資)와 외자(外資) 관리감독 표준에 통일을 기하고, 개방과 경쟁을 촉진한다고 하였다. 여섯째, 시험구 내의 기관들에게 투자무역 편리화에 대한 고객의 수요에 따라 경내의 구외, 구내, 경외 등 세 가지 시장 개척을 위한 연동 경영을 허용하였다.

이번 규정은 상하이 자유무역시험구 은행에 대하여 자주 관리 원칙하에 일정한 재량권을 부여하였고, 사전 진입을 간소화하는 대신

진입 후 관리감독을 강화하였다. 중자와 외자의 관리감독을 통일하고 개방과 경쟁을 촉진하며, 권한을 시장에 맡겨 시장이 주체적인 역할을 발휘하도록 하되 은행의 리스크 관리에 관한 자정 능력에 대한 더 높은 책임을 제기하고 있다. 즉, 혁신과 리스크 관리 간의 균형을 기하며 은행 리스크 통제의 책임성을 강조하고 있다.

## 제2절 투자 편리화 조치

《중국(상하이) 자유무역시험구 총체방안》과 《중국(상하이) 자유무역시험구 관리방법》에 투자자율화에 관한 내용이 포괄적으로 기술되었고, 《중국(상하이) 자유무역시험구 외상투자항목 등록제 관리방법》 등 여러 가지 세칙을 통해 투자 관련 규제 완화 조치가 발표되었다. 외상 투자기업의 투자에 있어서 원칙적으로 모든 부문을 자유화하되 예외적으로 제한, 금지하는 내용을 열거하는 네거티브 시스템을 도입하여 외국인 투자 제한을 완화하였다. 또한, '내외자 일치' 원칙에 입각하여 외상투자 기업 설립 시 심사허가제에서 등록제로 전환하여 회사 등기제도를 개선하였으며, 한편으로 기업연도보고 공시제도 등 새로운 관리 제도를 도입하였다.

### 1. 2013년판 네거티브 리스트 발표

#### (1) 네거티브 리스트 시행 의의
2013년 9월 29일에 상하이시는 《중국(상하이) 자유무역시험구 외상투자 진입특별조치(네거티브 리스트)(2013)》 세칙을 통해 상하이 자유무역시험구에서 시행되는 '네거티브 리스트(negative list, 負面清單)'를 발표하였다. 중국 내 외상투자에 있어서 처음으로 네거티브 리스트가 적용되는 셈이다. 네거티브 리스트와 진입 전 내국민 대우는 일종의 외상투자기업 진입의 허용이자 구체적인 정책이다. 진입 전 내국민 대우는 기업 설립, 취득, 확대 등 단계에서 외국투자자에게 본국 국민에 비해 낮지 않은 대우를 해 주는 것이다.

네거티브 리스트는 외국 기업의 투자에 있어서 원칙적으로 모든 부문을 자유화하되 예외적으로 제한, 금지하는 내용을 열거하는 것을 말한다. 참고로 네거티브 리스트 반대의 개념인 포지티브 리스트(positive list)는 기본적으로 모든 부문을 금지하고 예외적으로 허용하는 내용을 명시, 열거하는 목록이다. 네거티브 리스트가 포지티브 리스트 보다 더 개방적인 정책이다.

### (2) 네거티브 리스트 도입 배경

2012년 4월 '미국의 2012 양자 투자협정 모범'이 발효되었다. 미국은 40여 개 국가와 양자 투자협정을 체결하였으며, 동시에 몇몇 국가들과 FTA 협정을 체결하면서 양자 투자조항에 서명하였다. 미국의 양자 투자협정 모범의 핵심은 '네거티브 리스트 및 진입 전 내국민 대우'와 '투자정의 및 투자자유 전이'의 광범화이다. 2013년 7월 제5차 중미 전략안보대회에서 중국은 미국과 진입 전 내국민 대우와 네거티브 리스트 기초하에 투자협정에 관한 실질적인 협상을 진행하기로 합의하였으며, 이는 상하이 자유무역시험구에서 네거티브 리스트를 시범적으로 선행 실시하게 된 주요 원인이라고 볼 수 있다.

### (3) 네거티브 리스트 내용

2013년 네거티브 리스트는 국민경제 분류에 따라 총 18개 부문 1069개 세부 항목으로 제정되었으며, 이중 190개 항목을 특별관리조치의 네거티브 리스트로 정하였다. 국가 및 사회 안전을 위협하는 외상투자 항목은 금지하고 사회 공공관리, 사회보장, 사회조직 및 국제조직과 관련된 업종은 네거티브 리스트에 적용되지 않았다. 네거티브 리스트 목록은 외상투자 법률법규와 상하이 자유무역시험구의 필요에 따라 적절한 시기에 다시 조정된다고 명시되었다.

### (4) 네거티브 리스트 도입 영향

시험구에 네거티브 리스트 관리가 실시됨에 따라 일련의 개혁 조치가 이어졌다. 첫째, 외상 진입의 행정관리 방법 변화이다. 네거티브 리스트 이외의 업종은 내외자 일치 원칙에 따르고, 외상투자 항목은 심사 비준제에서 등록제로 변경된다. 둘째, 서비스 부문의 대외 개방 확대이다. 서비스 부문의 개방을 촉진시키기 위해 투자자의 자격 요건, 주식 비율 제한, 경영 범위 제한 등 진입 제한 조치를 잠정 중단하거나 취소하여 투자자들이 평등하게 시장에 진입할 수 있는 환경을 조성하였다.

## 2. 2014년판 네거티브 리스트 발표

### (1) 네거티브 리스트 개정 개요

2014년 6월 30일 상하이시 정부는 중국(상하이) 자유무역시험구 외상투자 진입 특별관리조치(네거티브 리스트) 2014년도 수정판을 공고하였다. 네거티브 리스트 특별관리 조치 수는 모두 139개 조항으로 2013년도에 비해서 51개 조항이 축소(26.8% 감축)되었다. 축소된 51개 항목 중 개방 확대로 인한 실질적인 취소는 14개, 내외자 동일 제한으로 인한 실질적 취소는 14개, 분류 조정으로 인한 축소는 23개이다. 그리고 19개 항목에 대해 완화 조치가 이루어졌다. 2014년 네거티브 리스트를 조치 유형으로 분류하면 제한성 조치가 110개 조항, 금지성 조치가 29개 조항이며, 산업으로 나누면 1차 산업 6개 조항, 2차 산업 66개 조항(제조업 46개 조항 포함), 3차 산업이 67개이다.

### (2) 네거티브 리스트 변경 내용

첫째, 취소 조치된 14개 조항은 서비스 업종 7개 조항, 제조업종 7개 조항이다. 서비스 영역으로는 수출입 상품 인증회사에 대한 제한, 인증기관 외국인 투자자에 대한 자격 요건, 철도화물 운수 투자 제한, 소금 도매 관련 투자 금지, 인터넷 접속 서비스 장소에 대한 투자 금지 등이 취소되었다. 둘째, 제조업 영역에 관한 것으로는 400톤 이상의 휠 크레인, 크롤러 크레인 등 기중기계 제조에 대한 지분율 제한, 각종 보통급(PO) 베어링 및 부품(스테인레스 볼, 홀더), 염료, 도료 및 벤지딘(benzidine) 생산 업종 투자 제한, 비타민C, 파라세타몰 등 비타민제 및 내복 칼슘제 생산업종 투자 제한, 중장비 제조 기업에 대한 합자 및 합작 제한 등의 내용이 취소되었다.

셋째, 완화 조치가 이루어진 19개 조항 관리조치 중에서 제조업 9개 조항, 기초 인프라 영역 1개 조항, 부동산 영역 1개 조항, 비즈니스 서비스 영역 4개 조항, 항운 서비스 영역 2개 조항, 전문 서비스 영역 1개 조항, 사회 서비스 1개 조항이 포함되었다. 예를 들어 '선박 대리(중국 측이 주주) 투자에 대한 제한'이 '국제 선박 대리 업무에 종사하는 외자비율이 51%를 초과하는 업종 외의 선박대리(중국 측이 주주)에 대한 투자 제한'으로 완화되었다.

넷째, 금융기관 대외 개방도가 확대되었다. 2013년 네거티브 리스트의 은행, 재무회사, 신탁투자회사, 통화관리회사 투자제한 관련 조항은 "투자은행업 금융기관은 반드시 현행 규정에 부합해야 한다."로 수정되었고, 기존의 소액대출 회사, 융자형 담보회사에 대한 투자는 반드시 관련 규정에 부합해야 한다는 제한이 삭제되었다. 다섯째, 민간 항공 컴퓨터 좌석예약 시스템 제한이 개방되었는데, 홍콩·마카오 서비스 제공자에게만 허용된 민간항공 컴퓨터 좌석예약 시스템 투자가 'WTO 회원국 서비스 제공자의 중국 본토 서비스 제공자와 합자기업 설립 경우, 동 분야에 투자 가능'으로 수정되었다.

여섯째, 통신 투자제한 조항 관련, 통신, 텔레비전 방송 및 위성신호 송출 서비스 투자 제한 조항이 '기간 통신망 투자시 외자비율 49% 초과 불가'로 수정되었다. 일곱째, 부동산 관련 투자제한 조항도 수정되어 중고 부동산 거래회사, 부동산 중개회사, 부동산 경영회사 투자제한 조항은 "프로젝트기업 형태로 중고 부동산 거래회사에 투자하는 것은 제한된다."로 수정되었다.

여덟째, "의료기관 투자 총액이 2,000만 위안보다 적어서는 안 되고, 지사 기관(分支機構) 설립을 허용하지 않으며, 경영기한은 20년을 초과할 수 없다."라는 조항에서 다른 내용은 삭제되고, "의료기관 투자는 지사 기관(分支機構)의 설립을 허가하지 않는다."라는 내용만 남았다.

### (3) 2014년판 네거티브 리스트 평가 및 전망
상하이시 정부는 2014년 수정판은 개방도와 투명도 제고, 그리고 국제기준 부합이라는 3대 원칙에 근거하여 마련하였다고 설명하였다. 전문가들은 2014년 개정 네거티브 리스트상의 개방 조치는 주로 서비스 영역과 제조업 영역에 집중되어 있는데, 이 분야에 대한 외상 투자의 진출이 훨씬 더 용이하게 되었으며, 2014년 개정 네거티브 리스트에서는 제한조건이 명확하지 않은 관리 조치를 기존의 55개에서 25개로 축소하여 투자자들에게 보다 명확한 기준을 제시함으로써 행정업무의 투명성이 향상되었다고 평가하였다.

2014년판 네거티브 리스트가 나온 후 얼마 안 되어 2015년판 네거티브 리스트에 대한 검토가 시작되었다. 2014년 11월 아이바오쥔(艾寶俊) 상하이시 부시장 겸 상하이 자유무역시험구 관리위원회 위원장은 언론 매체들과의 인터뷰에서 2015년판 네거티브 리스트 작성 작업이 이미 시작되었다고 소개하고, 네거티브 리스트의 길고 짧음이 중요한 것이 아니고 얼마나 공개적이고 투명하며 효율적으로 시장주체로 하여금 시장에 진입하게 하고 투자의 예측 가능성을 높이는 것이 중요하다고 강조하였다.

상하이시 양슝(楊雄) 시장은 2014년 11월 2일 개최된 국제기업가 자문회의에서 상하이 자유무역시험구 성과에 대해 소개하면서, "서비스 산업의 대외 개방도를 가일층 확대해 나가야 하며, 다시금 일련의 새로운 개방 조치를 취해 나가고 2015년 네거티브 리스트를 만들 것이다."라고 언급하였다. 2014년 12월 12일 리커챵 총리가 주재한 국무원 상무회의에서 상하이 자유무역시험구의 개혁개방을 더욱 심화시키며 네거티브 리스트를 가일층 줄여나가 서비스업 및 선진 제조업 등 부문에서 확대 개방을 추진해 나가기로 하였다.

## 3. 투자 확대 개방을 위한 추가 조치 발표

### (1) 31개항 발표

2014년 6월 28일 국무원은 상무부, 상하이시가 제출한 상하이 자유무역시험구 내 31개조 개방 확대 조치를 비준하였으며, 7월 1일 상하이시 신문 판공실은 2014년판 네거티브 리스트에 대한 설명회에서 개방확대 조치를 발표하였다. 이 조치는 서비스업 14개조, 제조업 14개조, 광산업 2개조, 건축업 1개조로 되어 있으며, 주요 내용은 다음과 같다.

첫째, 서비스 부문이다. 외상기업의 통신구매와 일반 상품 인터넷 판매에 대한 투자 제한을 취소하였다. 또한, 외상기업의 의료기관 최저 투자금액 및 경영 연한 제한을 취소하였다. 부동산 중개 혹은 경영 기업 제한도 취소하였다. 외상이 독자 형식으로 촬영서비스(공중촬영 등 특수 기술 촬영 서비스 제외) 종사하는 것을 허용하였다. 수출입 상품 인증 기업에 대한 외상투자의 제한과 투자 측의 자격 요건을 취소하였다. 외상기업의 의료기관 최저 투자금액 및 경영 연한 제한을 취소하였다.

둘째 물류 부문이다. 외상기업이 독자형식으로 철도화물 운수업무, 도로 여객터미널 운영, 국제해운 화물하역, 국제해운 컨테이너 터미널 및 야적 업무에 종사하는 것을 허용하였다. 외상기업이 합자, 합작 형식으로 국제 선박대리 업무에 종사하는데 있어서 외상기업 측 지분 비율이 51%까지 허용되었다. 외상기업이 독자형식으로 항공운수판매 대리업무에 종사하는 것이 허용되었다.

셋째, 제조업에 대한 개방 조치이다. 14개 제조업 개방 조치 중에서 5개는 상품의 개발, 설계에 관련된다. 즉, 외상 독자형식으로 자동차 전자 네트워크기술 제조 및 연구 투자, 철도여객 운수전용선, 도시간 철도 제반 승객서비스 시설 및 설비와 관련된 연구, 설계, 제조와 고속철도, 호화 유람선, 요트에 대한 설계, 선박선실 기계의 설계, 항공 엔진부품의 설계, 제작 및 유지보수 종사가 허용되었다.

## 상하이 자유무역시험구 31개 개방 항목

1. 외상기업이 독자형식으로 원유 채굴률(공정서비스 방식으로)을 제고시키는 업종과 관련 신기술의 개발 및 응용 종사를 허용한다. (B 채광업–B07 석유 및 천연가스 채굴)
2. 외상기업이 독자형식으로 물리탐사, 시추, 검층, 이수검층, 유전 내 작업 등 석유탐사개발 신기술의 개발과 응용 종사를 허용한다. (B 채광업–B07 석유 및 천연가스 채굴)
3. 외상기업이 합자, 합작형식으로(중국 측이 대주주 유지) 중국 전통 공예의 녹차 가공 종사를 허용한다. (C 제조업–C15 주류, 음료 및 정제차 제조업)
4. 외상기업이 독자형식으로 경외 목재자원을 이용한 단일 생산라인 연간 생산규모 30만 톤 이상의 화학 목재펄프, 단일 생산라인 연간 생산규모 10만 톤 이상의 화학기계 목재펄프 및 함께 건축한 고급 종이와 판지 생산 종사를 허용한다. (C22 종이 제조 및 종이 제품업)
5. 외상기업이 독자형식으로 400톤 이상의 휠크레인, 크롤러크레인 제조업 종사를 허용한다.(C34 통용설비 제조업)
6. 외상기업의 각 보통급(PO) 베어링 및 부품(스틸볼, 케이지), 반가공품에 대한 투자제한을 취소한다. (C34 통용설비 제조)
7. 외상기업의 15톤급 이하(15톤 불포함) 유압굴삭기, 3톤급 이하(3톤 불포함) 휠로더 제조에 대한 투자제한을 취소한다.(C35 전용설비 제조업)
8. 외상기업의 일반 폴리에스테르 장섬유, 스테이플 섬유 설비제조에 대한 투자제한을 취소한다. (C35 전용설비 제조업)
9. 외상기업이 독자형식으로 자동차 전자 메인라인 네트워크기술, 전자제어 파워 스티어링의 전자컨트롤러 제조 및 연구 투자를 허용한다. (C36 자동차 제조업)

10. 외상기업이 독자형식으로 고속철로, 철로여객 운수 전용선, 도시 간 철로 제반 승객서비스 시설 및 설비와 관련된 연구, 설계 및 제조에 대한 투자를 허용한다. 고속철로, 철로 여객운수 전용선, 도시 간 철로와 관련된 철도 및 교량 설비 연구, 설계 및 제조에 대한 투자를 허용한다. 전기화 철로설비 및 자재 제조, 철로여객 오염물 배출 설비 제조에 대한 투자를 허용한다. (C37 철로, 선박, 우주항공 및 기타 운수설비 제조업)

11. 외상기업이 독자형식으로 호화 유람선, 요트에 대한 설계 투자를 허용한다.(C37 철로, 선박, 우주항공 및 기타 운수설비 제조업)

12. 외상기업이 독자형식으로 선박선실 기계의 설계 종사를 허용한다.(C37 철로, 선박, 우주항공 및 기타 운수설비 제조업)

13. 외상기업이 독자형식으로 항공엔진 부품의 설계, 제조 및 유지보수 종사를 허용한다.(C37 철로, 선박, 우주하공 및 기타 운수설비 제조업)

14. 외상기업이 독자형식으로 오토바이 생산(배기량≤250㎖) 종사를 허용한다.(C37 철로, 선박, 우주하공 및 기타 운수설비 제조업)

15. 외상기업이 독자형식으로 대배기량 (배기량)250㎖) 오토바이의 핵심 부품 제조, 오토바이 전자 컨트롤 연료분사 기술 종사를 허용한다.(C37 철로, 선박, 우주항공 및 기타 운수설비 제조업)

16. 외상기업이 독자형식으로 EU RoHS에서 지령한 전지접촉재료 및 무Pb, 무Cd 조건에 부합하는 금속 접합제 제조 종사를 허용한다.(C38 전기기계 및 기자재 제조업)

17. 외상기업이 독자형식으로 지방철로 및 교량, 터널, 페리와 정거장 시설의 건설과 경영 종사를 허용한다.(E 건축업—E48 토목공정 건축업)

18. 외상기업이 독자형식으로 소금도매 종사를 허용하며 서비스 범위는 시험구 내로 제한한다.(F 도매 및 소매업)

19. 외상기업이 독자형식으로 식물유, 식용설탕, 화학비료의 도매, 소매, 배송과 면화 소매, 배송에 종사하도록 허용하며, 상점수량 제한을 취소한다.(F 도매 및 소매업)

20. 외상기업의 통신구매와 일반상품 인터넷 판매에 대한 투자제한을 취소한다. (F 도매 및 소매업)

21. 외상기업이 독자형식으로 철로화물 운수업무 종사를 허용한다.(G 교통운수, 보관 및 우정업—G53 철로운수업)

22. 외상기업이 합작형식으로 도로여객 터미널 경영 종사를 허용한다.(G54 도

로운수업)

23. 홍콩, 마카오 투자자가 합자(외자비율 49% 불초과), 합작형식으로 출입국 자동차 운수 업무 종사를 허용한다.(G54 도로운수업)

24. 외상기업이 독자형식으로 국제해운 화물하역, 국제해운 컨테이너 터미널 및 야적업무 종사를 허용한다.(G55 수상운수업)

25. 외상기업이 합자, 합작형식으로 공공 국제선박 대리업무 종사를 허용한다. 외국 측이 보유 가능한 지분비율을 51%까지 확대한다.(G55 수상운수업)

26. 외상기업이 독자형식으로 항공운수 판매 대리업무 종사를 허용한다.(G56 항공운수업)

27. 외상기업의 부동산 중개업 혹은 관리회사 투자제한을 취소한다(K 부동산 업–K70 부동산업)

28. 중국 등록 회계사 자격을 취득한 홍콩, 마카오 전문가가 회계사무소 파트 너로 선임을 허용한다.(L 임대 및 상무서비스업–L72 상무서비스업)

29. 외상기업이 독자형식으로 촬영서비스(공중촬영 등 특수촬영서비스 불포함) 종사를 허용한다.(M 과학연구 및 기술서비스업–M74 전문기술서비스업)

30. 외상기업의 수출입 상품 인증회사에 대한 투자제한과 투자자에 대한 자격 요구를 취소한다. (M 과학연구 및 기술서비스업–M74 전문기술서비스업)

31. 외상기업의 의료기관 최저 투자금액 및 경영 연한 제한을 취소한다.(Q 위 생 및 사회업무–Q83 위생)


## (2) 관련 법규 조정에 관한 특별 조치 결정 및 27개 목록 발표

국무원은 상하이 자유무역시험구 출범 1주년을 맞아 2014년 9월 4일《중국(상하이) 자유무역시험구 내 관련 행정법규와 국무원이 비준한 일부 규정의 잠시 조정에 관한 진입 특별관리 조치 결정》과 함께 외상투자 진입 확대와 관련된 27개 목록을 발표하였다. 잠정 조정 조치 실시 대상 법규는《국제해운 조례》,《인증인가 조례》,《소금업 관리조례,《외상투자산업 지도목록》,《자동차 산업 발전 정책》,《외상 투자 민용 항공업 규정》등이며, 동 문건에 규정된 자격 요건, 지분소유 제한 및 경영 범위 등 진입 특별 조치를 잠시 조정하기로 하였다.

구체적인 내용을 보면, 외상기업이 독자형식으로 국제해운 하역, 국제해운 컨테이너 집하장 및 야적업무가 허용되었고, 합자, 합작형식으로 공공 국제선박 대리업무가 허용되고 외상측 지분을 51%까지 개방하였다. 기존 외국 투자자 지분율은 49%였다. 외국인 진출이 제한됐던 전통 녹차 제조 업종에도 중국 기업과의 합자 방식(중국 측 대주주 유지)으로 진출할 수 있도록 허용했다. 외국 기업에게 독자 형식으로 소금 도매업 종사를 허용하였으며, 서비스 범위는 시험구  내로 제한하였다.

외상기업의 수출입 상품 인증회사에 투자 제한을 취소하고, 투자자에 대한 자격 제한을 철폐하였다. 외상에게 독자형식으로 항공운수 판매 대리 업무가 허용되었다. 외상의 부동산 중개 혹은 관리 회사에 대한 투자 제한도 취소되었다. 외상의 통신 판매 및 일반 상품의 인터넷 판매에 대한 투자 제한이 철폐되었다. 외상에게 독자형식으로 촬영 서비스 종사가 허용되었다(단, 공중촬영 등 특수 기술 촬영은 불포함)

선박선실 기계 설계, 요트 선박 설계, 석유 탐사 및 개발, 신기술 연구 및 개발(R&D), 민간항공 엔진 부품의 설계, 제조 및 유지보수 등 업종에 외상기업이 독자적으로 진출할 수 있게 되었다. 고속철도, 철도 설비 등 관련 진출도 가능하게 되었다. 15톤 미만 유압 굴삭기와 3톤 미만 휠로더 생산 등 그동안 외국인 투자를 제한했던 일부 조항도 철폐했다.

27개 조항 조치는 앞서 국무원이 비준한 '상하이 자유무역시험구 확대 개방 31개 조항'에 대한 보완적인 내용으로 상당 부분이 중복된다. 외국인이 투자할 수 있는 범위가 원유 개발, 철도, 선박, 항공, 부동산 등 여러 항목으로 확대되어 외자기업이 진출할 수 있는 범위가 확대되었다. 상무부 국제무역경제합작연구원 국제시장연구부 바이밍 (白明) 부주임은 이번 조치는 외국 기업인의 실제적 요구와 부합하는 것이자 자유무역시험구 정책이 한층 정교화되고 있음을 보여주고 있다고 말하였다.

## 4. 기업 등록 및 관리 제도 개선

2013년 9월 26일 국가 공상행정관리 총국은 《중국(상하이) 자유 무역시험구 건설 지지에 관한 약간의 의견》을 발표하였는데, 경제활동 환경 개선, 행정효율 제고, 시장질서 유지라는 세 가지 측면에서 여러 가지 개혁적인 조치가 제시되었으며, 그 후 분야별로 구체적이고 혁신적인 세칙이 발표되었다.

### (1) 기업 등록제 도입

상하이 자유무역시험구 총체방안에서 기업 등록을 심사허가제(인허가제)에서 등록제로 전환하고, 등록 기간도 대폭 단축시켜 기업 등록 절차를 간편화시켜 나가겠다는 방침이 정해졌다. 인허가 제도는 상무 주관 부서가 외국투자자 중국 진출 시 그 투자 주체의 자격, 투자분야와 업종, 투자방식, 투자금액, 회사의 정관, 계약 등의 진실성 및 합법성에 대해 심사하고 승인하는 사전관리 형태이나, 등록제도는 네거티브 리스트에서 규정하지 않은 업종에 대해 그 주체 자격, 투자분야 등의 사항에 대한 실질적인 심사가 아닌 형식적인 등록만 진행하며, 사후의 감독과 관리에 중점을 두고 있다.

## (2) 등록 자본금 납부약속 등록제

시험구 내에서 조건부 회사등록자본 납입 약속 등록제(認繳登記制)를 시행하여 등록 자본금의 등록 조건을 완화하였다. 납입약속 등록제는 회사등록 전 자본금을 미리 전부 납입하지 않고 향후 약속한 기한 내에 점차적으로 자본금을 납입하는 것으로서 기존의 최저 등록자본금 15% 선납, 잔여 금액 2년 내 납입이 폐지되고 경영기간 내 납입으로 변경되었다.

법률, 행정 법규 및 국무원이 특정 업종의 최저 등록 자본금을 별도로 정한 경우 이외에는 유한책임공사의 최저 등록 자본금 3만 위안, 1인 유한책임공사의 최저 등록 자본 10만 위안, 주식유한책임공사 최저 등록 자본금 500만 위안의 규정을 취소하였다. 법률, 행정법규의 기업 등록 자본금 납입 등에 관해 별도로 규정한 경우 이외에는 기타 기업은 등록 자본금 납입제를 실시한다.

## (3) 선등록 후허가 등록제(先照後證)

법률, 행정법규 및 국무원 결정이 규정하고 있는 기업 등록 전 허가 사항 이외에는 시험구 기업은 공상 부문에 영업 집조 신청 후 즉시 일반 생산 활동에 종사할 수 있다. 조건부 '선등록 후허가(先照後證) 등록제'를 시행함으로써 사업자 등록증을 취득하면 바로 일반적인 생산 경영활동에 종사할 수 있도록 하였다. 기타 인가신청이 필요한 경영항목은 여전히 인가기관으로부터 인가와 허가증을 취득한 후에 비로소 경영활동이 가능하다. 이 제도는 각 부문의 행정심사 비준제도 개혁에 추동력 역할을 할 수 있을 것으로 기대된다.

### (4) 기업 연도보고 공시제도

기업 연도감사제도(企業年度檢驗制度) 대신에 기업 연도보고 공시제도(企業年度報告公示制度)로 변경하여 정부 관리를 사전 심사에서 사후 관리감독으로 변경하였다. 나아가 상하이 공상관리국은 2014년 3월 17일 기업 연도보고 공시제도에 관한 사항을 규율하는《중국(상하이) 자유무역시험구 기업 연도보고 공시방법(시행)》을 자유무역시험구 분국에 통지하였다.

상하이 자유무역시험구 내의 모든 기업은 매년 공상행정관리기관에 전년도 연도보고를 제출하고 사회에 공시해야 한다고 명시되어 있다. 구체적으로 법인기업은 상하이시 공상국 사이트에 등록하여 온라인상으로 연도보고를 작성하되 연도보고에는 등기등록사항, 등록자본금 납부상황, 자산상황, 운영상황, 기업 재직인 수 및 연락방식 등의 내용이 포함되어야 한다.

상장기업, 국유 독자기업 혹은 국유 지주회사, 수권 등록 자본금 혹은 매출액이 2,000만 위안화 이상인 기업 및 금융, 증권, 선물, 보험, 투자, 담보, 부동산 개발, 부동산 중계, 교육 양성, 건축시공 등 특수한 경영에 종사하는 법인기업들은 추가로 회계사무소에서 발급한 회계감사 보고서를 제출하여야 한다. 기업이 온라인 작성을 완료하면 공상행정 부서는 기업신용정보 공시시스템을 통하여 사회에 각 기업의 연도보고를 공시하여야 한다. 기업공시 조례는 납입자본금 및 자본금 납입 일정 등을 공상행정관리 부서를 통하여 확인할 수 있도록 해 줌으로써 거래안전 위협을 상당부분 경감해 주는 제도이다.

기업연도 보고제도는 기업 및 정부가 기업정보 시스템을 통해 공시하여야 할 정보의 범위를 명시하였고, 기업이 정보를 공시하지 않을 경우 받을 수 있는 처벌을 명확히 하였다. 따라서 기업의 일반 정보는 기업정보 시스템을 통해 모든 개인, 법인들이 검색 및 확인할 수 있어 기업의 투명성을 일정 정도 높여 줄 것으로 전망된다. 또한 기업정보 공시제도는 거래하고자 하는 거래처, 투자 파트너 등 대상 기업에 대한 조사나 실사에도 도움이 될 뿐만 아니라 경쟁력 있고 내실이 있는 기업임을 홍보할 수 있는 장이 될 수 있다.

반면에, 여타 개인, 법인들도 자기 회사 일반 정보를 볼 수 있으므로 기업 이미지 향상 노력이 필요할 것이고, 기업의 비정상 경영이 대외적으로 공개됨으로 인해 그에 따른 부정적 효과도 있음에 유의할 필요가 있다. 2015년 1월 8일 상하이시 공상행정관리국은 해당 기업과 기관은 연도 기업보고 공시를 2015년 1월 1일부터 6월 30일간 상하이 기업신용정보 공시사이트를 통해 실시해야 한다고 공고하였다.

### (5) 경영이상명부 관리

경영이상명부 제도는 규정된 기한에 연도보고를 공시하지 않거나 등록한 경영 주소에 연락이 되지 않을 경우에 그 기업은 경영이상명단에 등재되고 '시장주체 신용정보 공시시스템(市場主體信用信息公示系統)'을 통해 외부에 공시된다. 상하이 공상관리국은 2014년 3월 17일 자유무역시험구 분국에 기업연도보고 공시방법을 통지하면서 동시에 《중국(상하이) 자유무역시험구 기업경영이상목록(經營異常名錄制度) 관리방법(시행)》을 통지하였다.

3년간 연속 공상행정관리부문에 의해 경영이상기업명부에 기재되면, 공상행정관리부문은 그 사실을 '영구 경영이상기업명부'에 기재하고, 기업신용정보 공시시스템을 통하여 이를 공시한다. 영구 경영이상기업명부에 기재된 기업의 법정대표인(책임자)은 이후 3년간 다른 기업의 법정대표인(책임자)으로 임명될 수 없다.

### (6) 외상투자 광고기업 항목 등록제

외상투자 광고기업 진입 제한을 풀었는데, 광고업무를 신청한 외상투자 기업에 대해 진입 전 내국민 대우를 실시하고, 투자 측 주체자격 및 광고 경영실적 제한 조건, 투자 측 성립 및 운영 제한 요건, 외상투자 광고기업의 분공사 설립 시 등록자본 및 광고실적 요건 등을 취소하였다. 시험구 내 외상투자 광고기업의 항목 심사와 분공사 설립 심사를 등록제로 변경하였다. 시험구 내 외상투자 기업 설립 이후 합영 방식 혹은 주권 양도, 광고 경영범위 변경과 등록자본 변경을 할 경우에 별도 허가가 필요가 없고 등록제로 변경되며, 직접 기업 변경 등기를 할 수 있다.

### (7) 기업 등록 원스톱 시스템(一口受理)

기존에는 기업 설립 시 상무위원회, 공상국, 세무국, 재정국, 통계국, 공안국, 은행, 질량감독국, 외환관리국, 해관 등 각 기관별로 서류를 제출해야 했으나, 원스톱 시스템 도입으로 인해 각 기관별로 서류를 접수치 않고 한 개의 창구에서 서류를 일괄 접수하여 처리하게 되었다. 구체적으로는 외국인 투자자는 기업 명칭 사전심사를 거친 후에 온라인으로 네거티브 리스트에 포함 여부를 확인하고, 해당되는 경우에 사이트에서 관련 자료를 작성 출력하여 서명하며, 신청인은 필요한 자료를 갖춰 기한 내에 접수하고 관련 법령에 부합될 경우 지정된 창구에서 심사 증서를 교부받는다.

## (8) 신 영업집조 방식 시행

영업집조 양식을 간소화하였으며, 국제적으로 통행되는 영업집조 양식을 참고하여 기재사항, 색깔, 자구 등 측면에서 시험구 외의 기업과 구별하도록 하였다. 영업집조 양식을 《농민 전업 합작사 법인 영업집조》 및 《개체 공상후 영업 집조》 이외에는 《기업 영업집조》 하나로 통일하였다. 기업에 실제로 들어온 자본을 영업집조에 등재하지 않은 것 이외에는 영업집조 기재 사항은 변경이 없다.

## 5. 해외투자 장려 정책

### (1) 해외투자 장려 규정

중국은 외화보유액 급증, 통상 마찰 심화 등에 따라 2000년부터 해외투자를 장려하기 시작했다. 지금까지는 자원, 부동산 개발에 치중하였으나, 최근에는 가전, 의류 업종에 이어 제조업, 금융 등 분야로 투자 업종을 확대해 나가고 있다. 중국 정부는 해외투자 장려 정책인 '저우추취(走出去)' 전략을 추진하기 위해 법적인 정비를 적극적으로 추진하고 있다.

2013년 10월 1일부터 시행되고 있는 《중국(상하이) 자유무역시험구 경외투자항목 등록 관리방법》과 《중국(상하이) 자유무역시험구 경외투자 설립 기업 등록 관리방법》을 통해 상하이 자유무역구에서 해외투자 시행 및 관리에 대한 신고제를 시행하여 해외 투자 절차를 간소화시켰다. 2014년 2월 21일 발표된 《중국(상하이) 자유무역시험구 위안화 국경 간 사용 확대 지지에 관한 통지》에 자유무역시험구 내 기업이 자신의 경영 및 관리 필요에 따라 그룹 내 국경 간 쌍방향 위안화 종합자금센터(위안화 자금풀) 업무를 할 수 있도록 하여 자유무역시험구 내 기업의 해외 지급 사용을 용이하게 하였다. 또한, 2월 28일 발표된 《중국(상하이) 자유무역시험구에서의 외환관리 시행세칙 수립 지지에 관한 통지》에서는 자유무역시험구 기업의 경외 외환대출 상한액을 자기자본의 30%에서 50%로 확대하였다.

2014년 4월 8일 중국 국가발전개혁위원회는 《경외 투자 항목 심사비준 및 접수관리 방법》을 통해 해외투자 프로젝트 신고제 관리방법을 발표하였다. 중국 측 투자액이 10억 달러 미만인 해외투자 항목에 대해 신고제를 전면 적용하였다. 다만, 중국 측 투자액이 10억 달러 이상인 경외 투자 항목에 대해서는 국가발전개혁위원회의 심사비준을 받도록 하였다. 또한, 민감한 국가 및 지역, 민감한 업중의 경외 투자 항목은 한도액에 관계없이 국가발전개혁위원회의 심사비준을 받도록 하였다.

4월 16일 상무부는 '해외투자 관리방안'을 발표하였고, 의견수렴 절차를 거쳐 12월 6일부터 시행하고 있다. 기업들의 해외투자를 장려하기 위해 신고제를 도입하였으며, 기업의 해외투자가 민감한 국가 및 지역이나 민감한 업종과 연관되어 있는 경우에는 허가제로 관리하며, 허가제로 관리하는 국가라 함은 중국과 수교를 하지 않은 국가 또는 유엔의 제재를 받는 국가를 지칭한다.

신고 대상에 해당되는 해외투자의 경우 중앙기업은 상무부에 신고하고 지방기업은 소재지 성급 상무 주관부서에 신고하며, 허가 대상에 해당되는 해외투자의 경우 중앙 기업은 직접 상무부에 신청을 제출하고 지방기업은 소재지 성급 상무 주관부서를 통해 상무부에 신청을 제출한다. 해외투자를 허가할 때 외국 주재 중국 대(영)사관(경제상무참사처·실)의 의견을 청취해야 한다고 규정되어 있다.

## (2) 해외진출 금융지원 강화

2014년 12월 24일 리커챵 총리가 주재한 국무원 상무회의에서 중국 기업들의 해외진출(走出去)에 필요한 금융지원을 강화하기로 결정하였으며, 이를 위해 세 가지 사항을 확정하였다. 첫째, 금융지원 절차 간소화이다. 사전에 유관 부서에 가서 등기하던 해외투자 외환 관리를 자금 태환 시 은행에서 직접 처리하도록 변경하였다. 국내 기업과 시중은행이 해외에서 위안화 채권을 발행하는 지역 제한을 취소하였다. 해외 상장, 인수합병, 은행 지사기관 설립 등의 심사 절차를 간소화하였다.

둘째, 융자채널 확대이다. 대형 설비 수출 융자에 대해 보장해야 할 것은 최대한 보장하고 시중은행으로 하여금 중대한 장비 설계와 제조 등 산업에 관련된 금융지원을 장려해 나가기로 하였다. 또한, 위안화의 국경 간 지불 및 청산 체제를 완비해 나가고, 외화 준비금의 다원화 운용을 추진하고 정책성 은행 등 금융기관의 역할을 발휘하며, 사회자본의 참여 흡수 및 채권과 펀드 등의 형식으로 해외진출 기업에게 장기 외환자금 지원을 제공하기로 하였다.

셋째, 정책 체계 개선이다. 위안화 국경 간 결제와 청산 시스템을 완비하고, 단기 수출 신용보험시장을 안정적으로 개방하여 경영주체를 늘리며 수출 신용보험을 혁신하고 해외투자보험을 대대적으로 발전시켜 나가기로 하였다. 또한, 보험료 비율을 합리적으로 인하하고 정책성 보험의 서비스 범위를 확대해 나가기로 하였다. 아울러, 정보, 법률, 영사 등의 서비스를 제공하고, 협력을 강화하여 출혈 경쟁을 방지하고 리스크 예방을 강화하여 중국 기업이 세계로 나가는 데 보호하고 중국 장비가 세계로 진출하는 데 역할을 해 나가기로 하였다.

## (3) 중국 기업의 해외투자 추세

2015년 1월 16일 상무부가 발표한 통계에 따르면 2014년에 중국의 해외직접투자(ODI)가 최초로 1,000억 달러를 돌파하는데 성공했다. 2014년 중국의 해외직접투자가 전년 동기 대비 14.1% 증가한 1,029억 달러로 집계되었다. 상무부 국제무역회의 종산(鍾山) 대변인은 2014년 중국 서비스업의 해외투자가 계속해서 상승하는 추세를 보이며 서비스업 해외 직접투자의 경우 전년 동기 대비 27.1% 증가하였고, 전체의 64.6%를 차지했다고 밝혔다.

중국 상무부 쑨지원(孫繼文) 대변인은 1월 19일 언론과의 인터뷰에서 2014년 비금융 부문 대외 직접투자가 1,029억 달러로 1,000억 달러를 돌파하였으며, 중국 기업의 국외 이윤 재투자와 제3지역을 통한 투자를 포함할 경우에 1,400억 달러가 넘고 2014년 해외투자 유치액 1,196억 달러 보다 많아 사실상 자본 순수출국이 되었다고 말했다. 중국 경제기관 인사들은 개혁개방이래 수출과 자본 유입에 의존한 발전 방식에 중대한 변화가 발생하였으며 중국이 자본유입국이라는 기존 관념의 변화를 나타낸 것이라고 평가하였다. 또한, 대외투자 규모가 외자유치 규모를 넘어섰다는 것은 중국이 자본투자에 참여하여 대외거래 방식을 쌍방향으로 변화시킬 수 있음을 의미한다고 말하였다.

## 제3절 통관 수속 간소화 및 무역 편리화 조치

## 1. 통관 수속 간소화

### (1) 선진입, 후통관 시범 실시

2013년 10월 9일 상하이 해관은 자유무역시험구에 '선진입, 후통관(先入區, 後報關, 입고 후 해관 신고제)' 방식을 시범 실시하기 시작하였으며, 우선 신용이 양호한 시험구 내 6개 기업을 수입 화물의 '선진입, 후통관' 방안 시행 기업으로 선정하였다. 이 조치 일환으로 시험구 해관카드 시스템에 전자정보 시스템을 도입하여 수속 절차에 소요되는 시간을 대폭 단축시켰다. 기존의 '선통관, 후진입(先報關, 後入區)' 제도와 비교한다면 차량의 출입시간은 평균 1분으로 단축되고, 화물 통관시간은 평균 2~3일로 줄어들었으며, 물류 원가는 평균 약 10% 감소한 것으로 나타났다.

### (2) 수입 보세화물 통관증명서 면제

2014년 1월 27일 자정을 기점으로 중국의 검사검역 부서가 상하이 자유무역시험구에 입경하는 보세창고, 보세가공, 보세전시 등 보세화물에 대해 수입 통관증명서 발급을 면제하기로 하여 자유무역시험구의 화물 통관 속도가 더욱 향상되었다. 해관은 검사검역 통관 증명을 대조 확인하지 않고 수입화물이 항만에 도착한 후 기업이 적하목록(海運倉單, manifest) 혹은 항공화물 운송장(airway bill)상의 정보에 의거해 검사검역 부문에 전자 신고하면 검사검역 시스템을 통해 즉시 심사하여 피드백하게 된다. 검역이 필요하지 않은 화물은 기업이 바로 찾아 시험구 내에 반입 보관할 수 있게 되며, 검역이 필요한 화물은 화물을 먼저 반입하여 시험구 내에서 검사검역한 후에 창고 보관하면 된다.

기존에는 기업이 검사검역 부문에 서류를 제출한 뒤 증명서 발급을 통해 화물을 찾을 수 있었으나, 이제 신고, 심사, 통관허가 절차가 전자화되어 화물의 반입이 편리해졌다. 또한, 기존에는 시험구 내 반입 화물은 검사검역 통관증명을 받은 이후에 해관신고를 할 수 있었으나 이제 기업들은 검사검역 신고와 동시에 해관에 신고가 가능하게 되었다. 이러한 '병행 모델' 실시로 통관처리 시간이 절약되고, 비용을 절약할 수 있게 되었다.

## 2. 해관 관리감독 서비스 혁신 14개 항 발표

### (1) 7개 관리감독 혁신 정식 실시

2014년 4월 22일, 상하이 해관은 14개 항의 새로운 자유무역시험구 관리감독 서비스 제도를 발표하였으며, 5월 1일부터는 이미 시범 실시되고 있는 '선진입, 후통관(先入區, 後報關)' 방식을 비롯해 7개 항목이 정식 실시되기 시작하였다.

• 시험구 내 자체운송(區內自行運輸) : 자유무역시험구 내에서 관리감독 운송(supervisor transport)이 아닌 해관 등기 자체 차량이나 운송 자격이 있는 차량으로 자체적인 화물 운송이 가능해져 시간과 비용을 절감할 수 있게 되었다. 시험구 내 화물 이동 시 보세 차량이 아닌 일반 차량을 이용하여 화물 이동이 가능해진 것이다. 다만, 항공 및 해운 수입 후 시험구 반입 시에는 여전히 보세 차량을 사용해야 한다.

• 가공무역 단식 심사제도(加工貿易工單式核銷制度) : 해관은 온라인 관리감독 조건과 부합되는 기업이 매일 자동적으로 제출한 제조지시서(production order ; 工單)의 데이터에 의거하여 매입 및 매출 물품을 심사함으로써 통관의 효율성을 제고시키게 되었다.

• 보세 전시 거래(保稅展示交易) : 자유무역시험구에 등록된 기업은 해관에 규정된 보증금을 납부한 뒤 자유무역시험구 지역 내외의 지정된 장소에서 보세화물을 전시하고 거래할 수 있다.

2014년 4월 15일 상하이 자유무역시험구 전시보세 교역 플랫폼을 활용하여 썬란상두(森蘭商都) 쇼핑몰이 영업을 시작하였다. 썬란상두는 와이까오챠오 집단이 운영하고 있으며, 모든 과정이 자유무역시험구 내에서 이루어지지 않더라도 이 플랫폼을 통해 수입된 상품은 '구내창고(區內倉庫)' 및 '구외점포(區外店鋪)'라는 자유무역구 보세정책 혜택을 향유할 수 있다. 즉, 썬란상두는 자유무역시험구 내의 '창고'와 자유무역시험구 외의 '점포'를 효과적으로 결합한 신형 수입상품 모델이다.

• 경내외 수리(境內外維修 : A/S) : 자유무역시험구 관련 상품 수리 업무 범위를 경외까지 확대하는 제도이다. 신규 정책 실행 이전에는 자유무역시험구 내 기업의 수리 업무는 리콜(返修) 물품에 한정 되었으나, 신제도 시행으로 첨단기술, 고부가가치(高附加値), 무 오염 수리 업무로 확대되었다. 특히, 경내외 수리 제도가 있기 전에는 자유무역지구 내의 수리 기업은 구역 내에서 생산된 수출 상품의 반송 수리만 할 수 있었지만, 이 정책이 실시된 후에는 세계 각지에서 수리 주문을 받을 수 있게 되어 시험구 진출 기업들의 업무 범위가 크게 확대되었다.

• 선물 보세 인도(期貨保稅交割) : 자유무역시험구에 등록된 기업은 해관 감독 하에 화물 선물 인도가 가능해졌다. 인도 가능 상품은 알루미늄 등 상하이 선물 거래소에 상장한 모든 상품으로 범위가 확대되었다.

• 금융리스(融資租賃) : 기존에는 푸둥공항 종합보세구에만 실시되었던 제도였는데, 2014년 5월 1일부터 전체 자유무역시험구로 범위

가 확장되었다. 자유무역시험구 내 기업은 금융리스(融資租賃) 화물에 대해 수입 통관시 담보(擔保書) 설정으로 관세, 증치세 분할 납부가 가능해 졌다.

## (2) 나머지 7개 관리감독 혁신 실시

2014년 6월 30일부터는 앞서 4월 22일 발표된 14개 항의 새로운 자유무역시험구 관리감독 서비스제도 중 나머지 7개 항의 통관관리 체제를 도입하였다.

수출입 화물입고 집중신고제(批次進出, 集中申報) : 기존 '1표 1신고'에서 '1표 다신고' 제도로 개선하여 기업의 해관신고 횟수를 줄여주는 제도이며, 자유무역시험구 내 화물을 먼저 반입하거나 반출 후 기간내에 일괄 신고 및 통관이 가능하다.

• 통관시 관련 부수서류 간소화(簡化通關作業附隨單證) : 통관 시에 1선 출입경 접수 리스트(備案清單)와 2선 세무업무와 무관한 해관 신고서의 부속서류를 제출하지 않아도 되며, 필요시 해관에서 관련 서류를 요청할 수 있는 제도이다.

• 등록(備案) 리스트 양식 통일 : 와이까오차오 보세구와 보세물류원구는 등록 리스트가 36개 항이고 양산보세구 및 푸둥공항 종합보세구의 등록 리스트 신고 항목은 42개 항인데, 이 제도를 도입하여 4개 해관특수 관리감독 구역의 등록 리스트를 30개로 간소화시키고 양식을 통일시켰다.

• 국내 판매시 선택적 세금징수(內銷選擇性征稅) : 2014년 6월 30일부터 시작된 제도이다. 자유무역시험구 내 등록된 기업이 중국 국내시장에 상품을 판매할 경우 수입된 원료 및 완성품의 상태에 따

라 수입 관세를 납부하는 제도로서 자유무역시험구 내의 기업이 다른 지역의 기업에 비해 경쟁력이 생기게 된다.

• 집중 종합납세(集中彙總納稅) : 유효담보를 전제로 기업이 관련 화물을 먼저 통관하고 후에 세금을 납부하도록 하는 제도이다. 이는 '선판매 후 세금납부(先銷後稅)'의 방식으로, 판매되지 않은 상품은 다시 구역 내로 가져오거나 수출할 수 있어 상품의 원활한 유통에 도움이 된다. 기업은 세금을 사전에 미리 납부할 필요가 없고, 실질적인 교역이 발생한 후 정기적으로 해관에 모아서 납부하기 때문에 자금 유동성을 확보할 수 있고, 원가 역시 감소함에 따라 소비자 가격도 자연적으로 하락하게 된다.

• 보세물류 온라인 감독(保稅物流聯網監管) : 기업의 창고관리 시스템(WMS)과 해관 인터넷 시스템을 연동하여 해관이 관련 기업의 화물 출입, 환적, 보관상태 등의 동태를 실시간으로 파악할 수 있는 제도이다.

• 통관검사 관리의 스마트화(智能化卡口驗放管理) : 기존에 사람이 직접 진행했던 통관 검사를 자동 통관 시스템을 통해 자동적으로 대조, 판단, 검사한다. 시험구 내에서 차량 전자정보 등의 기능을 활용하여 시간 지체없이 해당 차량에 적재된 화물의 정보, 해관 제출서류, 컨테이너 번호, 적재중량 등의 정보를 인식하여 통관 효율을 제고시킬 수 있다.

## 3. 무역 편리화 조치

### (1) 무역 '단일창구' 서비스 시험 운행

2014년 5월 28일 상하이 자유무역시험구 양산보세항구에서 상하이 국제무역 '단일창구' 서비스 시험 운영 프로젝트가 가동되었다. 해관, 보안검사, 검험검역, 해사부서가 공동으로 선박에 대한 출항 전자정보를 '단일창구' 시스템에 송부하고 해사부서는 전자정보에 따라 선박출항 허가증을 발급하여 선박 출항 수속 일체화를 실현하였고, 항구 행정 효율을 제고하여 많은 인력과 시간을 절약하게 되었다. 이어서 상하이 해관은 2014년 6월 26일 《중국(상하이) 자유무역시험구 내 기업의 해관 등록 등기 관련 기업의 '단일창구' 실시에 관한 공고》를 통해 단일창구 운영에 관한 상세한 내용을 발표하였다.

단일창구는 일반 무역 수출입 화물의 신고과 결과 피드백 이외에도 선박(화물 포함) 입출항 시 관련 세관, 검험검역, 변경검사, 해사 등의 관련 법 집행 기관에 직접 화물과 선박 정보가 종합적으로 접수되는 형식까지 포함되었다. 2014년 6월에는 상하이 양산항만 포함되었으나, 2014년 말까지 상하이 전체 항만으로 선박(화물) 단일창구 형식이 확산되었고, 2015년에는 중국 전반에 확산될 것으로 예상된다.

해관총서 장광즈(張廣志) 대변인은 항만 행정에 단일창구, 원스톱 수리, 원스톱 처리 방식을 도입하여 신고절차를 간편화하여 신고과정의 복잡성을 줄여 시간과 인력을 절감하였을 뿐만 아니라 필요한 데이터를 통일화, 표준화하여 기업과 관련 행정 부서간에 정보교류가 순조롭게 이루어지게 되어 행정의 정확성과 효율성을 높이게 되었다고 평가하였다.

2015년 2월 26일 중국 대외무역업무 화상회의에서 해관총서 서장은 2015년 5월 1일부터 중국 전국 범위로 통관일체화 개혁을 실시하고 연해 각 해운 항만은 단일창구 시범을 실시할 것이며, 지속적으로 '한 차례 신고, 한 차례 검사, 한 차례 통관(一次申報, 一次查驗, 一次放行)' 방식을 심화 발전시킬 것이라고 설명하였다. 또한, 연내 해관 업무 현장과 영역에 디지털화하여 검사 메커니즘을 업그레이드 시키고, 검사 대상의 명료화와 검사의 효율성을 제고시키며, 종합적인 관세, 보세 및 감독관리 수단을 확보하여 국제 전자상거래, 직구 구매 등의 새로운 대외무역 업무를 촉진시킬 것임을 밝혔다.

### (2) 화물상태 분류 감독제도

화물상태 분류 감독제도(貨物狀態分類監管)는 자유무역시험구의 국제화 및 절차 간소화 수준 제고를 목적으로 추진하는 혁신제도 중 하나이다. 2014년 11월 2일에 실시되었던 제26회 상하이시 시장 국제기업가 자문회의에서 양슝 상하이시 시장은 화물상태 분류 감독제도 시범 방안이 마련되고 있다고 소개하였다. 이 제도는 항구로 들어오는 화물을 크게 '보세화물(保稅貨物)', '비보세화물(非保稅貨物)', 및 '항구화물(口岸貨物)' 등 3개로 분류하여 특징에 알맞은 관리감독을 시행함으로써, 관리감독의 효율성과 통관 속도를 제고하고 예측치 못한 관리감독 실패 리스크를 낮추고자 함에 실시 목적이 있다.

달러 무역 상품과 위안화 무역 상품은 반드시 다른 창고에서 분리 보관되어야 하는데, 화물상태 분류 감독제도가 시행되면 같은 장소에 보관할 수 있게 되고, 또한 보세품목과 비보세품목 역시 분리하지 않고 같이 감독받게 된다. 현재 시범 실시방안 및 시범적용 기업을 제정, 선정하여 제도 테스트에 박차를 가하고 있는 것으로 알려져 있으며, 추후 구체적인 조치가 발표될 것으로 예상된다.

### (3) 은행담보계좌 제도 시행

2014년 12월 1일 상하이 해관은《상하이 자유무역시험구 내 은행

담보계좌에 관한 공고》를 실시하였으며, 이는 통관 수속의 편리를 제고하는 데 목적이 있다. 은행담보계좌 업무는 기업이 자유무역구 내 주관 해관 부서에 관련 세금담보 업무를 신청할 때 은행에 담보계좌를 개설한 후 관련 은행 서류담보를 해관에 제출하고, 해관은 자유무역구 관리감독 정보화시스템(自貿區監管信息化系統)을 통해 세금담보 업무를 통일적으로 관리하는 방식을 의미한다.

기존에 처리해오던 수동적인 은행보증 오퍼레이션(操作) 방식과 비교하면 먼저 은행 담보와 관련된 심의(審批) 및 통관 효율을 제고하고, 담보액 자동 대조차감(核扣) 및 환급(恢複) 장치를 완비하여 기업의 통관 과정이 더욱 빠르고 편리하게 되었다. 또한, 해관신고 신청(報關單申報) 및 세금납부 완료 후 시스템에서 자동으로 담보액을 환급함으로써 순환적으로 담보액 사용을 도와 관련 업무를 지속적으로 처리할 수 있게 하고 자금 사용 효율을 높였다.

동 제도의 첫 시범적용 지역은 자유무역시험구 내 와이까오챠오 보세물류원구, 양산보세항구 및 푸둥공항 종합보세구이다. 시범 사업에 참여하는 은행으로 중국은행 상하이분행, 교통은행 상하이분행, 민생은행 상하이분행, 초상은행 상하이분행, 상하이은행 등이 지정되었다.

2014년 12월 2일 상하이 종합보세구의 홍지유국제무역유한공사(紅酒國際貿易有限公司)는 '은행담보계좌' 업무 형식에 따라 중국은행에서 발급한 은행보증서(銀行保函)를 상하이 해관에 제출하였다. 해관의 접수 이후 동 보증서는 은행담보계좌 업무 방식을 따른 최초의 은행 보증서가 되었다. 향후 이 회사는 분류운송, 일괄통관(分送集報), 반출확인(出區展示) 등 업무를 진행함에 있어서 화물 선반출 후통관(先行出區驗放)을 진행할 수 있게 되었으며, 반출(出區) 시 시스템상에서 은행담보 계좌 내에서 상응하는 세액을 자동으로 대조차감(核扣)하고, 해관 신고서 신청(報關單申報) 및 세금납부(稅款繳納) 등의 오퍼레이션(操作)은 화물 반출을 기다렸다가 진행할 수 있게 되었다.

## (4) AEO 상호 인증 시행

2014년 6월 26일 상하이 해관은《중국(상하이) 자유무역시험구 내 해관 AEO 상호 인정 업무에 관한 공고》를 발표하였는데, 싱가포르, 한국 및 홍콩과의 AEO 상호인증 제도 실시에 관한 상세한 내용을 규정하고 있다. 중국 해관은《중화인민공화국 해관총서와 대한민국 관세청 간 중화인민공화국 해관 기업 분류 관리 제도와 대한민국 수출입 안전관리 우수 인증 기업제도에 관한 상호인정약정》에 의거하여 한국 해관과 상호간에 상대방 AEO 기업의 수입화물에 대해 다음과 같은 편리 조치를 취한다고 규정하고 있다. 즉, 수입화물 검사율을 낮추고, 수입화물 서류 심사를 간소화하며, 수입화물을 우선 통관시키고, 해관 연락원을 두어 기업 통관 중 발생하는 문제를 조정하고 해결하는 것이다.

시험구 AA류 기업이 자신의 명의로 직접 한국에 수출한 화물은 한국 통관 편리를 향유할 수 있다. 시험구 AA류 기업은 반드시 자신의 AEO 인증 코드를 한국 수입상에 통보하여 한국 통관 과정에서 인식할 수 있도록 해야 한다. 한국 관세청이 인정한 AEO 기업이 직접 중국에 수출한 화물은 중국 통관 편리를 향유할 수 있다. 시험구 기업은 중국 해관에 한국 AEO 기업의 화물을 수입할 때 수입 해관신고서의 '비고란'에 한국 관세청에서 인증한 AEO 코드를 입력하여 중국 해관이 자동적으로 그 기업을 AEO 기업으로 인식하고 상응하는 통관 편리를 제공하도록 해야 한다.

한편, 2014년 10월 8일 공포된《중화인민공화국 해관 기업신용관리 임시 방법》이 12월 1일부터 정식 시행되어 수출입 기업의 신용등급 분류 시 AA, A, B, C, D의 5급 분류기준 대신, 인증기업, 일반 신용기업 및 신용상실기업으로 구성된 3급 분류기준이 적용된다. 기업이 진실하게 법을 지키고 규범에 맞게 경영을 하면 규모의 대소 및 설립 기간에 관계없이 모두 인증기업 선정을 신청할 자격이 있다.

인증기업은 서류 심사 간소화, 수출입 화물 통관 우선 처리 등의 편리 혜택을 받게 된다. 일반 신용 기업에는 통상적인 관리 조치가 적용되며, 신용상실 기업은 해관의 엄격한 감독과 관리를 받게 된다. 고급 인증기업에는 일반 인증기업보다 좀 더 최적화된 관리 조치가 적용되며, AEO 상호인증 국가 및 지역의 해관에서 제공하는 통관 편리 혜택을 더욱 많이 받을 수 있다.

## (5) 인증기관 진입 완화

2014년 7월 24일 상하이 출입경검험검역국은 중국 인증감독위원회(CNCA)가 상하이 자유무역시험구에 외상투자 인증기관의 심사비준과 관리감독에 대한 개혁 추진에 동의함으로써 외자인증기관이 중국에서 새로운 발전 기회를 갖게 되었다고 말했다. 신정책은 품질관리 시스템 인증기관 설립에 대한 정책성 규제 취소, 상하이 자유무역시험구 경외인증기관의 대표처 등록 절차 취소, 외자 인증기관의 상하이 자유무역시험구에 비법인 분공사 설립에 대한 심사비준 취소 및 상하이 자유무역시험구 외자 인증기관의 행정심사비준 서류 간소화에 따른 심사비준 소요시간 단축 등을 포함한다.

이 중에서 외자 인증기관 분공사 설립에 대한 심사비준 취소는 많은 인증기관들의 주된 관심사였다. 일부 외자 인증기관들이 2013년 9월 상하이 자유무역시험구가 설립된 후 자유무역시험구에 분공사를 설립하려 하였으나, 기존 정책에 따르면 심사비준뿐만 아니라 기업 규모, 인원, 경영 범위 및 업체 소재지에서 인증을 획득하는 업체의 수량 등에서 제한이 있었다. 외국 인증기관이 중국에 대표처를 설립하려면 반드시 베이징에 가서 등록을 진행해야 하여 시간과 비용이 많이 든다는 업계의 불만의 소리도 있었다.

2014년 9월 3일에 개최된 전국 인증기관 관리업무회의에서 인증감독위원회는 《인증인가 조례》외의 진입 조건과 규제를 취소하겠다고 밝혔다. 인증기관 비법인 분공사의 심사, 인증기관 사무실의 등록, 인증기관 대표처의 등록을 취소하는 동시에 외국 인증업무 분배에 대한 관리 방식을 심사비준제로부터 인증규칙 등록제로 전환하고, 심사비준 정책 개혁을 위해 인증감독위원회는 《인증업무 분류목록》을 정리하고 명확히 하며 심사비준용 서류 리스트를 간소화하였다.

2014년 9월 4일 국무원은 《상하이 자유무역시험구 내 관련 행정법규 및 국무원이 비준하는 일부 규정의 진입특별관리조치의 잠정 조정에 관한 결정》을 공포하고, 중국(상하이) 자유무역구의 개방 확대에 부합하여 《인증인가 조례》 및 《외상투자산업 지도목록》에서 정하는 관련 자격 요건과 진입 조건을 조정하여 실시하겠다고 밝혔다.

2014년 10월 16일 국가 인증감독위원회는 공식적으로 《중국(상하이) 자유무역시험구에 외상투자 인증기관의 설립 조건 조정에 관한 공고》를 발표하였다. 시험구 내 외상투자 인증기관 외국 측 투자자가 그 소재 국가 또는 소재 지역의 인증기관의 인증을 취득해야 한다는 조건, 3년 이상 인증 활동 업무 경력을 요하는 진입특별관리조치(네거티브 리스트), 품질관리 시스템 인증기관 설립에 대한 정책성 규제, 시험구 내 인증기관의 대표처 등록 절차 및 시험구 내 외자 인증기관의 비법인 분공사 설립에 대한 심사비준 등 취소와 시험구 외자 인증기관의 행정심사비준 필요 서류 간소화, 심사비준 소요시간 단축 등이 주된 내용이다.

위 규정에 근거하여 2014년 12월 4일 상하이 출입경 검험검역국은 중국(상하이) 자유무역시험구에 외상투자 인증기관 설립 신청 시 외국 투자자가 소재 국가 또는 소재 지역의 인정기관의 인정 취득 및 3년 이상 인증 활동 진행 등과 관련한 증명 서류를 제공할 필요가 없다고 밝혔다.

### (6) 검역감정 기관 진입 완화

상하이 검험검역국은 2013년 10월 1일부터 《중국(상하이) 자유무역시험구 수출입화물 검역감정 기관 관리방법》을 시행하여 상하이 자유무역시험구에 시행될 예정이라고 밝혔다. 새로운 관리방법은 기존의 투자자의 3년 업무경력 및 35만 달러 등록자본금 등 조건을 취소하여 검역감정 기관의 진입 규제를 완화시켰다. 이로써 진입 절차가 대폭 줄었고, 심사비준 소요 시간도 많이 단축되었다. 진입 규제 완화를 실시하는 한편 일상 검사, 연도 검사, 전문 검사 등으로 작업 상황을 모니터링하고 업계 규범을 지키지 않은 행위에 대한 행정 처벌을 가하는 방식으로 사중, 사후 관리감독을 강화할 것이라는 방침도 밝혔다.

상하이 검험검역국은 새로운 관리방법의 실시가 상하이 자유무역시험구의 서비스 기능과 대외무역 환경을 향상시키는데 긍정적인 역할을 할 것이라고 하고, 공평하고 규범적이며 개방적인 수출입상품 검역감정 시장 질서를 구축할 수 있도록 조치해 나갈 것이라고 밝혔다. 한편, 2015년 1월 29일에는 자유무역시험구 내 세 개의 기업의 수출입 상품 검역감정기관 자격 획득에 관한 비준 공고가 게시되었다.

## 4. 검사검역 조치 간소화

### (1) 검사검역 8대 조치 실시
자유무역시험구의 직능 전환(職能轉換), 행정 간소화 및 권한 이양(權限移讓) 방침에 따라 검사검역 분야에서 혁신적인 조치가 취해졌다.

• 제3자 검역기관 결과 인정제도(第三方檢驗結果采信) : 자유무역시험구 내의 검사검역 기관이 아닌 제3자의 검사검역 기관의 검역결과를 검사검역의 판단 근거로 인정하는 제도이다. 자격에 부합되는 제3자 검사검역 기관이 이전에 이미 검사를 진행한 상품의 경우, 시험구의 검역기관은 이전의 데이터를 인정해 관련 상품의 검사검역을 통과해주고 사중사후 관리감독 및 사후책임 추궁 등의 원칙에 의거해 문제를 처리한다.

• 글로벌 유지, 보수산업 관리감독 제도(全球維修産業監管) : 기업 자격(資質) 평가, 심사비준 절차 간소화, 관리감독 검사의 모델을 집행하는 것이며, 시험구 내 평가에 통과된 수리기업에게 일반적인 수리를 거쳐 중국 내로 들어오는 중고 기기 전자상품에 대해서는 선적전 검사 면제, 등록 간소화, 전수 조사 대신 비정기 감독검사 등의 인센티브를 제공해주는 제도이다.

• 출입경 생물재료제품 검사검역 관리(出入境生物材料制品風險管

理) : 매번 모든 화물을 심사하는 방식에서 1년 단위로 심사를 받는 방식으로 조정하는 제도이며 관련 기업은 1년을 주기로 자료를 제시하면 된다. 모든 물품을 심사 대상으로 제시하지 않아도 되고, 하나의 항목 혹은 한 종류의 상품을 심사대상으로 제시하면 된다. 전자 데이터 시스템을 통해 위험도를 나누어 관리를 실시하며, 위험도가 낮은 상품의 경우 심사 기간을 12개월로 한다. 이와 동시에 관련 기업에 대해 기존에는 사전 심사를 거쳤으나 사중사후(事中事後) 검사로 전환되었다.

• 환적화물 원산지 증명서 관리제도(中轉貨物 源産地來證管理) : 기존에는 국제환적 화물은 재수출 원산지증명서(certificate of origin/re-export)를 발급받을 수 없었으나, 타국이 원산지인 수입 물품이 별도의 가공을 거치지 않고 재수출되는 경우에 관련 재수출 원산지 증명서를 발급받을 수 있게 되었다. 환적 물자가 상하이를 거쳐 직접 다른 곳으로 도달할 수 있게 하는 제도이며, 기업 입장에서는 수출입 과정에서 발생하는 관세, 부가가치세 등을 절약할 수 있게 되었다. 상하이의 경우에서는 국제 환적 물동량을 제고할 수 있게 되어 세계적인 기업의 체인점을 유치할 수 있는 여지를 마련하였다.

• 검사검역 통관 전산화(檢驗檢疫通關 無紙化改革) : 기업 신용관리 및 상품위험도 분류의 방식에 따라 조건에 부합되는 시험구 내 기업에 대해 심사보고, 비용계산, 검사, 비자 발행 등 각각의 과정에 종이 문서 없이 진행될 수 있는 제도이다.

• 수입화물 사전검사 제도(進口貨物預檢驗) : 창고 보관하는 시간과 검사 시간을 연동하여 화물이 보관되는 동시에 검사를 신청하여 받을 수 있다. 이를 통해 화물 출고 시 대기할 필요가 없어졌으며, 이 정책이 실행된 이후 화물이 국내로 들어와 수입통관까지의 시간이 줄어들었다.

• 검사검역 1·2선 분리 관리감독 모델(檢驗檢疫分線 監督管理模式) : 검사검역기관은 1선에서 주로 출입경검역 및 민감성 화물 중점 검역을 담당하고, 2선에서는 수출입화물의 검사와 관리감독 작업을 실시하는 제도이며, 시험구 내에서 관련 기업들은 자유롭게 상품을 유통할 수 있다.

• 동식물 및 관련 상품 검역 심사 네거티브 리스트(動植物及其産品檢疫審批負面淸單) : 위험이 낮은 동식물 관련 상품에 대해 수출국가 및 지역의 검역증서를 면하게 해주는 정책으로서 일종의 동식물 상품 검역 심사의 네거티브 리스트이다.

### (2) 검사검역 신규 12조항 조치 시행 발표

2014년 12월 26일 상하이 품질감독국(質監局)은 12개의 새로운 검사검역 실시항목을 제시했다. 이는 정부에 집중된 직무를 변환시켜 시장에 활력을 불어넣겠다는 의미이며, 발표된 주요 내용을 살펴보면 다음과 같다.

• 공업생산품 생산 허가증제도 개혁 : 자유무역시험구 내 공업상품 생산 허가증 개혁을 추진한다. 먼저, 일부 상품에 한해 공업상품 생산 허가증 심사를 취소한다. 관련 자격을 인정받은 심사 기관은 관련 심사 인증 업무를 담당할 수 있다. 다음으로, 일부 상품에 한해 기업 현장 검사 과정을 취소한다. 생산허가증 유효기간이 다 되어 증서 갱신을 신청할 기업에 대해 서면 공개 승인 신청 제도를 실시한다. 즉, 기업이 자발적으로 상품 합격검사 보고를 제출하도록 하여 현장검사 과정을 취소하며 직접 생산허가증을 취득할 수 있게 한다.

• 검사검측 시장 진일보 개방 : 자유무역시험구 내 부합되는 자격

조건을 갖춘 제3자 검사검측기관이 국가와 상하이 지방정부의 상품 품질 리스크 검측과 감독 업무를 담당할 수 있게 한다. 엘리베이터 정기 검사 시장 개방을 시범적으로 실시하며, 기업이 스스로가 상응한 자질(資質)이 있는 검사 기관을 선택할 수 있는 시장경쟁 메커니즘 형성을 추진한다.

- 포장상품 생산 기업 계량보증능력 평가(C지표) 업무 개혁 : 자유무역시험구 내에 기존의 C지표 심사 후 증서 발행 방식을 취소하고, 기업이 자체 발표, 자체 약속 및 주체적인 신고를 전개토록 한다. C지표란 한국의 K마크처럼 품질보증 지표와 같은 역할을 하는 것이다. 검사검측 기관 자격 허가 계량 인증 결과 도입을 추진하여, 중복 심사를 피하고 유사한 자격 조건을 조정하며 심사를 통합한다.

- 분류 관리감독제도 혁신 : 검사검측기구의 신용을 자유무역시험구 품질신용 시스템 범위에 포함시킨다. 기업의 자체 리스크 통제, 제3자 리스크 평가, 시장화 리스크 관리, 사회 고발 감독 및 정부 리스크 모니터링 및 과학적인 종합 관리감독을 목표로 한 분류 관리감독 제도 수립을 모색한다. 조직기구 코드를 기초로 한 사회 신용시스템 수립을 추진한다. 기업 정보 수집과 데이터베이스 보호 등 기초 작업을 충실히 하고 블랙리스트 제도를 시범 실시한다.

- 전자상거래 상품 품질추적 제도 수립 : 전자상거래 플랫폼 기업이 조직기구 코드를 기초로 하여 상품 코드 기술을 운영하여 전자상거래 상품 품질추적 제도를 수립하도록 지도한다.

- 사회단체(연맹) 표준 등기 장려 및 지원 : 자유무역시험구 물류 표준화 작업을 시범적으로 추진하고 개혁하여 비즈니스와 물류의 일체화를 추진하고, 위탁 사용의 통용화 및 창고 배송의 편리화 등을 통해 자

유무역구 물류 표준화 국가 시범 지역으로서의 역할을 담당하게 한다.

• 중점 산업 서비스 품질평가 방식 구축 모색 : 기업 설립 및 업무 변경 업무 '단일 수리'를 완비해 나가고, 인터넷 수속을 시범 실시한다. 내외자 기업의 '단일 수리' 작업 경험을 바탕으로 자유무역시험구 투자 서비스 센터를 투자 무역편리화 국가급 종합 표준화 시범 지역으로 건설해 나간다.

• 엘리베이터 안전 관리감독 개혁 촉진 : 엘리베이터 사용 관리 기관이 '먼저 책임지는 제도'를 추진하여 업주, 안전관리 기업, 물류 등 3자가 안전 관리책임 협력을 체결하고 그 약속을 사회에 공개한다.

## 제4절 세무 제도 부문

### 1. 수입세수 정책

2013년 10월 15일 재정부, 해관총서, 국가세무총국이 제정한 《중국(상하이) 자유무역시험구 수입세수정책에 관한 통지》가 10월 24일 공표되었다. 시험구 내 생산기업과 생산성 서비스기업이 필요로 하는 기계, 설비 등 화물을 수입할 경우, 이에 대한 세금을 면제한다고 규정하였다. 시험구 내 등록한 국내 리스회사 또는 설립된 항목의 자회사가 관련 부문의 비준을 거쳐 경외에서 구매한 적재화물 25톤 이상 또는 국내 항공공사 사용을 위해 임대한 항공기는 《재정부, 국가 세무총국의 수입 항공기의 증치세 정책 조정에 관한 통지》 및 《해관총서의 항공기 수입의 수입 일환 증치세 세무 조정에 관한 약간의 문제

관련 통지》가 규정한 증치세 우대정책을 향유한다고 명시되었다.

시험구 내의 기업이 생산, 가공하고 '2선'을 넘어 내지에 판매하는 화물에 대해서는 수입부문 증치세, 소비세를 규정대로 징수하나, 시험구 내 생산기업과 생산성 서비스기업이 필요한 기계, 설비 등 화물을 수입할 경우에는 이에 대한 세금을 면제한다고 규정되었다. 다만, 생활성 서비스 기업 등 기업이 수입한 화물과 법률, 행정 법규와 관련 법규가 명확하게 면세하지 않은 화물은 제외하였다.

또한, 엄격한 화물 수입세수 정책의 전제하에 특정구역에 보세전시 교역 플랫폼 설립을 허용하였으며, 상술한 수입세수 정책 이외에 상하이 자유무역시험구에 소속된 와이까오챠오 보세구, 와이까오챠오 보세물류원구, 양산보세구, 푸둥공항 종합보세구에서 각기 시행되고 있는 해관 특수관리 감독구역의 세수정책을 향유한다고 명시하였다.

## 2. 비화폐성 자산 해외투자 행위 기업에 대한 소득세 정책

2013년 11월 15일 재정부, 국가세무총국은 《중국(상하이) 자유무역시험구 내 비화폐성 자산 해외투자 등 구조 조정 행위 기업에 대한 소득세 정책 문제에 관한 통지》를 통해 상하이 자유무역시범구 내 비화폐성 자산 투자로 인한 자산평가 부가가치 발생 기업에 대한 소득세 정책에 관한 사항을 관련 기관에 시달하였다.

시험구 내 등록 기업이 비화폐성 자산 해외투자 등 구조 조정 행위로 자산평가 부가가치(資産評價增値)가 발생하였을 경우에 확인된 비화폐성 자산 양도소득은 해당 연도 납세소득액에 균등하게 나누어 산입한 후 관련 규정에 따라 계산하여 5년을 초과하지 않는 기한 내에 납부하여야 한다. 비화폐성 자산 방식으로 해외투자를 할 경우에 투자협의서 효력이 발생하고 실제 자산 수불(受拂)결제가 완료되고 주주권 등록이 이루어진 시점에서 비화폐성 자산 양도소득이 실현되었음을 확인해야 한다.

비화폐성 자산 방식으로 해외투자를 할 경우, 반드시 비화폐성 자산에 대해 평가를 진행하고 평가 후의 공정가액에서 과세기준을 공제한 잔액에 따라 비화폐성 자산의 양도소득을 계산하여 확인해야 한다.

### 상하이 자유무역시험구 내 비화폐성 자산 해외투자 등 구조 조정 행위 기업에 대한 소득세 정책 문제에 관한 통지 주요 내용

1. 시험구 내 등록된 기업이 비화폐성 자산 해외투자 등 구조 조정 행위로 자산평가 부가가치(資産評價增値)가 발생하였을 경우, 확인된 비화폐성 자산 양도소득은 해당 연도 납세소득액에 균등하게 나누어 산입한 후 관련 규정에 따라 계산하여 5년을 초과하지 않는 기한 내에 납부한다.

2. 비화폐성 자산 방식으로 해외투자를 할 경우, 투자협의서 효력이 발생하고 자산 실제 인도가 완료되고 주주권 등록이 이루어진 시점에서 비화폐성 자산 양도소득이 실현되었음을 확인해야 한다. 비화폐성 자산 방식으로 해외투자를 할 경우, 반드시 비화폐성 자산에 대해 평가를 진행하고 평가 후의 공정가액에서 과세기준을 공제한 잔액에 따라 비화폐성 자산의 양도소득을 계산하여 확인해야 한다.

3. 비화폐성 자산 방식으로 해외투자를 할 경우, 취득한 주주권의 과세기준은 반드시 비화폐성 자산의 기존 과세기준을 기준으로 하여 매년 산입된 비화폐성 자산 양도소득을 합쳐 매년 조정해야 한다.

4. 해외투자 5년 이내에 상기 주주권을 양도하거나 투자를 회수할 경우, 반드시 이연납세 정책 실행을 정지하고 이연 기한 내에 산입하지 않은 비화폐성 자산 양도소득은 주주권 양도 혹은 투자 회수 당해 연도의 기업소득세 정산 시에 일시불로 기업소득세를 계산하여 납부하며, 기업이 주주권 양도소득을 계산할 때

에는 주주권의 과세기준을 한차례 조정할 수 있다.

해외투자 5년 이내에 회사등록을 말소할 경우, 반드시 이연납세정책 실행을 정지하고 이연 기한 내에 산입하지 않은 비화폐성 자산 양도소득은 휴업 당해 연도의 기업 소득세 정산 시에 일시불로 계산하여 기업 소득세를 납부해야 한다.

5. 투자협의서가 효력을 발생하고 자산 실제 인도와 주주권 등록이 완료된 30일 이내에 관련 자료를 준비하여 주관 세무기관에 이연 납세 등록 신청을 해야 한다.

6. 소득 실현을 확인한 당해 연도에 항목을 단위로 상응한 장부를 작성하며, 확인해야 할 비화폐성 자산 양도소득을 정확히 기록하고, 아울러 당해 연도 기업소득세 연말 정산 시에 당해 연도의 산입 금액 및 연도별 이월 금액에 대해 설명을 해야 한다.


## 3. 세무 행정 절차 개선 및 온라인 세금납부 제도 시행

2014년 1월 18일 상하이시 지방세무국 자유무역시험구 분국이 설치되었으며, 이어서 2014년 6월 25일 국가 세무 총국은 《중국(상하이) 자유무역시험구 세무서비스 혁신을 지원하는데 관한 통지》를 시달하였다. 효율적이고 고품질의 세무 서비스를 제공하기 위한 10대 조치에 대하여 규정하고 있으며, 이로써 온라인을 이용하여 상하이 자유무역시험구의 세무업무는 훨씬 간편해지고 세무업무의 비용을 줄일 수 있게 되었다.


### 상하이 자유무역시험구 세무서비스 혁신 내용

1. **온라인 세무등기(網上自動賦碼) :** 기존에는 납세자가 직접 관할 세무부서에 세무등기를 신청하여 세무등기증서를 발급받았으나, 신 제도하에서는 세무

부서에 방문할 필요가 없이 직접 온라인에서 자동적으로 세무코드를 발급받을 수 있다.

2. **온라인 세무업무(網上審批備案)** : 온라인으로 영수증 심사관리, 영수증 신청, 일반 영수증 검사, 세무 관련 증명 발급, 레드영수증 통지서, 전자신고 철회 등 업무를 진행하여 온라인으로 모든 세무업무를 진행할 수 있도록 하였다. 여러 부문 간의 정보 접수와 공유를 강화하여 과학기술위원회, 공상등기부문, 품질검사부문, 은행 부문이 "하나의 창구에서 접수하여 연합하여 심사(一口受理, 並聯審批)"하여 연구개발 비용의 공제, 비무역 외화지급 등 사항에서 편의를 제공한다.

3. **전자영수증의 온라인 사용(網上發票應用)** : 전자상거래 기업의 전자영수증의 온라인사용을 추진하여 전자상거래의 발전을 지원한다. 금융보험 업종의 특성에 따라 금융보험업의 전자영수증 사용을 적극적으로 연구하여 전자상거래 시간을 절감하고 기업의 운영 코스트를 감소하여 소비자 권익을 보호한다.

4. **온라인 통합 취급(網上區域通辦)** : 기업에 모든 세무업무의 온라인 통합 취급서비스를 제공한다.

5. **온라인 직접 인가(網上自主辦稅)** : 신설법인의 교육기간을 취소하여 온라인으로 증치세 일반 납세자 직접 인가를 추진한다.

6. **비거주자 세금징수 온라인관리(網上非貿管理)** : 은행 등 계좌관리자 측과 세무부문의 권한을 명확히 하고 은행에 자유무역계좌를 개설하여 투자 등 종합 업무에 종사하는 비거주자와 개인에 대하여 관리자가 정보보고 의무를 이행하며 관리자 측 세무부문에서 집중적으로 세무 관련 서비스를 제공하도록 시행한다. 비거주자 세금징수 관리시스템을 개발하여 상하이시에서 통일적인 비거주자 온라인 세무등기를 진행하여 비거주자 계약의 온라인 등록, 온라인 신고, 온라인 공제를 진행한다.

7. **온라인으로 분기별 신고(網上按季申報)** : 양산보세항구에서의 중국 내 화물운송서비스, 창고서비스와 선적하역서비스에 대하여 증치세 '징수 즉시 반환(卽征卽退)' 정책을 적용하던 납세자에 관하여, 기존의 월별 신고를 분기별 온라인 신고로 변경하여 온라인으로 증치세를 즉시 반환받을 수 있도록 한다.

8. **온라인 등록(網上資格認定)** : 행정인허가제도의 개혁을 가속화하여 행정인허가 리스트 중의 통상 세무관련 사항에 대하여 온라인으로 등록 후 심사하는 제도를 실시한다.

9. **납세신용 온라인 평가(網上信用評價)** : 신용정보 플랫폼을 통하여 납세 신용 정보를 수집, 처리, 평가하며 납세자가 자체로 평가결과를 온라인으로 조회할 수 있도록 한다. 평가결과에 따라 구분하여 관리하며 A급 납세자에 대해서는 자발적으로 공개하고 영수증 사용량을 늘이는 등 격려 조치를 취하는 반면 D급 납세자에 대해서는 세무 처벌조치를 강화하고 납세신용정보를 관련 부문에 통보하여 사회 신용제제의 구축을 추진한다.

10. **창조적인 온라인 서비스(網上服務體驗)** : 온라인 정보수집, 세무기관과 기업의 소통 플랫폼, 온라인자문, 온라인 설문조사 등 기능을 통하여 납세자의 요구를 분류하여 수집하며 인터넷으로 관련 정보를 송부한다. 납세자의 요구에 따라 개별적인 정책을 송부하고 리스크 제시 등 자발적인 서비스를 제공하며 온라인 세무사항 진행과정 등 정보조회 서비스를 제공한다.


## 4. 편의치적선 세금 우대 정책

《중국(상하이) 자유무역시험구 총체 방안》에서 상하이의 지역 우위를 발휘하여, 중자 편의치적선에 대한 세금 우대정책을 통해 조건에 부합하는 선박의 상하이 등록을 촉진시키며, 현재 톈진이 시범실시하고 있는 국제선박등록 정책을 실시한다고 규정하고 있다. 교통운수부가 비준한 《톈진 동장(東疆)보세구 국제선박 등기제도 혁신 시범 방안》은 중자(中資) 편의치적 선박 혹은 경외 등기한 중자선박이 중국에 등기하여 톈진 동장을 중국의 제1의 국제선박 등기 선적지로 만드는 데 목적이 있다.

한편, 재정부, 해관총서, 국가세무국 등 세 부서가 공동으로 시달한 《선적항 세금환급정책 시범 실시 범위에 관한 통지》가 2014년 9월 1일부터 시작되었다. 선적항 세금환급정책 시험지역을 확대하여, 난징시 룽탄항(龍潭港), 쑤저우시 타이창항(太倉港), 롄윈강시 롄윈강항(連運港港), 우후시 주쟈차오항(朱家橋港), 주장시 청스항(城市港), 칭다오시 치엔완항(前灣港), 우한시 양루어항(陽羅港), 유에양시 청링지항 등 8개 항구에서 해관신고를 하고 조건에 부합되는 기업이 운송하고 수로로 운송되어 상하이 양산보세항구를 거쳐 출항하는 컨테이너화물에 대하여 선적항 세금환급 정책을 실시하고 있다.

선적항 세금환급이란 선적항으로부터 양산보세구를 거쳐 국외에 수출되는 화물에 대하여 선적항을 출항하기만 하면 수출로 간주되어 세금환급 절차를 진행할 수 있는 것을 말한다. 이 정책은 대외무역을 안정시키기 위한 하나의 조치로서 수출기업이 제때에 수출 세금을 환급받을 수 있도록 하는데 목적이 있지만 양산항을 환적 중심항으로 육성시킨다는 중국 정부의 정책 일환으로 실시되는 것으로 평가되며, 앞으로 중국에서 양산항을 중심으로 한 환적체계가 급속히 확산될 것으로 전망된다.

## 《선적항 세금환급 정책 시범 실시 범위 확대에 관한 통지》 주요 내용

### 1. 정책 적용 범위

출항지에서 출항 통관 수출 신고를 하고, 조건에 부합된 운수기업이 맡아 운송하며, 수로를 통해 직접적으로 운송하여 상하이(출항지) 양산보세항구(출항항)를 경유하여 출항한 컨테이너화물에 대해 선적지 항구 세금환급 정책을 시행한다. 적용되는 선적지 항구 세금환급 정책의 선적지 항만은 난징시 룽탄항(龍潭港), 쑤저우시 타이창항(太倉港), 롄윈강시 롄윈강항 (連運港港), 우후시 주쟈차오항(朱家橋港), 주장시 청스항(城市港), 칭다오시 치엔완항(前灣港), 우한시 양루어항(陽羅港), 유에양시 청링지항이며, 출발 항만은 양산보세구이고, 운송방식은 수로 운송이다.

적용 선적항 세금환급 정책 운송 기업과 운송도구는 선적지와 출항지간에 직항항로 설치, 납세 신용등급이 세무기관 평가의 B급 이상 및 3년 동안 밀수 등 법규 위반 기록이 없어야 한다.

적용 선적항 세금환급 정책 수출 기업은 동시에 납세 신용등급을 세무기관으로부터 B급 이상 평가받아야 하고, 수출환급 심사 정보에 요주의 관심 기업 등급 1에서 3등급의 자영 수출기업에 속하지 않아야 하며, 해관 관리등급 B류 이상의 기업이어야 한다.

## 2. 주요 공정

선적지 해관은 수출기업 신청에 의거하여 선적지 항구에서 선적한 조건에 부합한 화물에 대해 출항 면허장 수속을 한 후 수출화물신고서(수출환급세 전용)를 작성한다. 수출기업은 선적지 해관에서 발급한 세금환급 증명 관련 서류에 따라 주관 세금환급 세무기관에 신청하여 환급을 받는다. 수출 기업이 처음으로 세금환급을 신청하기 전에는 수출 환급세를 주관하는 세무기관에 선적지 세금환급 등록을 하여야 한다.

세금환급 관련 증명은 전체 화물이 출항항에 반입된 후, 출항지 해관에 보세 운송 말소 수속을 하고 선적지 해관에 최종 말소 수속을 밟는다.

해관총서는 이미 발급한 세금환급 관련 증명 해관신고 데이터(가표식)를 실시간으로 국가 세무총국에 송출하고, 매월 정상적으로 통관절차를 마친 신고서 데이터(가표식)와 아직 출항항에 도착하지 않은 화물의 해관데이터(가표식)를 국가세무총국에 발송하여야 한다. 국가 세무총국은 이미 환급을 한 해관신고서 데이터를 해관총서로 되돌려 보낸다.

주관 수출 환급세 세무기관은 국가 세무총국이 계산한 환급증명 및 해관 말소 신고서 데이터에 따라 수출기업에 대해 환급처리하고 환급한 세금을 조정한다. 이미 수출환급 수속을 한 화물에 대해 선적일로부터 2개월내 통관말소 수속을 밟지 않거나, 실제로 화물을 수출하지 않은 것으로 보이거나, 이미 환급한 금액에 대한 추징을 한 경우는 더 이상 선적항 세금환급 정책을 향유할 수 없다.

만약 화물이 출항항에 운반되지 않고 수출되면, 해관은 수출화물 신고서를 철회하고, 이미 서명하여 발송한 환급 세금 증명을 취소하며, 해관 총서는 국가세무총국에 상응한 전자 데이터를 제공한다. 이미 수출 환급 수속을 한 화물에 대해서는 기업은 현행 규정에 따라 해관에 세무기관이 작성, 발행한 화물 보증세 혹은 미환급 증명서를 제공해야 한다.

## 5. 지방정부 자체 세수 및 우대정책 자율 권한 통제 결정

### (1) 지방정부의 외자유치를 위한 우대정책 재검토 지시

중국 정부는 지방정부가 외자 유치 등을 위해 취하고 있는 토지 구입 등 관련 각종 세금 우대정책을 철폐할 것임을 천명하였다. 세금우대정책 철폐 대상범위에는 기업에 대한 세금 감면, 행정적 비용 징수 유예, 정책성 기금 및 사회보험료 납부 유예 등 지방차원의 세금우대정책 등이 포함된다.

2014년 11월 말 발표된 국무원 62호 문건《국무원의 세수 등 우대정책 정리 및 규범화에 관한 통지》에 따르면 각 성급 인민정부와 관련 부문은 2015년 3월 말까지 재정부에 당해 성(시, 구) 및 해당 부문의 세수 등 우대정책 정리 상황에 관한 전문보고서를 작성 제출하고, 재정부가 이를 취합하여 국무원에 보고해야 한다.

2014년 12월 25일 재정부가 발표한《현존 세수혜택 등 우대정책의 규범 및 철폐에 관한 통지》에 따르면 규정에 위반되는 우대정책은 폐지되고, 법률에 어긋나지 않는 우대조치 및 정책들은 각 부서의 타당성을 고려한 뒤 일정한 기간 동안만 집행할 것이며, 국무원의 허가를 거치지 않은 정책들은 일괄적으로 철폐될 것이라고 하였다. 구체적으로 법률에 규정된 조세 관리 권한 외에 각 지방정부는 국무원의 비준을 받지 않은 채 스스로 제정한 조세 등 우대정책을 취하지 못하도록 했다.

중앙정부는 각 성·시·현급 재정부에 관련 정책 지침을 전달하여 해당지역에서 자체로 추진하는 세수혜택 등 우대정책들을 엄격하게 심사해야 하며, 철저한 관리감독을 위해 심사감독 및 책임추궁 기관을 설립하여 검토 중에 발견된 문제를 해결하고 검찰 및 사법부를 통해 책임을 물을 것이라고 강조했다. 또한 재정관리 제도의 개선을 위해 기업 및 투자자들에게 지원되는 지출에 대해 엄격한 심사를 진행하며, 기업고발제도와 공시제도를 통해 기업의 투명도와 신뢰도를 높일 것이며, 평가기관과 퇴출기관을 설립하여 효율적이지 못한 정책을 폐지할 것이라고 밝혔다.

중국 정부는 일부 지방 및 부처의 조세 및 재정 우대정책이 산업성장을 촉진했던 측면도 있지만, 시장 질서를 교란하고 국가의 거시조정 정책 효과에 부정적인 영향을 미치는가 하면 중국의 대외적 약속을 위반해 국제무역 마찰까지 초래하고 있다고 지적하였는데, 앞으로 각 지방정부의 토지 매매와 국유자산 거래 등을 통한 세외수입 관리에 더 엄중한 잣대를 적용하고 조세 법정주의를 세우겠다는 강력한 입장을 표명한 것이다. 각종 우대정책을 통해 외자를 유치해 온 기존 정책의 일대 전환이라고 할 수 있다.

## (2) 세수우대정책 정리 잠정 보류

외자기업에 대한 우대제도 재검토 지시가 나온 후에 우려의 목소리가 표출되었다. 2015년 3월 '양회(전인대, 정협)'에서 웨이홍(魏宏) 쓰촨성 성장은 많은 투자 프로젝트가 기 발표된 '세수 등 우대정책 정돈 및 규범화' 대상에 해당되어 제대로 정착되지 못하고 있다면서, 총액 1조 위안에 가까운 프로젝트가 미뤄지고 있다고 지적하였다. 대만 기업들은 2015년 4월말 리커창 총리가 푸젠 자유무역시험구를 시찰할 때 우대 철폐 관련 우려를 전달하였다.

세수우대정책을 정리하려던 계획이 국무원의 한 문건이 발표되면서 잠정적으로 보류되었다. 국무원이 5월 11일 발표한 통지문에 따르면, 국가가 통일적으로 제정한 세수우대정책은 항목별로 순차 적용하고, 기존에 지시했던 세수우대정책 정리에 관한 업무는 향후 별도의 안배가 나온 다음에 진행하라고 통보하였다.

《국무원의 세수 등 우대정책 관련 사항에 관한 통지》(이하 '국무원 25호 문건'이라고 약칭) 제하의 이 문건은 각 지역과 부문이 기존에 시행중이던 우대정책은 규정된 기한 및 권한 한도 내에서 계속 집행한다고 명시하였다. 만약 기한 규정이 없으나 명백하게 조정해야 할 필요가 있는 우대정책은 지방정부와 관련 부문이 '적절한 템포를 유지'하는 것을 원칙으로 삼아 과도기를 설정하고, 이렇게 설정된 과도기 내에서는 계속 집행할 수 있다.

이번 국무원 25호 문건은 각 지방정부가 기업과 체결한 계약에 우대정책이 포함되어 있는 경우 이 조항은 계속 유효하고, 이미 시행되고 있는 부분은 되돌리지 않는다고 명시하였다.

재정부 재정과학연구소 왕저차이(王澤彩) 연구원은 이 결정은 현재 경제 형세에서 하방 압력이 비교적 크다는 점을 고려한 것이라고 밝혔다. 경제가 불안정한 상황에서 지방정부가 세수우대정책을 정리하는 업무를 제대로 추진하기 어렵기도 하고, 또한 세수우대정책 정리를 잠시 미룸으로써 기업이 향후 상황을 안정적으로 예측할 수 있게 하려는 의도라는 것이다.

### (3) 지방정부의 외자 유치를 위한 우대정책 전망

중국 전문가들은 현대적인 재정 체제를 수립하고 법정 세수제도를 실현한다는 목표와 18기 3중전회 및 4중전회의 결정을 완수하기 위한 장기적 목표에 이르기까지 종합적으로 고려할 때, 기존에 발표되었던 62호 문건을 추진하는 것은 반드시 필요한 일이라고 지적하고 있다. 세제를 통일하고 규범화하기 위해서는 지방정부가 행정 권력을 이용해 도입한 각종 우대정책은 점진적으로 철폐하고, 그런 다음에 지방정부에 지방세수 관련 입법 권한을 부여하는 문제를 연구하는 것이 순서이기 때문이다.

실제로 '양회'에서 러우지웨이(楼継伟) 재정부 부장은 기자 회견에서 세수우대정책 정리 시기와 속도는 아직 최종적으로 확정되지 않았다고 답변하면서, 경제가 하방 압력을 겪고 있는 현 시점에서는 (우대정책) 정리 속도 또한 실제 상황을 고려해 적절하게 조정해야 한다고 말하였다.

중국 중앙정부는 상하이 자유무역시험구에서 네거티브 리스트와 내국민 조항이 도입되면서 내외자 동일 원칙이 적용되고 있는데, 외자기업에 우대를 주는 것은 자국기업에 대한 역차별이라고 인식하고 있다. '중국의 꿈'을 기치로 제조업 등을 육성하고 국내 기업을 키우려는 시진핑 정부의 전략의 연장선상에 있다는 분석도 있다.

### 제5절 서비스 부문 개방 확대

《중국(상하이) 자유무역시험구 총체 방안》에서 금융, 항운, 비즈니스, 전문, 문화 및 사회 서비스 등 6개 영역 18개 항에 걸쳐 서비스 시장 개방 방침이 발표되었다. 그 후 네거티브 리스트 개정, 31개 조 및 27개 항이 발표되고 분야별로 세칙이 발표되면서 서비스 시장 개방이 지속적으로 확대되고 있다.

# 1. 금융 서비스 개방

## (1) 보험 시장

상하이 자유무역시범구 내 해상보험회사 지점 설립, 고위임원 관리 간소화 추진을 위해 2014년 5월 보험관리감독위원회(이하 '보감위')는《중국(상하이) 자유무역시험구 발전을 위한 보험감독 사무국 행정허가업무 간소화 통지》를 발표하였다. 상하이 항운보험협회에서 시범적으로 항운보험협회 조례를 제정하여 기업이 등록 후에 자율적으로 활용할 수 있게 하였다.

또한, 상하이 항운보험 운영센터, 재보험 회사가 상하이 자유무역시험구 내 지점 설립 시 필요한 허가제를 폐지하여 상하이 보감국이 등록, 관리토록 하였으며, 자유무역시험구 내 설립된 '보험회사 지점의 고위임원 자격 관련 심사허가제'를 폐지하여 상하이 보감위가 등록, 관리토록 하였다.

8월 7일에 상하이 보감위는《중국(상하이) 자유무역시험구역 보험기업 및 고급임원에 대한 등록관리 방법》을 발표하여 중국 '보감위'가 발표한 통지에서 한걸음 더 나아가 항운보험 회사 설립 및 고위 임원 관리를 보다 간소화하기 위해 상하이 자유무역시험구 내 보험회사 지점 설립 시 심사비준 기간을 20일에서 3일로 단축하고 등록서류를 11개에서 7개로, 주소 변경시 등록서류를 6개에서 4개로, 고위임원 자격 등록서류를 9개에서 5개로 축소하였다.

중국 보험감독위원회(CIRC)는 2014년 7월 8일《중국 보험산업의 사회적 책임》에 대한 백서를 발표하였으며, 2020년 수입보험료가 4조 5500억 위안에 달해 미국에 이어 세계 2위의 보험대국으로 도약할 것으로 전망하였다. 8월 13일 국무원은 보험업에 대한 국가발전 전략인 《현대 보험서비스업 발전 촉진에 관한 약간의 의견》('신국10 조')를 발표하였으며, 주요 내용은 양로보험의 시장화, 책임보험 모델 발전, 거대 재해보험 체제 구축, 삼농(三農 : 농촌, 농업, 농민) 관련 보험상품 개발 및 보험업 개혁개방 등이다.

이어서 11월 21일 상하이시는 《현대 보험서비스업 발전 촉진에 관한 약간의 의견을 관철하기 위한 실시 의견》(상하이판 '신국10조')을 관련 기관에 시달하고 12월 발표하였으며, 상세한 보험업 발전을 위한 중점 업무 추진 시간표도 아울러 발표하였다. 2020년까지 상하이 경제사회 발전 수요에 상응하는 현대 보험체계를 구축하여 전국에 복제해 나갈 것임을 밝혔다. 상하이 자유무역시험구에 외자 전문 건강의료 보험기관 을 시범적으로 설립하도록 지원해 나가겠다는 입장도 표명하였다.

### (2) 금융 리스

금융리스 전문 자회사 설립 허용 : 중국 은행업관리감독위원회는 2014년 3월 13일 《금융리스 회사 관리 방법》을 발표한 데 이어 2014년 7월 11일에는 《금융리스 회사 전문 자회사 관리 임시 실행 규정》을 제정하여 은감위 분국과 금융리스 회사에 통보하였다. 이 규 정에 따르면 전문 자회사는 금융리스 회사가 중국 경내의 자유무역 시험구, 보세지역 및 해외에서 특정 분야의 금융리스 업무에 종사하 기 위해 법률 법규에 따라 설립한 금융리스 전문 자회사를 말한다. 특정 분야는 금융리스 회사가 이미 영업 중인 상대적으로 성숙한 금 융리스 업무 분야를 말하며, 항공기, 선박 및 은감위가 인정한 기타 리스 분야가 해당된다.

금융리스 회사의 중국 경내 전문 자회사 설립 최저 자본금은 5,000만 위안 혹은 같은 가치의 자유 환전 가능 화폐라고 규정되어 있다. 그런데,《중국(상하이) 자유무역시험구 총체방안》에서는 항공기, 선박 관련 금융리스 회사가 시험구 내에 설립한 자회사는 최저 자본금 규제를 받지 않는다고 규정하고 있다. 또한,《자유무역시험구 금융리스 정책 총합》에서도 시험구 내 설립된 금융리스사의 특정 목적 자회사(SPV 공사)에 대해 최저 자본금 제한제를 두고 있지 않는다고 하였다.

이밖에도《자유무역시험구 금융리스 정책 총합》에서는 자유무역시험구 금융리스 회사는 그 회사의 주업무와 관련한 상업팩토링 업무를 겸업할 수 있으며, 자유무역시험구에 등록한 금융리스 회사 혹은 금융리스 회사가 시험구에 설립한 특정 목적 자회사(SPV 공사)는 금융리스 수출 환급세 시범 범위에 포함된다고 명시하여 금융리스 관련 다양한 편의를 제공하고 있다.

금융리스 회사의 상업팩토링 관리 : 2014년 2월 24일 상하이 자유무역시험구 관리위원회는《중국(상하이) 자유무역지구 상업팩토링 관리 잠정방법》을 발표하였다. 상업팩토링 기업은 다음과 같은 여섯 가지 조건에 부합되어야 한다고 규정하고 있다. 첫째, 투자자는 팩토링 업무 또는 관련 경력이 있어야 한다. 둘째, 투자자는 팩토링 업무가 가능한 자산규모 및 자금력을 갖추어야 하고 건전한 관리제도 및 완벽한 리스크 관리 규정이 있어야 하며 최근 기업 운영상 위법 행위가 없어야 한다.

셋째, 기업 설립 신청 시에 금융 분야에서 관리 경험이 있고 신용불량 기록이 없는 2명 이상의 고급관리 인원이 있어야 하고, 넷째, 기업은 회사 형식 설립 시 출자 자본은 5,000만 위안 이상이어야 하며 100% 현금 방식으로 출자하여야 한다. 다섯째, 리스크 평가, 관리 감독 규정 등의 완벽한 내부 리스크 제도가 있어야 한다. 여섯째, 팩토링 업무를 겸업하는 융자리스사는 상술한 조건 이외에 융자리스사 설립 규정에 부합하여야 한다.

이어서 상하이 자유무역시험구 관리위원회는《중국(상하이) 자유무역지구 상업팩토링(융자리스와 상업팩토링 업무 겸업) 업무 고지》를 발표하였는데, 중국 내 투자 설립 1년 이상 경과한 내자기업, 외국기업 및 기타 경제 주체는 독자, 합자 및 합작 형식으로 자유무역시험구에 내자 상업팩토링 기업 혹은 외상 상업팩토링 기업을 설립할수 있다고 규정하고 있다. 기업 설립 신청 조건은《상업팩토링 관리 잠정방법》규정과 대동소이하나 최소한 3년의 금융 관련 경력이 있는 관리자 요건이 추가되었다.

## 2. 항운 서비스 개방

### (1) 비중국 국적선 연안항만—상하이항 환적 허용

2013년 9월 30일《교통운수부의 상하이 중자 비중국 국적선 국제운항선박 연안운송 시범실시에 관한 공고》가 발표되었으며, 다음과 같은 내용을 규정하고 있다. 중자해운회사가 자체소유(全資)하거나, 최대 주주인 비중국 국적의 국제운항 선박이 대외수출입 컨테이너의 상하이항을 국제 환적항으로 한 중국 내 대외 개방항만과 상하이항 간의 운송 업무를 허용한다. 중자회사는 중국 경내에 등록되어 있으며 중화인민공화국 국제해운조례에 의거하여 '국제정기선 운수경영 자격등기증'을 보유하고 국제해운업에 종사하는 기업이다.

선박이 중자해운회사가 경외독자투자회사를 통해 간접 보유한 선박일 경우, 중자해운회사가 해당 경외투자회사에 대한 투자증명 및 해당 경외회사의 선박 소유(혹은 지분소유) 증명과 중자해운회사가 해당 선박을 임대한 증명서가 필요하다. 상기 업무 허가 신청자는 신청 선박의 임대행위를 금지하며 적발 시 해당업무 자격을 취소한다.

중국은 국제적인 카보티지(Cabotage : 외국적선 혹은 외국적기의 자국 내 운송 금지) 관례와 자국의 국제해운조례 등 관련 법률에 근거하여 연안운송을 중국 선사의 중국적선에게만 허용해 왔다. 전문가들은 향후 중국선사들이 비중국 국적선을 이용해 수출입 컨테이너의 상하이와 기타 연안항만 운송이 가능해짐에 따라 선박 이용률을 높일 수 있게 되었으며, 연안 피더선사 이용 및 홍콩, 부산항 등 외국 환적항을 이용하는 불편함과 부대비용을 절감할 수 있게 되었다고 평가하였다. 또한, 화주 역시 더욱 다양한 운송 스케줄을 확보하고 물류원가 절감이 가능하게 되었으며, 상하이항으로서도 환적 물동량의 증가와 관련 물류업무 발전을 기대할 수 있게 되었다고 평가하였다.

### (2) 국제선박 관리 업무

2014년 1월 27일 교통운송부는《중국(상하이) 자유무역시험구 국제선박 운수 및 국제선박 관리업무의 외상 투자비율 확대 실시방법에 관한 공고》를 발표하였다. 국무원 교통운송 주무부서의 비준을 받아 상하이 자유무역시험구 내에 설립된 외상투자비율이 49%를 초과하는 중외 합자, 합작 기업 및 그 기업이 보유하거나 실제 경영하고 있는 선박은 중국 항구를 출입할 수 있는 국제선박 운송 업무를 할 수 있게 되었다.

상하이시 교통운수 주관 부서의 비준을 받아 자유무역시험구에 설립된 외상독자기업은 국제선박 경영업무를 할 수 있다고 규정하였다. 외상독자기업에게 국제선박 경영업무를 허용한 것은 평가할 만하며, 중국 국내 기업들에게 충격이 되겠지만 경쟁을 통해 관리수준을 높이려는 의도가 작용한 것으로 분석된다.

2014년 9월 4일에 발표된 상하이 자유무역시험구 내 외국인 투자 진입 확대를 위한 관련 행정 규정 잠정 조정조치(27개 목록)에서 외국기업에게도 독립된 자본으로 국제해운 하역, 국제해운 컨테이너 터미널 및 야적 업무 종사를 허용하였다. 또한 외상이 합작, 합자 형식으로 국제선박 대리 업무(선박회사와의 대리점 계약에 의해 선박회사를 위해 집하, 운항, 선박 입출항 사무를 대리하는 업자)에 종사하는 것을 허용하였으며, 외국자본의 지분은 기존 49%에서 51%까지로 제한이 풀렸다.

## 3. 비즈니스 서비스 개방

### (1) 부가가치 통신 서비스

공업정보화부와 상하이시 정부는 2014년 1월 6일 공동으로 《중국(상하이) 자유무역시험구 부가가치통신 업무의 진일보 개방에 관한 의견》을 발표하였는 데, 그 내용은 다음과 같다. 첫째, WTO에 개방을 이미 약속하였으나 외자 비율이 50%를 초과하지 않은 통신서비스 업무, 저장전송유형 업무 등 두 개 부문에서 외자비율 50%를 초과하여 시행할 수 있다. 그 중 통신서비스 업무는 응용상에 제한한다.

둘째, 콜센터 업무, 국내 다자통신서비스 업무, 인터넷접속 서비스 업무, 국내 인터넷가설 전용망 업무 등 4대 업무가 시범적으로 추가 개방되었다. 그중에서 콜센터 업무, 국내 다자통신서비스 업무, 인터넷접속 서비스 업무는 외자 지분이 50%를 초과할 수 있으나, 국내 인터넷 가설전용망 업무는 외자 지분 비율이 50%를 초과할 수 없다.

셋째, 온라인 데이터 처리와 교역처리 업무(경영류 전자상거래)는 외자 지분비율이 55%를 초과해서는 안된다. 넷째, 상술한 전신업무 경영 신청의 기업 주소지와 서비스 시설은 반드시 시험구 내어야 한다. 인터넷 접속 서비스 업무의 서비스 범위는 시험구 내로 한정되고, 기타 업무의 서비스 범위는 중국 전역에 가능하다.

이어서 공업정보화부는 2014년 4월 15일《중국(상하이) 자유무역시험구 외상투자경영 부가가치통신업무 시범관리 방법》을 발표하였는데, 시험구 외상투자기업이 부가가치통신 업무를 신청할 경우에는 다음과 같은 조건에 부합되어야 한다. 경영자는 시험구에 법에 의거하여 기업을 설립하여야 하며, 경영 활동에 상응하는 자금과 전문인원이 있어야 하고, 등록자본 최저 한도액은 100만 위안이며, 장소와 시설, 기술방안 및 정보네트워크와 정보안전보장 제도와 조치가 필요하고 서비스 시설은 반드시 시험구 내에 설치되어야 한다. 그리고 기업 및 주요 투자자와 주요 경영관리 인원은 3년 동안 통신 관리감독 제도 위반 기록이 없어야 한다.

2015년 1월 13일 공업정보화부는《중국(상하이) 자유무역시험구 내 온라인 데이터 처리와 교환 처리 업무(경영류 전자상거래) 외자 지분 비율 제한에 관한 통고》를 통해 상하이 자유무역시험구에서 시험적으로 실시하고 있는 경영류 전자상거래 기업의 외자지분 비율 100%가 가능하다고 발표하였다. 전문가들은 경영류 전자상거래 기업의 외자지분 비율이 지금까지는 55%였으나 이제 100%가 되어 외자가 상하이 자유무역시험구에서 독립적으로 전자상거래 웹사이트를 설치할 수 있게 됨으로써 부가가치 통신 업무 부문에서 진일보한 개방이 실현된 것으로 평가하였다.

### (2) 오락기, 연예기기 판매 및 서비스

2013년 9월 29일 문화부가 관련 기관에 시달한 《중국(상하이) 자유무역시험구 문화시장 관리정책에 관한 통지》는 외자기업의 오락연예 설비의 생산 및 판매 종사를 허용하고, 문화 주관 부서의 내용 심사를 통과한 오락연예 설비는 중국 국내시장에 판매가 가능하다고 규정하였다. 국내에 판매하는 오락연예 설비는 《오락 장소 관리 조례》 제13조가 금지한 내용이 포함되어서는 안되며, 오락연예 설비 외관, 내용, 오락 방법 설명은 중국에서 통용되는 문자를 사용하여야 한다.

2014년 4월 10일 상하이시 정부 판공실이 관련 기관에 통보한 상하이시 문화방송텔레비전관리국, 상하이시 공상관리국, 상하이시 공상행정관리국, 상하이시 질량기술감독국, 상하이해관, 자유무역시험구 관리위원회 등 5개 기관이 3월 31일 공동으로 제정한 《중국(상하이) 자유무역시험구 문화시장 개방항목 실시세칙》에서도 외자기업에 오락연예 설비의 생산 및 판매 종사를 허용하고, 문화 주관 부서의 내용 심사를 통과한 오락연예 설비는 국내시장에 판매가 가능하도록 규정하였다. 국내시장에 판매하는 오락연예 설비는 합법적인 지적재산권을 보유하고 있어야 하며, 과학, 예술, 인문지식 전파에 유리하고, 청소년의 건강한 성장에 유익해야 한다.

중국 정부가 청소년의 게임중독을 방지하기 위해 2000년 6월에 《전자게임 경영허가장소 특별 프로젝트 관리에 관한 의견》을 낸 이후에 모든 전자게임기 및 관련 부품의 생산판매가 중단되고 금지되고 있었으나, 총체방안 및 상기 세칙 발표로 인해 상하이 자유무역시험구를 통해 중국에서 약 14년 만에 게임 산업이 다시 허용된 것이다. 자유무역시험구 내 외자기업의 오락연예 설비의 생산과 판매 종사가 허용되고, 문화 주관부서에 의해 내용에 관한 심사에 통과한 오락연예 설비는 중국 국내시장에서 판매할 수 있게 되었다.

## 4. 전문 서비스 영역 개방

### (1) 변호사 서비스

사법부는 상하이시 사법국이 자유무역시험구에서 변호사서비스 업무개방 관련 문의한 데 대해 2014년 1월 27일《중국(상하이) 자유무역시험구에서 중외 변호사 사무소 업무협력 방식과 시범 업무 방안 동의에 관한 회답》을 시달하는 형식으로《상하이시 사법국의 중국(상하이) 자유무역시험구에서 중외 변호사 사무소 업무협력 방식과 시범 업무 방안》을 추진하도록 조치하였다.

상하이 자유무역시험구에 설립된 대표처의 외국변호사 사무소가 중국 변호사 사무소와 협의방식으로 변호사를 상호 파견하여 법률고문을 맡는 것을 허용하였다. 즉, 중국 변호사 사무소는 외국 변호사 사무소 대표처에 중국 집업(執業) 변호사를 파견하여 중국 법률고문을 맡도록 하고, 외국 변호사 사무소는 중국 변호사 사무소에 외국 변호사를 파견하여 외국 법률고문을 맡도록 하며, 각자 업무 범위, 권한 내에서 분공 협력 방식으로 업무 협력을 전개할 수 있다.

외국 변호사 사무소의 중국 변호사 사무소와의 상하이 자유무역시험구 내 연합경영(聯營)을 허용하였다. 즉, 이미 중국에 대표처를 설립한 외국 변호사사무소는 중국 변호사사무소와 협의에서 약정한 권리와 의무에 따라 상하이 자유무역시험구 내에서 연합경영을 실시하며, 분공 협력 방식으로 중외 고객에게 각자 외국법률 및 중국법률 적용에 관계되는 법률서비스를 제공한다. 연합운영 기간, 쌍방의 법률지위, 명칭 및 재무는 독립을 유지하며, 각자 독립적인 민사책임을 진다.

상하이시 사법국 인사는 언론과의 인터뷰에서 2009년부터 상하이시 법률시장의 점진적인 개방 문제를 조사연구해 왔으며, 이번 조치는 개방의 첫걸음에 해당되고, '원스톱식' 국경 간 법률서비스 제공 요청에 부응하되 중국의 현 법률시장 개방 원칙을 넘지 않도록 하였다고 설명하였다. 최종 개방 목표에 대한 기자 질의에 대해 사법부의 본의는 안정적이고, 점진적이며, 통제 가능한 원칙하에 점진적인 개방을 추진할 것이라고 말하였다.

이어서 2014년 11월 18일 상하이시 판공실은 상하이시 사법국이 제정한 《상하이 자유무역시험구 중외 변호사사무소 법률 고문 상호 파견 실시 방법》과 《상하이 자유무역시험구 중외변호사사무소 연합 경영에 관한 방법》을 발표하였다. 법률고문 상호 파견 협조를 하는 중외 법률사무소는 최소한 일방이 자유무역시험구에 기관을 설립하여야 한다. 즉 외국 법률사무소가 자유무역시험구에 대표기구를 설립하거나 중국 법률사무소(혹은 분소)가 자유무역시험구에 설립되어야 한다.

중국 혹은 외국 법률사무소는 외국 혹은 중국 법률사무소와 법률고문만을 파견하는 법적관계이며, 법률고문 상호 파견은 상하이시 사법국에 등록을 하여야 하고, 중국 법률사무소와 외국 법률사무소간 법률고문 파견수는 3명을 초과하지 못한다. 또한 중국 법률사무소의 경우 사무소 설립 3년 이상, 전임(專職) 집업(執業) 변호사 20명 이상 구비 등 요건에 부합하여야 하며, 외국 법률사무소의 경우 상하이 대표처 설립 3년 이상 및 상하이에 대표처가 설립되어 있어야 하고 최근 3년간 중국 감독 부서의 행정처벌 경력이 없어야 한다.

상하이시 사법국 왕시에(王協) 부국장은 변호사를 파견하여 법률고문을 공유하는 협력체계는 중국 혹은 외국 변호사가 파견업체 고객들에게 법률 자문은 물론 대리 업무를 제공해주는 것이라고 설명하고, 이와 같은 협력체계는 중국과 외국 법률사무소 모두 업무범위를 확장하고 중외간 법률분쟁 해결에도 긍정적으로 작용할 것이라고 말했다.

## (2) 회계사 사무소 분소 설립

회계사 개방은 총체방안의 23개 서비스 개방 조치에 포함되지 않았지만 2014년 4월 4일 재정부는 《중국(상하이) 자유무역시험구에서 회계사 분소 설립과 시범업무 전개 지지에 관한 통지》를 통해, 시험구에서 회계사 개방에 관한 조치를 발표하였다. 유한조합(合夥制) 혹은 특수유한조합제도(特殊普通合夥)로의 제도 전환 후 1년이 경과하고, 내부 통합 조정이 효과적으로 진행되고 안정적인 회계사 사무소는 상하이 자유무역시험구에 1개 분소를 설립할 수 있으며, ○○회계사사무소 상하이시 자유무역시험구 분소 혹은 상하이 ○○회계사사무소 자유무역시험구 분소'라는 명칭을 사용할 수 있다.

상하이시에 본사를 두고 있는 회계사 사무소 경우에는 본사가 상하이 자유무역시험구에 설립된 분소를 총괄 관리한다. 기타 성(자치구, 직할시)에 본사를 두고 이미 상하이시에 분소를 설립한 회계사 사무소 경우에는 상하이시 분소에서 상하이 자유무역시험구에 설립된 분소를 직접 관리하고 상하이시 분소의 책임자가 상하이 자유무역시험구 분소의 책임자를 겸임한다.

기타 성(자치구, 직할시)에 본사를 두고, 동 '통지'가 시행되기 전에 상하이시에 분소를 설립하지 않은 회계사 사무소가 상하이 자유무역시험구에 분소 설립 신청을 할 경우에는 관련 기관은 상하이시 분소 설립 신청은 수리하지 않는다. 회계사 사무소는 상하이 자유무역지구에 설립된 분소에 대해 '통합 관리'을 강화해야 하며 연도등록정보에 상하이 자유무역지구 분소에 대한 업무 진행 상황을 별도로 표시해야 한다.

### (3) 신용조사

《중국(상하이) 자유무역시험구 총체방안》에서 외상투자 신용조사회사의 설립을 허용한 후 2014년 1월 6일 국무원은《중국(상하이) 자유무역시험구 내 행정 법규 및 국무원 문건의 행정 비준 혹은 진입 특별 관리 조치 잠정 조정에 관한 결정》을 반포하였으며, 동 결정을 통해 상하이 자유무역시험구 내《정신업 관리 조례》를 잠정 정지 조치를 취하고, 상하이 자유무역시험구 외상투자 신용조사 회사 설립을 허용하고 정신업 관리감독 부문에서 관련 관리 방안을 마련하도록 하였다.

### (4) 여행사

2014년 3월 14일 국가여유국은《중국(상하이) 자유무역시험구 건설 지지에 관한 의견》을 발표하였다. 총체방안의 정신 및 시험구 실제상황에 의거하여 개혁혁신, 선행선시 원칙에 따라 다음과 같이 의견을 제시하였다. 첫째,《여유법》과《여행사 조례》규정에 따라 상하이시 여유국에 외상의 상하이 내 중외합자경영여행사, 중외합작경영

여행사 및 외자여행사 설립 수리 및 비준을 위탁한다.

둘째, 중외합자여행사가 등록처를 자유무역시험구로 이전하면 그 취득 경영 허가 기한은 동 여행사가 시험구로 등록처를 이전하기 전에 설립된 시점부터 기산한다. 셋째, 외상투자출경여행사(出境遊組團社)가 중외합자여행사로 되고 자유무역시험구로 등록처를 이전한 경우, 이 출경 여행사(組團社)가 취득한 경영허가 자격은 유효하지 않고, 중외합자여행사가 취득한 경영허가 시점부터 설립 기한을 기산한다.

그 후 상하이 자유무역시험구 관리위원회가 발표한《중국(상하이) 자유무역시험구 중외합자 여행사 설립 및 출경 여행업 심사허가 고지단》에 의하면 고정적인 영업장소 및 영업 시설, 최소한 30만 위안의 등록자본, 필요한 경영 관리인원, 필요한 가이드 인원 등을 구비하여야 설립을 신청할 수 있다고 규정하고 있다. 공증한 외자투자자 주체의 자격증 혹은 신분증 및 중문 번역 자료 등을 제출하여야 하는데 투자 측이 소재하는 공증 기관의 등록 증명 공증 자료와 중국 현지 대사관, 영사관의 등록 증명 및 공증 자료에 대한 인정 설명 문건을 제공하여야 한다고 규정하고 있다.

### (5) 인재 중개

《중국(상하이) 자유무역시험구 인재중개기관 설립 고지단》에 의하면 자유무역시험구 내 외상합자 측 지분이 70%를 초과하지 않은 한도 내에서 중외자 합자 인재기관 설립을 허용한다. 홍콩마카오 서비스 제공자에도 독자 인재중개 기관 설립을 허용하였다. 시험구 내 외자인재중개회사 요구 등록 자본을 30만 달러에서 12.5만 달러로 낮추었고, 외국투자자는 3년 이상 인재중개 업무에 종사한 경력이 있어야 하며, 중국 측 투자자는 설립 기한이 3년 이상이 된 인재기관이어야 한다.

여행사 설립과 마찬가지로 공증한 외자투자자 주체의 자격증 혹은 신분증 및 중문 번역 자료 등을 제출하여야 하는데 투자 측이 소재하는 공증 기관의 등록 증명 공증 자료와 중국 현지 대사관, 영사관의 등록 증명 및 공증 자료에 대한 인정 설명 문건을 제공하여야 한다고 규정하고 있다.

### (6) 투자 관리

《중국(상하이) 자유무역시험구 총체방안》에서 규정한 주식제 외자투자기업 설립 허용은 사회에서 자금을 모집하고 외자 투자성 기업의 자본력과 투자경영 능력을 강화할 수 있다는 의미이다. 《중국(상하이) 자유무역시험구 주식제 외자투자성 회사 설립 고지단》에 따르면 신청조건은 신청 1년 전 투자자의 총자산이 4억 달러 이상이어야 하며, 동 투자가가 중국 내에 이미 외상투자 기업을 설립하여 실제 납입한 등록 자본 출자액이 1,000만 달러를 초과하거나 투자자가 중국 내에 10개 이상의 외상투자 기업을 설립하고 있고, 실제 납입한 등록 자본 출자액이 3,000만 달러를 초과하여야 한다.

합자방식으로 설립하는 투자성 회사는 신청 1년 전 중국 투자자의 자산총액이 1억 위안을 넘어야 한다. 설립을 신청한 투자성 회사의 외국투자자는 외국 회사, 기업 혹은 외국 조직이며, 외국투자자가 두 개 이상일 경우, 그 중 최소한 하나의 큰 지분을 점유한 외국투자자는 상술한 규정에 부합하여야 한다. 투자성 회사의 등록 자본은 3,000만 달러를 넘어야 한다.

설립 신청 시에 공증한 외자투자자 주체의 자격증 혹은 신분증 및 중문 번역 자료 등을 제출하여야 하는데, 투자 측이 소재하는 공증 기관의 등록 증명 공증 자료와 중국 내 현지 대사관 혹은 영사관의 등록 증명 및 공증 자료에 대한 인정 설명 문건을 제공하여야 한다고 규정하고 있다.

## (7) 공정 설계

WTO 규정에 따라 중국은 외상투자 공정설계기업의 중국 시장 진입이 허용되었으나 일정한 진입 제한이 있었다. 즉, 외상 공정설계 기업이 최초로 공정설계 자격(資質)을 신청할 때 외국서비스 제공자(외국투자자)는 중국 이외에서 완성한 두 개 이상의 공정설계 업무실적을 제출하여야 하며, 그중에서 최소한 한 개 공정설계 실적은 그 기업 소재 국가 혹은 소재 지역에서 완성되어야 한다고 되어 있었다. 《중국(상하이) 자유무역시험구 총체방안》에서는 상하이시에 서비스를 제공하는 외자공정설계(공정탐사 불 포함) 기업에 대해 최초 자격 신청시 투자자의 공정설계 실적 요구를 취소한다고 규정하였다.

2013년 9월 27일 《중국(상하이) 자유무역시험구 외상투자 건설공정기업 설립 관련 통지》가 관련 기관에 시달되었다. 동 통지에서 말하는 외상투자 건설공정 기업은 중국 법률, 법규에 의거하여 시험구에 설립된 외상투자 건설공정 기업, 외상투자 건축업 기업이며, 이들 기업은 그 자격(資質) 등급에 따라 허가된 범위에서만 프로젝트 수행이 허용되며, 시험구에 설립된 기업이 상하이시의 중외연합 건설 프로젝트를 도급받은 경우에는 프로젝트를 건설하는 중외 측 투자비율 제한을 받지 않는다고 규정하고 있다.

이어서 《중국(상하이) 자유무역시험구 관리위원회 외자공정설계기업 설립 고지단》이 발표되었는데, 중외합작 경영 건설공정 설계기업의 중방 경영자의 출자 총액은 등록 자본의 25% 보다 적어서는 안된다고 규정하였다.

### (8) 건축 서비스

총체방안에서 시험구 내 외상독자 건축기업이 상하이시의 중외연합 건설프로젝트를 수주한 경우 건설프로젝트의 중외 투자비율 제한을 적용하지 않는다고 규정하였다. 2002년 반포된《외상투자 건설공정설계 기업 관리규정》에 따르면 외상투자 건축기업은 네 개의 도급공정이 허용되었다. 첫째, 전부 외국투자, 외국 증정차관, 외국투자 및 증정차관으로 이루어지는 건설 공정이다. 둘째, 국제 금융기관이 자금을 원조하고 차관조항에 근거하여 진행되는 국제 입찰공고를 받은 건설항목이다.

셋째, 외자가 50% 혹은 50% 초과하는 중외연합 건설항목 및 50%에 미치지 못하나 기술적인 곤란으로 중국 건축기업이 독립적인 실시가 불가능하여 성, 자치구, 직할시 정부 건설부문 비준을 받은 중외연합건설 항목이다. 넷째, 중국 투자이나 기술적인 곤란으로 중국 건축기업이 독립적으로 실시하기에 불가능한 건설항목은 성, 자치구, 직할시 정부 건설 주관 부문의 비준을 경유하여 중외건축기업 연합도급을 한다. 상하이 자유무역시험구를 통한 외상독자건설기업에 대한 중외연합 건설항목 도급 시 투자비율 제한 완화는 중국 건축시장의 경쟁과 규범화를 촉진할 수 있는 조치로 평가된다.

《중국(상하이) 자유무역시험구 관리위원회 건축기업 설립 고지단》은 보다 구체적으로 규율하고 있다. 자유무역시험구 내 외상독자기업이 상하이시의 중외연합 건설항목 도급 시 건설항목의 중외 측 투자비율 제한을 받지 않는다. 중외합자경영 건축기업, 중외합작경영 기업 중방합영자의 출자액은 등록자본의 25% 보다 낮아서는 안된다. 외자건축기업은 그 자격(資質)등급 허용 범위 내에서 아래 공정만 허용된다. 첫째, 자유무역시험구 내 외상독자건축기업이 중외 연합건설

항목을 도급받을 경우에 중외자 비율 제한을 받지 않는다. 둘째, 중외 합자 경영 건축기업, 중외합작경영 건축기업의 중방 합영자의 총 출자액은 등록 자본의 25% 보다 적어서는 안된다.

셋째, 외자 건축 기업은 그 자격(資質) 등급 허가 범위에서 아래 공정만 허용된다. 전부 외국투자, 외국 증여차관, 외국투자와 증여차관으로 인한 투자, 국제 금융기관이 원조하고 차관 조항을 통해 진행되는 국제 입찰공고로 이루어지는 건설 항목, 외자가 50% 이상인 중외연합건설 항목과 성, 자치구, 직할시 인민정부 건설 주관 부서의 비준을 거친 중외연합건설 항목 및 중국 투자로 이루어지나 기술 곤란으로 중국 건축 기업이 독립적으로 실시하기 어려운 건설항목은 성, 자치구, 직할시 인민정부 행정 주관 부서의 비준을 얻어 중외 건축기업이 연합으로 도급받을 수 있다.

## 5. 문화 서비스 개방

### (1) 연출기관

2013년 9월 29일 문화부가 관련 기관에 시달한《중국(상하이) 자유무역시험구 문화시장 관리정책에 관한 통지》에서 시험구 내 외자경영의 연출기관, 연출경영단위 설립을 허용하며, 상하이시에 서비스를 제공한다고 규정하였다.

2014년 4월 10일 상하이시 정부 판공실이 관련 기관에 통보한 상하이시 문화방송텔레비전관리국 등 5개 기관이 공동으로 제정한《중국(상하이) 자유무역시험구 문화시장 개방 항목 실시세칙》에 외자연출기획기관의 지분 비율 제한을 취소하여 외상독자 연출기관 설립을 허용하며, 상하이시 행정구역 내에 서비스를 제공한다고 규정하였다. 즉, 상하이시에 서비스를 제공하는 경우에 한해 자유무역시험구에 설립된 중외합자공연기획사의 외국측 지분 제한을 해제하였다.

### (2) 오락장소

《중국(상하이) 자유무역시험구 문화시장 관리정책에 관한 통지》에서는 시험구 내 합자, 합작, 독자 경영 오락장소를 설립하려면《오락장소 관리조례》,《오락장소 관리 방법》등 관련 법규와 규정에 부합해야 하며, 상하이시 문화 주관 부서에 신청하여야 한다고 규정하고 있다.《중국(상하이) 자유무역시험구 문화시장 개방 항목 실시세칙》에서는 외상독자의 오락장소 설립을 허용하며, 자유무역시험구 내에 서비스를 제공한다고 규정하고 있다.

외상투자 기획사의 지분 비율에 대한 제한을 취소하여 외상 독자 기획사의 설립을 허용하였고 상하이시 범위 내에서 관련 서비스를 제공할 수 있게 되었다. 아울러, 외국자본이 단독으로 오락 장소 설립할 수 있게 허용하고 자유무역시험구 내에서 서비스 제공이 가능하게 하는 등 문화 분야에 대한 외자 진입장벽이 완화되었다.

## 6. 사회 서비스 개방

### (1) 교육훈련, 직업기술 훈련

2013년 10월 30일 상하이시 교육위원회, 상하이시 상무위원회, 상하이시 인력자원 및 사회보장국, 상하이시 공상행정관리국은《중국

(상하이) 자유무역시험구 중외합작 경영성훈련기관 관리 잠정방법》을 제정하였다. 동 잠정방법에서 칭하는 중외합작 경영성 훈련기관은 조건에 부합하는 외국기업 또는 기타 경제조직이 중국기업 혹은 기타 경제조직과 합작하여 설립하고 사회에 비공익성 문화교육 종류 혹은 직업기능 종류의 훈련 서비스를 제공하는 공사제 기업이다.

합작훈련기관은 학력교육과 취학전 교육을 실시해서는 안 되며, 종교, 군사, 경찰, 정치 및 당교 등 특수 영역의 훈련 항목에 종사해서는 안 된다. 합작훈련기관의 명칭에는 '배훈(培訓)'이 들어가야 하며, '학교(學校)', '학원(學院)', '대학(大學)'이라는 말이 들어가는 안 된다. 훈련 기관 설립은 요건에 부합하여야 하며, 최소 설립 자금은 100만 위안이다.

### (2) 의료 서비스

2013년 10월 24일 상하이시 위생계획출산위원회, 상하이시 상무위원회, 상하이시 공상행정관리국은 《중국(상하이) 자유무역시험구 외상독자의료기관 관리 잠정방법》을 제정하였다. 동 잠정방법에서 칭하는 외상독자 의료기관은 외국 의료기관이 실제 다수 지분을 갖는 의료기관, 공사, 기업 및 기타 경제조직이며, 중국 주관 부문의 비준을 거쳐 자유무역시험구에서 독자형식으로 설립된 영리성 의료기관이다.

외상독자 의료기관 설치를 신청한 외국투자자는 독립적으로 민사 책임을 맡을 수 있고, 의료기관 투자 및 관리에 5년 이상 직접 종사한 경험이 있어야 하며, 다음 요건 사항 중 하나에 부합하여야 한다. 첫째, 국제 선진의료기관 관리경험, 관리모델 및 서비스모델을 제공할 수 있어야 한다. 둘째, 국제 선진수준의 의학기술과 설비를 제공할 수 있어야 한다. 셋째, 소재지 의료서비스 능력, 의료 품질, 기술, 자금 및 의료 시설 측면에서의 부족을 보충하거나 개선할 수 있어야 한다. 설립된 외상독자 의료기관은 독립된 법인, 최저 투자 총액 2,000만 위안, 경영기한 20년이라는 조건에 부합하여야 한다.

상기 세칙에서 외국 투자가가 중국 정부의 관련 부서의 비준을 거쳐 상하이 자유무역시험구에 독자 형식의 영리성 의료기관을 설립할 수 있다고 규정하여 외국인이 중국 업체와 합작하지 않고 100% 지분의 의료기관 설립이 가능하게 되었다.

한편, 2013년판 네거티브 리스트에서는 "의료기관 투자 총액이 2,000만 위안 보다 적어서는 안 되고, 지사 기관(分支機構) 설립을 허용하지 않으며, 경영기한은 20년을 초과할 수 없다."라고 규정되어 있었으나, 2014년판 네거티브 리스트에서는 최저 투자 총액 및 경영기한 제한 조건은 없어지고, "지사 기관(分支機構)의 설립을 허가하지 않는다."라는 내용만 남았다. 상하이 자유무역시험구 개방 확대 조치인 31조에서도 외상투자 의료기관의 최저 투자 총액 및 경영기한 제한을 취소하였다.

2013년 12월 30일 국가위생계획출산위원회와 국가중의약관리국은 《사회의 의료기구 개설 능력을 발전에 관한 약간의 의견》을 발표하였다. 경외 자본의 중국 내지에서의 독자(獨資) 병원 개설 범위를 가일층 확대하고, 홍콩, 마카오, 대만의 서비스 제공자의 내지에서의 독자병원 개설 범위를 전국의 지급(地級) 이상 도시로 확대하였다. 그리고 기타 조건에 부합되는 경외 자본도 중국(상하이) 자유무역시험구 등 특정지역에서 독자 의료기구를 설립할 수 있도록 규정하였다.

한편, 상무부와 국가 위생 및 계획생육위원회는 2014년 7월 25일

《외상독자병원 시범 업무 실시에 대한 통지》를 시달하여 베이징시, 상하이시, 톈진시, 장쑤성, 푸젠성, 광둥성, 하이난다오성 등 7개 성, 직할시에서 외국인 투자자가 단독으로 신규 병원을 설립하거나 기존 병원을 인수하는 것을 허용하였다. 단, 홍콩, 마카오 투자자를 제외한 기타 외국인 투자자가 중의학 계통 병원을 설립하는 것은 금지된다.

이 규정의 시행 이전에는 중국에서 외국인 투자자는 중국 병원의 지분을 70%까지만 소유할 수 있었기 때문에, 외국인 투자자는 중국 병원 지분의 30% 이상을 소유할 중국인 투자자를 물색하여 그 중국인 투자자와 공동투자를 해야만 하는 제약이 있었으나, 이 규정의 시행으로 시범 지역에서 외국인 투자자도 단독으로 중국 병원을 소유하고 운영할 수 있게 됨으로써 중국 의료시장에 진출함에 있어서 획기적인 돌파구가 마련되었다고 할 수 있다.

## 제6절 상하이 자유무역시험구 내 행정관리, 분규 해결 제도

### 1. 중재원 설립 및 중재규칙 발표

#### (1) 상하이 자유무역시험구 중재원 설립

2013년 10월 22일 상하이 자유무역시험구 중재원이 설립되어 상하이 자유무역시험구에서 발생하는 쟁의의 해결 및 법률적 보장 등 국제적인 중재법률 서비스를 제공할 수 있게 되었다. 무역, 투자과정에서 분쟁 발생 시 사안의 조속한 처리 및 당사자간 합의 도달을 유도하고, 이를 법적으로 보장하여 해당 기업의 경제적, 시간적 비용을 최소화하기 위해 민·상업적 분쟁을 전문적 인력 및 기관을 통해 해결할 수 있는 기능을 제공한다.

싱가포르, 홍콩 등의 자유무역지역에서 발생하는 상업적 분쟁은 대부분 중재(仲裁)의 형식으로 해결되고 있다. 중재는 외국기업들이 상사(商事) 분쟁을 해결하는 우선적인 방법으로 법원 판결과 다르게 중재결정은 국외 집행 효력을 가지고 있고, 법원의 소송절차와 달리 상소 및 재심 과정이 없다. 그밖에 중재심사는 비공개로 진행되어 상업적 기밀을 보호할 수 있다.

법률의 적용 측면에서 중재는 해당국 법률 중심이 아니라, 당사자 계약서의 특수약정에 기반하며, 다른 국가의 법률 혹은 업계의 공약 적용이 가능하다. 시험구 내 기업들의 분쟁 중에서 법률의 미비로 혹은 법률간 충돌 상황이 발생할 때에 중재의 방법을 택한다면, 국제 통용규칙에 따라 공평하고 합리적인 원칙에 따라 분쟁 조정이 가능하다.

2013년 11월 26일, 중국(상하이) 자유무역시험구 중재원이 최초로 중재심사를 진행했다. 가스 공급계약에 따른 분쟁으로 신청인은 자유무역시험구 내에 등록된 세계 500대 기업인 외국투자기업이고, 피신청인은 중국 태양광 산업의 선도기업 중의 하나이다. 양측이 작성한 약정에 따라 중재업무는 영어로 진행하고, 수석중재위원은 외국인으로 선정되었다. 수석 중재인은 Peter Howard Corne으로 선임되었으며, 복단대학교 천즈동(陳治東) 교수와 천나이웨이(陳乃蔚) 로스쿨 원장이 중재위원으로 참여하였다.

이와 별도로 상하이의 또 다른 중재기구인 '상하이 중재위원회'를 통해 자유무역시험구 내 분쟁에 대하여 당사자간의 합의에 따라 중재가 가능하다. 상하이 중재위원회 측은 한국 측 인사에게 한중 자유무역협정(FTA) 체결과 관련하여 양국 간 투자, 융자, 상품 및 기술 교역이 증가함에 따라 계약체결도 많아지고 분쟁도 늘어날 수 있으므로 중재신청이 증가할 것으로 본다고 언급하였다. 특히, 상사 계약, 특허·상표권 라이센싱 계약 등의 분쟁이 증가할 것으로 예상된다고 하면서, 소송 등 사법 구제 수단에 비하여 저렴한 비용과 신속한 결정 등의 장점이 있는 대안적 분쟁해결 시스템인 중재제도에 한국인 중재위원을 초빙할 계획이 있다고 밝혔다.

### (2) 중재규칙 발표

2014년 4월 8일 상하이 국제무역중재위원회는《중국(상하이) 자유무역시험구 중재규칙》을 발표하고 5월 1일부터 시행에 들어간다고 밝혔다. 중재 임시조치, 개방형 중재원 제도, 긴급 중재청 등의 조치가 도입되었으며, 이번 중재규칙이 자유무역시험구만을 대상으로 하는 중재규칙이라는 점에서 의의가 있다. 상하이 자유무역시험구 중재규칙은 중국 중재법을 기초로 하며, 사안 당사자와 사안의 대상, 민사관계의 발생과 변경, 소멸의 법률사실이 자유무역시험구와 관련이 있을 경우 이 규칙이 적용되고, 사안 당사자가 중재규칙 이외의 다른 규칙에 따른 문제해결을 명시한 경우 그에 따라 해결한다.

과거에는 인민법원만이 임시조치를 취할 수 있었으나 상하이 자유무역시험구 중재규칙은 중재청과 긴급 중재청이 모두 임시조치를 취할 수 있다고 명시되어 있으며, 재산보전, 증거보전, 행위보전과 법률이 규정한 기타 조치에 대해서도 임시조치를 취할 수 있다. 중재규칙과 집행지역의 법률이 충돌할 경우 행정지 법률이 우선 적용된다. 긴급 중재청 제도는 긴급 상황일 경우 사안 당사자를 위해 긴급 임시구제 제도를 제공하는 것으로 당사자가 중재안건 수리 후부터 중재청이 구성되기 전까지 임시조치를 취해달라고 신청하면 신청이 받아들여지고 중재청이 조성되면 임시 중재청은 해산된다.

일반적인 중재기구는 중재위원 리스트상의 중재위원만으로 중재청을 구성할 수 있도록 하고 있으나, 상하이 자유무역시험구 중재규칙은 사안당사자가 중재원 리스트 외에서 중재위원이나 수석 중재위원을 선정할 수 있도록 하는 개방형 중재위원 제도가 도입되었다. 상하이 자유무역시험구 중재규칙은 중재청 조성 이전에 조정이 가능하도록 조정위원을 지정할 수 있도록 하였으며, 소액 분쟁사안에 대한 진행방식을 명시해 소액사안의 진행기간을 줄이고 중재 효율을 높이는 한편 소요비용을 낮춰 사안 당사자의 부담을 줄이도록 하였다.

## 상하이 자유무역시험구의 중재규칙 특징

### 1. 중재임시조치 제도 개선
- 과거에는 인민법원만이 임시조치를 취할 수 있었으나 상하이 자유무역시범구 중재규칙은 중재청과 긴급 중재청 모두 임시조치를 취할 수 있다고 명시
- 재산보전, 증거보전, 행위보전과 법률이 규정한 기타 조치에 대해서도 임시조치를 취할 수 있다. 중재규칙과 집행지역의 법률이 충돌할 경우 행정지 법률이 우선 적용

### 2. 긴급 중재청 제도 설립
- 과거에는 긴급 중재청 제도가 없었으나 이번 상하이 자유무역시범구 중재규칙에는 긴급 중재청 제도 명시
- 긴급 중재청 제도는 긴급 상황일 경우 사안 당사자를 위해 긴급 임시구

제 제도를 제공하는 것으로 당사자가 중재안건 수리 후부터 중재청이 구성되기 전까지 임시조치를 취해달라고 신청하면 신청이 받아들여지고 중재청이 조성되면 임시 중재청은 해산

## 3. 개방형 중재위원 제도 확립
- 일반적인 중재기구는 중재위원 리스트상의 중재위원만으로 중재청을 구성할 수 있도록 하고 있으나 자유무역구 중재규칙은 사안당사자가 중재위원 리스트 외에서 중재위원이나 수석 중재위원 선정 가능

## 4. 합병중재 세분화
- 여러 안건을 합병해 중재하는 합병중재 제도는 당사자가 원하여 사안을 합병 처리하는 자발적 합병과 당사자의 의지와는 관계없이 합병되는 비자발적 합병이 있는데, 상하이 자유무역시험구 중재규칙은 비자발적 합병을 인정하지 않으며 중재청만이 사안 당사자에게 합병 진행 여부를 문의할 권한을 갖도록 한정

## 5. 중재와 조정 결합 개선
- 중재청 조성 이전에 조정이 가능하도록 조정위원 지정 가능
- 상하이 국제중재위원회가 조정위원 리스트를 구축하고 상하이 국제중재위원회 주임이 사안의 정황에 따라 중재위원 리스트 중 적정한 조정위원을 지정해 사안에 대한 조정 진행

## 6. 소액분쟁 사안 진행방식 별도 마련
- 소액분쟁 사안에 대한 진행방식을 명시하여 소액사안의 진행기간을 줄이고 중재 효율을 높이는 한편 소요비용을 낮춰 사안당사자의 부담 경감 도모
- 일반방식, 간이방식, 소액분쟁방식 등 세 종류로 분쟁사안 진행방식을 구분했으며 각각 소요기간과 분쟁액 기준 상이
- 일반방식의 경우 국제 및 섭외안건은 조정청 구성일로부터 6개월 내에 판정 완료하도록 하고, 분쟁액이 10만 위안 미만인 소액안건은 조정청 구성일로부터 45일 내에 판정 완료하도록 기한 명시

## 2. 자유무역시험구 법정 구축 및 운영

### (1) 법원 및 검찰원 설립

2013년 11월 5일 상하이시 푸둥신구 인민법원 자유무역시험구 법정 현판식이 개최되었다. 자유무역시험구 법정은 푸둥신구 법원이 관할하는 상하이 자유무역시험구와 관련된 상사(금융 포함), 지식재산권 및 부동산 안건 등을 심리한다. 푸둥신구 인민법원 자유무역시험구 법정의 판결 및 재정은 푸둥신구 인민법원의 1심 판결 및 재정에 해당되며, 2심 안건은 상하이시 중급법원에서 관할한다.

이와 함께 상하이시 인민검찰원 파견 중국(상하이) 자유무역시험구 검찰실이 정식 설립되었다. 자유무역시험구 검찰실의 구체 업무는 총 7개 항이며, 자유무역시험구 내 형사사건, 직무범죄 조사처리, 상응하는 법률관리감독 업무 이행, 직무범죄 예방 전개 및 금융, 항운, 상무 등 영역 범죄예방 업무, 자유무역시험구 관련 법률 조정제정 및 관련 의견 제시 등이다.

### (2) 법원 판결 사례 : LG 상표권 침해 판결

상하이시 푸둥신구 인민법원 자유무역구 법정의 지적재산권 제1차 안건에 대한 판결이 2014년 4월 26일에 이루어졌다. 원고인 주식회사 LG회사 상표권자와 피고인 지아화(佳華) 주식회사 간 상표권 침해 관련 사건에 대해 피고 지아화 주식회사에 대해 즉시 제품 생산을 중지하고 원고에게 109,770위안의 손해 배상금을 지급할 것을 판결하였다.

자유무역구 법정은 2013년 11월 15일부터 2014년 초까지 소프트웨어, 저작권, 상표권 침해 등 총 8건의 사건을 심리하였으며, 이중에는 6건의 상표 침해사건, 1건의 기업명칭 사용권 분규가 포함되어 있다. 중국 해관통계에 따르면 현재 상표권 침해 사건의 주요 유형은 상품 수출이며, 6건의 상품 침해 사건 해관이 상표권 침해 혐의가 있는 수출화물의 압류 및 재검사 진행과정에서 발견되었다. 관계 전문가는 이는 해관이 자유무역시험구 편리화 추진 과정에서 지재권 보호에 대해 중요한 역할을 하고 있음을 보여준다고 평가하였다.

상표권 침해에 대한 업종으로 볼 때 외국 브랜드 수출가공(OEM) 업체가 피고인 경우가 대부분이다. 6건의 상표 침해 사건 중 4건이 외국 브랜드 가공(OEM) 관련 사건이며 피고들은 외국 상표권자로부터 상표 사용 권리를 위임받았고 수출상품을 생산하고 있다고 하면서 이는 상표권 침해 행위가 아니라고 항변했다. 자유무역구 법정은 8건의 사건 중에 섭외사건이 5건으로 비중이 크다. 그중에서 글로벌 유명기업 및 유명 브랜드 침해 문제가 심각하며 지재권 보호를 주장하는 대부분 업체들 글로벌 유명기업들이다.

## 3. 지적재산권 관련 제도 구축

### (1) 지식산권국 출범

2014년 9월 26일 상하이 자유무역시험구 관리위원회 지식산권국 현판식이 거행되었으며, 지식산권국이 시험구 내의 특허, 상표, 저작권 관련 업무를 통합 수행하게 되었다. 이어서 상하이시는 11월 16일 푸둥신구에 특허, 상표, 저작권 관련 행정집법 및 감독, 보호 및 활용, 거래업무를 통합(三合一)하여 담당하는 지식산권국 설립 기념식을 개최하였다.

중국은 전국적으로 특허, 상표, 저작권에 관한 업무가 지식산권국 (혹은 과학기술위원회), 공상행정관리국(혹은 시장관리감독국), 판권 국 등에 분산되어 있어 업무효율성이 저하되고 민원인이 불편하며 국제적 추세에 반한다는 등 문제점이 제기되어 왔는데, 상하이시는 푸둥신구 지식산권국을 설립하여 지식재산 관련 업무를 통합 수행하 게 함으로써 지식재산 행정체제 개혁의 첫발을 내딛게 되었다.

국제적으로 지식재산권의 관리는 집중 관리방식이 주류이며, 지식 재산권의 보호는 사법보호가 중심에 있고, 행정보호 및 다른 대안적 분쟁해결 기제는 보조적 역할을 하고 있다. 따라서 중국이 지식재산 권 체제를 개혁하여 국제적 수준으로 지식재산권 체계를 구축하는 것은 개혁 심화에 따른 필연적 선택이며, 푸둥에 상하이 자유무역시 험구라는 국가 종합개혁 시험구를 건설함에 있어서 필요한 사항으로 인식하고 있다.

상하이시 지식재산연석회의 비서장 겸 상하이시 지식산권국 리궈 챵(呂國强) 국장은 지식재산권 창출, 활용, 보호 및 관리에 관한 모든 요소들이 새롭게 재구성되어 관리감독과 집법 통일, 보호와 촉진 통 일, 거래 및 활용 통일, 단일 부문 관리, 단일 부서 안건처리가 되도록 시스템을 개혁하였다고 설명하였다.

### (2) 상하이 지식재산권 법원 출범

2014년 12월 28일 상하이 지식재산권 법원이 정식으로 설립되었 다. 아울러, 상하이시 제3중급 인민법원과 상하이시 인민검찰원 제3 분원이 설립되어 2015년 1월 1일부터 사건을 수리하고 있다. 상하 이시 제3중급 인민법원장이 상하이 지식재산권 법원을 겸하게 되어 있으며, 총 10명의 판사가 임명되었다.

특허, 식물 신품종, 반도체 집적회로 배치설계, 기술비밀, 컴퓨터프로그램 관련 민사 및 형사사건과 구(區)급 이상 지방정부를 상대로 저작권, 상표, 부정경쟁 등에 관한 행정처분에 대하여 제기한 행정사건 및 치명상표(馳名商標 : 공적인 기관으로부터 저명한 상표로 인정된 상표) 인정에 관한 민사사건을 상하이 지식재산권 법원의 1심 사무관할로 한다.

상하이시 각 기층법원이 저작권, 상표, 기술계약, 부정경쟁행위 등에 대하여 행한 지식재산 및 행정판결, 재정에 대하여 당사자가 상소하는 사건은 상하이 지식재산권 법원에서 심리한다. 당사자가 상하이 지식재산권 법원이 행한 제1심 판결 및 재정에 대하여 제기한 항소사건과 법에 따라 상급법원에 심의를 신청한 사건은 상하이시 고급인민법원의 지식재산 심판정이 심리한다.

## (3) 베이징, 상하이, 광저우 지식재산권 법원 설립

2013년 11월 중국 공산당 18기 3중전회에서 채택된《중공중앙심화개혁을 위한 약간의 중대한 문제에 관한 결정》에서 지적재산권 법원 설립 문제를 제기하였으며, 2014년 8월 31일 제12차 전국인민대표대회 상무위원회는《전국인민대표대회 상무위원회의 베이징, 상하이, 광저우 지식재산권 법원 설립에 대한 결정》을 통과시켰다. 지식재산권 법원 관할 범위는 특허, 식물 신품종, 집적회로 배치설계, 기술비밀 등 기술성이 비교적 강한 민사 및 행정 안건이며, 동 법원이 소재한 성(직할시)의 범위를 넘어 관할할 수 있다고 명시되었다.

2014년 11월 3일 최고인민법원은 베이징, 상하이, 광저우에 설립

될 지식재산권 법원 관할 범위에 대한 해석을 하였다. 안건 관할범위는 특허, 식물신품종, 집적회로 배치설계, 기술 비밀, 컴퓨터 프로그램 등 기술 종류의 민사 및 행정 안건이다. 베이징 지적재산권 법원이 11월에 설립된데 이어 상하이 지식재산권 법원 및 광저우 지적재산권 법원이 2014년 12월에 설립되었다. 지식재산권 법원은 세 가지 특징을 가지고 있다.

첫째, 중국의 지식재산 보호체계는 행정보호와 사법보호로 이루어지나 지적재산권 법원은 행정사건과 민사사건을 함께 심리함으로써 민사보호와 행정보호를 통일하는데 유리하다. 둘째, 컴퓨터 프로그램 관련 민사 및 행정사건을 지식재산권 법원의 사무 관할에 포함시켰다. 셋째, 베이징 지식재산권 법원은 행정사건을 위주로 심리하면서 민사사건을 겸하고, 상하이, 광저우 지식재산권 법원은 민사침해 사건이 주된 심리대상이 될 것으로 전망된다.

### 베이징, 상하이, 광저우 지식재산법원의 안건 관할 내용

**1. 지식재산법원 소재지의 대한 1심 법원 역할**
① 특허, 식물신품종, 집적회로 배치설계, 기술 비밀, 컴퓨터 프로그램 관련 민사 및 행정사건(二合一)
② 국무원 지식재산 부문 또는 현급 이상 지방정부를 상대로 저작권, 상표, 부정경쟁 등에 관한 행정처분에 대하여 제기한 행정사건
③ 치명(馳名)상표 인정에 관한 민사사건
  • 광저우 지식재산법원의 경우, 광둥성 내에서 위 ①, ③항 에서 규정한 사건에 대하여 관할권을 행사

## 2. 지식재산법원 소재지 중급법원 등의 관할권 조정

- 베이징시, 상하이시의 각 중급인민법원과 광주시 중급인민법원은 지식재산 민사 및 행정사건을 수리하지 않음
- 광둥성의 기타 중급인민법원은 위 ①, ③항 규정의 안건을 더 이상 수리하지 않음
- 베이징시, 상하이시, 광둥성의 각 기층인민법원은 위 ①, ③항 규정의 안건을 더 이상 수리하지 않음
- 사건의 소송물이 위 ①, ③항의 내용을 포함하면서 기타 다른 내용을 포함하고 있다면 이 규정 제1조 및 제2조의 규정에 따라 관할을 확정하여야 함

## 3. 아래의 행정사건은 베이징 지식재산법원에서 1심 관할

- 국무원 지식재산 부문에서 특허, 상표, 식물신품종, 집적회로 배치설계 등 지식재산권의 권리확정에 관하여 내린 재정 또는 결정에 불복하는 행정사건
- 국무원 지식재산 부문에서 특허, 식물신품종, 집적회로 배치설계의 강제허가결정 및 강제허가 사용료 또는 보상에 관하여 내린 재결에 불복하는 행정사건
- 국무원 지식재산 부문이 지식재산권의 권리확정에 대하여 처분한 기타 행정행위에 불복하는 행정사건

## 4. 기층인민법원 판결 및 재정에 대한 상소심 법원

- 지식재산법원 소재지의 기층인민법원이 저작권, 상표, 기술계약, 부정경쟁행위 등에 대하여 행한 지식재산 민사 및 행정판결, 재정에 대하여 당사자가 상소하는 사건은 지식재산법원에서 심리

## 5. 지식재산법원의 판결 등에 대한 불복

- 당사자가 지식재산법원이 행한 제1심 판결 및 재정에 대하여 제기한 항소사건과 법에 따라 상급법원에 심의를 신청한 사건은 지식재산법원 소재지의 고급인민법원의 지식재산심판정이 심리

### 6. 경과규정

- 지식재산법원이 소재하는 성 또는 직할시의 기층인민법원이 지식재산법원이 성립되기 전에 이미 수리하였으나 심결이 종료되지 않은 본 규정 제1조 제1항 및 제3항의 안건은 이 규정의 시행에 불구하고 기층인민법원에서 계속 심리
- 광저우시 중급인민법원 이외의 광둥성의 기타 중급인민법원이 광주지식재산법원이 성립되기 전에 이미 수리하였으나 심결이 종료되지 않은 본 규정 제1조 제2항 및 제3항의 안건은 이 규정의 시행에 불구하고 중급인민법원에서 계속 심리

## 4. 상하이 자유무역시험구 조례 발표

2014년 7월 25일 상하이시 인대 상무위원회 제14차 회의에서 《중국(상하이) 자유무역시험구 조례》가 통과되고, 8월 1일부터 정식 시행되기 시작하였다. 이는 자유무역시험구에 관한 지방정부 차원의 법규이며 자유무역시험구 건설의 기본법이라 볼 수 있다.

《조례》는 총 9장 57조항으로 구성되어 관리체제, 투자개방, 무역편리화, 금융서비스, 세수관리, 종합 관리감독, 법치 환경 등 여러 분야를 망라하고 있다. 조례에는 자주 혁신, 네거티브 리스트 관리모델, 기업의 등록 편리화, 해관 및 검험검역 관리감독제도의 개혁, 국제무역의 단일 창구화, 5대 금융혁신, 6대 사후 관리감독제도, 1공평 4보호(一公平四保護), 투명도 강화 등 10대 핵심사항이 명시되어 있다.

상하이시 인대 상무위원회 법률공작위원회 띵웨이(丁偉) 주임은 시 인대 관련 위원회는 시 법제판공실, 자유무역시험구 관리위원회, 인민은행 상하이총부 등 30여 개 유관부처와 함께 조례 초안에 대해

여러 차례에 걸쳐 수정, 협의를 하여 최대공약수를 찾기 위해 노력하였다고 밝혔다. 아울러, 금번 입법의 대원칙은 제도혁신의 여지를 남겨서 시험구 개혁의 단계성과 법규의 상대적 안정성을 유지해 나가는 것이었다고 하고, 네거티브 리스트 등의 제정처럼 기본제도의 틀 위에서 각 분야의 의견을 수렴하여 수정하면서 완성해 나갈 것이라고 밝혔다.

조례의 대부분은 이미 제정된 관련 법규, 중앙정부 및 지방정부 유관 기관들이 발표한 내용들을 입법화한 것이지만 상하이 자유무역시험구를 종합적으로 규율하는 기본법이 마련되었다는 점에서 의의가 있다. 또한, 상하이시 정부 소관사항인 자유무역시험구 관리감독 측면에서 추가 규제 완화 조치와 향후 자유무역시험구의 제도적인 혁신을 위한 기반을 마련해 주었다고 볼 수 있다.

## 상하이 자유무역시험구 조례 10대 핵심사항

### 1. 자주개혁
- 현행 법률 제도 및 정책자원을 충분히 활용하고, 제도 혁신의 주체성과 적극성을 발휘하여 자주 개혁 추진

### 2. 법에 금지되지 않은 것은 가능하다는 법치정신
- 법률, 법규, 규장에 금지되지 않은 사항이라면 국민, 법인 및 기타 조직에게 자유무역시험구에서 개혁과 혁신 장려

### 3. 네거티브 리스트 모델
- 외상투자 진입 전 국민대우 네거티브 리스트 모델을 실시하여 글로벌 경

제화 및 개방형 경제체제 발전 필요에 부응하기 위해 시장 진입 투명도를 높이고, 투자 편리화 수준을 제고

## 4. 기업 등기제도 편리화
- 외상투자 기업 심사비준제를 등록제로 변경하고, 기업진입 단일창구제, 등록자본 납입약속제도, 신영업집조제도 등 시행

## 5. 해관 및 검험검역 관리감독제도 개혁
- '1선 개방, 2선 안전고효율 관리, 구내 자유 유통'이라는 원칙하에 통관 무서류, '선통관, 후진입(先報關, 後入區)' 등 해관과 검사검역 관리감독 제도 측면에서 적극적인 혁신 추진

## 6. 국제 무역 단일창구
- 무역, 운수, 가공, 보관 등 수속에 있어서 단일 창구 원스톱 시스템과 전자정보 시스템 등을 도입하여 수속 절차에 소요되는 시간 단축 및 비용 절감

## 7. 5대 금융 혁신
- 리스크 관리에 유리한 계정체계 혁신, 투융자 송금·환전 편리화 촉진, 위안화 역외사용, 금리 시장화 체계 건설 추진, 자유무역시험구 발전수요에 부합하는 외화관리체제 구축 등 5대 금융혁신 핵심 사항 규정

## 8. 6대 사후 종합관리감독 제도
- 국가안전심사 시스템, 반독점업무 시스템, 신용관리 강화, 기업의 연간보고서 공시 및 경영이상명부 제도 구축, 관리감독정보의 공유 및 종합 법규집행제도 수립, 사회역량이 참여하는 시장 감독제도 수립 등 6대 사후 종합관리감독 제도 규정

## 9. 1공평 4보호(一公平四保護)
- 무역관련 투자조치(TRIMs) 등 다자 투자 및 무역협정, 양자 투자협정, 지역 투자협정의 관행 규칙, 중국의 대외개방 실제 상황을 종합하여 공정(공평) 경쟁 수호와 투자자 권익보호, 노동자 권익보호, 환경보호 및 지식

재산권 보호 강화 등 국제적으로 통용되는 '1공평 4보호(一公平四保護)' 관련 규정 운영

## 10. 투명도 제고

- 정부 기관의 업무를 명확히 규정한 권력 리스트를 제정, 공포하고, 법규, 규장, 규범성 문건 작성시 초안 내용을 공개하고 공중, 관련 업종 조직 및 기업 등의 의견을 청취하며, 행정 이의신청 제도를 수립하고, 자유무역시험구 웹사이트 등을 통한 정보 공개 시스템 구축

# 제4장

## 상하이 자유무역시험구 제도 확산 및 활용

- 상하이 자유무역시험구 제도 확산
- 상하이 자유무역시험구 플랫폼(platform) 구축
- 상하이 자유무역시험구와 위안화 국제화
- 상하이 자유무역시험구와 후강퉁
- 상하이 자유무역시험구와 전자상거래

## 제4장 상하이 자유무역시험구 제도 확산 및 활용

### 1. 제도 확산 동향

#### (1) 소액 외화예금 금리 상한폐지 상하이시로 확대

중국 인민은행 상하이 총부는 2014년 2월 26일 상하이 자유무역시험구 내에서 소액 외화예금금리 상한을 폐지하여 '외화예금 금리를 전면 자유화' 한다고 발표한 바 있으며, 2014년 6월 26일에는 상하이 자유무역시험구 지역을 대상으로 실시 중인 외화예금 금리 자유화 조치를 상하이시 전 지역으로 확대한다고 발표하였다.

#### (2) 기업 관리 시스템 확산

중국 정부는 2014년 3월 1일부터 상하이 자유무역시험구에서 시험을 거친 36개 제도를 전국에 실시한다고 발표하였다. 아울러, 9월 말까지 약 50개 항목에 대한 기업 관리 시스템 개선을 전국으로 확대할 예정이라고 발표하였다.

'공상등기 자본금납입제'의 '회사등록자본 납입약속등록제'로의 변경과 사업자등록증 취득시 즉시 생산, 경영활동을 가능하게 하는 '선등록, 후 허가' 제도는 이미 중국 전역에서 실시되기 시작하였다. 기업의 연도검사를 연도공시로 변경하는 조치들도 시행되고 있는데, 중국 국무원은 2014년 8월 7일《기업정보 공시 잠행조례》를 공포하였고, 이에 기초하여 국가 공상행정관리총국은 8월 19일《기업경영 이상명부 관리 임시 시행방법》을 공포하여 '연도 공시제도'의 내용을 보다 구체적으로 규율하였으며, 이 규정은 2014년 10월 1일부터 실시되고 있다.

### (3) 네거티브 리스트 실시 지역 확대

외국인 투자를 금지하거나 제한하는 조치를 분명히 해주어 투자를 활성화시키는 이른바 '네거티브 리스트'도 다른 지역으로 확대되고 있다. 상하이시 황푸구(黃浦區)는 자유무역시험구의 경험을 참고하여 서비스업에 '네거티브 리스트' 관리방식을 실시한다는 원칙하에 금융서비스, 전문서비스, 상업·무역·유통업, 문화창의 산업, 항운·물류 및 관광레저 등 6가지 측면에 주안점을 두고 발전을 추진하고 있다. 이는 중국 최초의 행정단위가 발표한 '네거티브 리스트'이며, 중국 전역으로 네거티브 리스트 조치가 확산되는 계기가 될 것으로 평가되었다.

2014년 1월 20일 쑤저우 공업원구가 외상투자기업 공상등기 네거티브 리스트 관리제도를 실시하기 시작하였다. 이 네거티브 리스트는《국민경제분류》편제에 입각하여 16개 업종 분류로 나누고, 두 개의 리스트 즉, 금지 외상투자 리스트와 조건관리 외상투자 리스트로 나누었다. 네거티브 리스트 이외에는 등록제로 변경되었다.

선전 첸하이(前海)는 2014년 4월 23일 '첸하이 금융개혁 대화' 회의에서 외상투자에 대해 진입 전 내국민 대우와 네거티브 리스트 관리방식 실시를 제시하였다. 첸하이에는 6000여 개의 기업이 입주해 있으며, 이 중 60%가 은행, 증권, 보험, 사모펀드 및 인터넷 금융 등에 종사하고 있다. 첸하이에 진출한 46개 기업이 세계 500대 기업에 해당되고, 중국 10대 사모펀드 중에서 4개가 설립되어 있는 등 금융생태계가 잘 형성되어 있다.

청뚜는 2014년 7월 첨단기술개발구(高新區) 등에서 네거티브 리스트 실시 방안을 추진하고 있다. 청뚜시 발전개혁위원회 관계 인사는 청뚜가 상하이 자유무역시험구 설립 이후 네거티브 리스트를 실시하는 최초의 부성급(副城級) 도시에 해당된다고 의미를 부여했다. 광둥성 푸산시(佛山市) 난하이구(南海區)도 네거티브 리스트 제도를 실시하고 있다.

### (4) 해관 관리감독제도 전국 해관 보급 및 통관 일체화

통관 간소화가 창장(長江) 삼각주 지역과 나아가 중국 기타 지역에도 적용되기 시작하여 광범위한 지역이 무역 편리화의 이익과 개혁 인센티브를 누리고 있다. 2014년 8월 13일 중국 해관총서는 8월 18일부터 단계적으로 상하이 자유무역구에서 실험한 '집중집계 납세', '보세전시 거래', '선진입 후신고' 등 14개 통관제도를 전국에 보급하기로 결정하였다. 창장 경제지역내 51개 해관 특수 관리감독구에는 8월 18일부터 실시되고, 전국 해관 특수 관리감독구역에는 9월 3일부터 실시되며, 해관 특수 지역 이외 지역은 9월 18일부터 실시되는 것으로 발표하였다.

또한, 쓰촨성 청뚜 해관 관계자는 2014년 10월 20일 개최된 한-중국 물류포럼에서 상하이 자유무역시험구에서 실시되고 있는 14개 항의 해관 혁신 관리감독제도 중에 8개는 이미 시작하였고, 3개(선반입 후신고, 등록명세서 통일, 보세물류 온라인 감독)는 시스템 정비 이후 실시하며, 3개(선물보세 결제, 금융리스, 내수 선택적 세금징수)는 관련 부서의 비준 이후에 실시할 것이라고 밝혔다.

한편, 해관총서는 수출입 기업이 등록된 소재지 관할 해관에서만 통관 등을 허용하던 통관지역 제한을 철폐하는 통관 일체화 개혁을 2014년 7월 1일부터 징진지(京津冀) 구역 중에 베이징시와 텐진시에 시범 실시해 왔는데, 9월 22일부터는 창장 삼각주와 주장 삼각주 구역과 하북성 등으로 확대 실시하고 있다. 창장 삼각주 구역에는 상하이, 난징, 항저우, 닝뽀, 허페이 난창, 우한, 창사, 청뚜, 꾸이양, 쿤밍 해관 등 직속 해관이 있는데, 9월 22일부터 상하이, 난징, 항저우, 닝뽀 및 허페이 해관 간에 통관 일체화를 실시한 후 기타 지역으로 확대해 나가겠다고 발표하였다.

통관 일체화는 경제적 연계가 밀접한 지역의 통관 업무를 통합하는 것으로 통관협력을 통해 각자 독립된 통관관리체계의 정보망 상호연결을 통해 하나의 구역 연동 통관 센터 구축을 의미한다. 이로써 통관 절차가 통일되고 간편화되어 수속비용을 줄이는데 기여할 뿐만 아니라 나아가 상하이 자유무역시험구에서 해관 신고하고 바로 타 지역으로 운송 가능한 통관 일체화가 실현되어 자유무역시험구의 역량이 확장되게 되었다.

한편, 2015년 1월 21일 중국 해관 총서는 징진지(京津冀) 지역과 창장 경제지대(長江經濟帶), 광둥(廣東)성의 해관지역에서 시행되고 있는 통관 일체화 개혁을 2015년내에 전국으로 확대 시행할 계획임을 발표하였다. 해관 총서의 장광즈(張廣志) 대변인은 정례 브리핑을 통해 현재 일부지역에서 시행되고 있는 통관 일체화는 전국 통관 신청의 80% 이상을 기록해 상당한 효과를 거두고 있다고 밝혔다.

2015년 3월 30일 중국 해관은 실크로드 경제벨트 구역 통관 일체화 개혁을 한다고 밝혔으며, 5월 1일부로 실크로드 경제벨트, 동북지역 통관 일체화 개혁이 시행되고 있다. 통관 일체화 개혁 내용은 다음과 같다. 첫째, 통관 절차 간소화로서 통관 일체화 개혁 구역 내에 위치한 기업들이 해당 구역 내 항구에서 수출입하는 화물에 적용된다. 기업은 업체 주소지 해관, 화물 실제 수출입지 해관 혹은 직속 해관 집중보관점(集中報关点) 중 한 곳을 선택하여 세관 신고, 세금 납부, 화물 검사 수속 절차를 밟을 수 있으며, 항구 통관, 중계수속, 구역통관 일체화 방식 중 한 가지를 선택할 수 있다. 둘째, 통관기업에 대한 규제 완화로서 통관 절차를 대행하는 통관기업이 한 지역에서 등록하고 여러 지역에서 통관 수속을 하는 것(一地注册, 多地报关)을 허가하는 것이다. 일체화 개혁에 포함되지 않은 지역에 위치한 통관기업이 개혁 구역 내에 지사를 설립하면, 해당 구역 세관에서 세관 신고가 가능하다. 셋째, 지역 해관의 통관시스템 및 절차 통일로서 상품 사전 분류, 가격 사전 심사, 원산지 사전 확정 및 분류, 가격, 원산지 등에 관한 전문 인 정결과 및 일시 출입경 등에 관한 행정 허가 결정 등에 대한 내용을 서로 공유하고 통일하는 것이다.

통관 일체화 개혁으로 적지 않은 효과를 보고 있는 것으로 나타났다.

우선 통관, 물류 운송 비용이 절감되고 있다. 통관 일체화 개혁 가동 이후 기업의 물류 비용이 20~30% 가량 감소하고 있는데, 징진지 지역 통관 일체화 개혁 이후 베이징을 경유해 톈진으로 들어오는 화물의 경우 운송비가 30% 가량 감소했으며, 톈진을 경유해 베이징으로 들어오는 화물의 경우에는 통관 비용이 30% 가량 감소했다. 다음으로 통관 절차가 이전에 비해 상대적으로 간소화됨에 따라 통관 시간도 단축되고 있다. 광둥지역 통관 일체화 개혁 이후, 평균 8.3시간이었던 통관 시간이 3시간 가량 감소해 평균 5.96시간 정도 소요되고 있다.

중국 국무원은 주요 해관과 항구의 통관 일체화 개혁을 통해 기업들의 부담을 덜어줄 뿐 아니라 자국 수출입의 단일창구를 형성하겠다는 방침이다. 실크로드 경제벨트의 통관 일체화는 물류 운송의 '황금통로'가 될 전망이다. 실크로드 경제벨트는 해상, 항공, 철로, 육로 운송이 모두 이루어지는 구역으로, 10개 해관이 통관 절차를 통일하면 일대일로(一帶一路) 정책과 맞물려 시너지 효과를 낼 것으로 보이며, 특히 중국의 대 중앙아시아 수출입이 탄력을 받을 것으로 전망된다.

## (5) 해관 검사검역 등 제도 확대 실시

국가 질량검사총국은 2014년 10월 29일 상하이 출입경검험검역국에 자유무역시험구에서 실시되고 있는 8개의 검험검역 제도를 전국으로 확대 실시한다고 통지하였다. 제3자 검사기관 결과 인정 제도, 국제 수리산업 관리감독 제도, 출입경 생물재료 제품 검사검역 관리, 환적화물 원산지 증명서 관리제도, 검사검역 통관 전산화, 수입화물 사전 검사제도, 검험검역 1·2선 분리 관리감독 모델, 동식물 및 관련 상품 검역 심사 네거티브 리스트 등 8개 검험검역 제도 중에서 전반부 5개 제도는 전국적으로 시행되고 후반부 3개 제도는 해관특수 관리감독 지역에 실시되기 시작하였다.

쓰촨성 정부는 2014년 8월 27일 청뚜 고신종합보세구, 청뚜 공항보세물류중심 등 두 개의 해관특수 감독구역에서 상하이 자유무역시험구 경험을 도입하고 점차 확대해 나갈 것이며, 우선 17개 항의 경험을 참고할 예정이라고 밝혔다. 투자관리 측면에서 네거티브 리스트 제도, 경외투자 관리방식, 상사등기제도 혁신 등 3개, 무역 제도 측면에서 통관 일체화, 해관 감독제도, 해관 특수관리구역 보세기능, 검험검역재도 등 4개, 금융부문에서 경외유자 채널 확대, 국경 간 위안화 사용 확대, 다국적기업 종합자금처 운영, 국경 간 전자결제 제도 구축 등 4개이다.

### (6) 세무제도 확대 실시

상하이 자유무역시험구에서 실시되고 있는 온라인을 이용한 10대 세무업무 간소화 제도가 2014년 11월 15일부터 푸둥 지역에서 실시되고, 동시에 전자영수증의 온라인 사용, 온라인 직접 인가, 온라인 등록, 창조적인 온라인 서비스 등 4개 제도를 상하이시에 실시하였다. 12월 15일부터는 온라인 세무등기, 온라인 세무업무, 온라인 통합 취급, 비거주자 세금징수 온라인관리, 온라인으로 분기별 신고, 온라인 등록, 납세신용 온라인 평가 등 6개 제도를 상하이시에 확대 시행하였다.

## 2. 제도 확산 독려 및 전국적인 입법 작업 추진

### (1) 중앙 정부의 제도 확산 독려

2014년 12월 12일 리커챵 총리가 주재한 국무원 상무회의에서 법률 개정 등에 관련되는 사항을 제외하고, 투자, 무역, 금융, 서비스 개방 및 사중사후(事中事後) 감독 부문 28개항의 시행 경험을 전국에 확대키로 하였으며, 그 중에서 6개 항의 해관 감독 및 검험검역 혁신 조치는 전국의 여타 특수해관 관리감독 구역에 확대 실시하기로 결정하였다.

이러한 결정이 이루어진 후인 2015년 1월 19일 국무원은《중국(상하이) 자유무역시험구 복사 가능한 개혁 시범 경험 통지》를 통해 전국적인 범위에서 실시 업무를 전면적으로 추진해 나갈 것이라고 발표하였다.《통지》는 원칙상 상하이 자유무역시험구의 복사 가능한 개혁 시범 경험은 법률 개정과 상하이 국제 금융중심 건설 사항 이외에는 다른 지역에 조속히 확대할 수 있고, 전국적인 범위에서 확대 가능한 것은 전국적으로 확산시켜야 한다는 점을 명확히 하였다.

확대 실시되는 사항은 다음과 같다. 투자관리 부문은 외상투자 광고 기업 프로젝트 등록제, 세금 관련 사항 온라인 심사 등록, 세무등기 번호 온라인 자동코드 부여, 온라인 셀프 세무처리, 납세신용관리의 온라인 신용등급 평가, 조직기관 코드번호 실시간 부여, 기업표준 등록 관리 제도 혁신, 생산 허가증 위탁 가공 등록 취소 등이다. 무역 편리화 부문은 글로벌 유지·보수산업 검험검역 관리감독, 환적화물 원산지 증명 관리, 검험검역 통관의 무종이화(paperless), 제3자 검역 결과 채택, 출입경 바이오 소재 제품 리스크 관리 등이 포함되어 있다.

금융 분야 확산 항목에는 기타 경상항목하의 개인 위안화 결제업무, 외상투자 기업의 외환 자본금 외화결제, 은행의 대종(大宗)상품 파생상품 거래에 관련된 외환결제 업무 취급, 직접투자 항목의 외환 등기 및 변경등기 관련 은행에 취급 권한 부여 등이 망라되어 있다. 서비스 업무 개방 영역은 융자리스 회사의 주요 사업 관련 상업팩토링(Factoring) 업무 겸업 허가, 외상투자 신용조사회사 설립 허가, 주식제 외자투자성회사 설립허가, 융자리스회사 설립 자회사에 최저 등록자본금 한도 철폐, 내외자 기업의 게임 설비 생산 및 판매업 종사의 경우, 문화부처의 내용심사 후 국내시장 대상 판매 허가 등이다.

해관 특별관리 구역에 확대할 개혁 조치는 선물 보세거래의 해관 감독 제도, 경내외 유지·보수업의 해관감독 제도, 융자리스의 해관 감독제도, 수입화물의 사전 검역, 단계별 관리감독 제도, 동식물 및 관련 상품 검역심사의 네거티브 리스트 관리 등이다.

### (2) 외자 3법 통합 추진

상하이 자유무역시험구에서는 네거티브 리스트에 있는 진입 불가와 제한 업종을 제외하고는 외상투자 기업의 설립에 관한 심사 허가 절차를 신고 등기로 간소화하였다. 신고 등기로의 간소화 조치가 전국적으로 시행되기 위해서는 결국 외상투자 기업에 관한 기본법인 외자3법의 개정이 필요하다.

2014년 8월 21일 상무부 왕쇼우원(王受文) 부장조리는 상하이 자유무역시험구 네거티브 리스트 모델 실시 1주년 즈음하여 동 모델을 전국으로 확대 가능한지 연구하고 있다고 토로했다. 나아가 왕쇼우원 부장조리는 제18차 중국 국제무역상담회 언론 발표회에서 외자 3자법을 개정하여 현행의 《외자기업법》, 《중외합자경영기업법》, 《중외합작경영기업법》을 하나의 법으로 통일하는 방안을 추진하고 있다고 밝혔다.

2015년 1월 19일 중국 상무부는 《중화인민공화국 외국투자법(의견수렴 초안)》을 공포하고 의견 수렴을 시작하였다. 의견수렴 초안은 개혁개방 초기에 제정한 외자 3법(외자기업법, 중외합자경영기업법, 중외합작경영기업법)은 국내외 발전에 따라 전면적이고 깊이 있는 개방 확대의 요구를 만족시키지 못하는 상황에 직면하고, 외자 3법의 사안별 심사비준 제도는 더 이상 개방형 경제의 새로운 체제에 적합지 않아 시장의 활력소를 이끌어내고 정부기능을 전환하는 데 어려움이 있으며, 외자 3법간 중복 혹은 충돌 문제가 있을 뿐만 아니라, 외자 인수합병, 국가 안전심사 등 중요한 제도를 외국투자의 법률에 포함시키고 보완할 필요가 있기 때문에 제정하게 되었다고 배경을 설명하고 있다.

초안은 현행 외자 3법의 사안별 심사비준 관리 제도를 폐지하고 설립 전 내국민 대우 및 네거티브 리스트 관리 제도를 통해 외자 진입을 관리하도록 하였다. 또한, 징수, 징용, 국가배상, 이전, 투명도, 지재권 보호 등의 분야에서 투자 보호를 강화하고, 신고 조정 처리기구 강화를 통해 외국투자 분쟁을 신속하고 효율적으로 해결하여 투자자 편의를 증진시키는 데 주안점을 두고 있다.

한편, 외국 투자자가 국가보안에 피해를 주는 것을 방지하는 특별규정을 설치하며, 투자에 대한 사중사후(事中事後) 관리감독을 강화하고, 금지영역 투자, 무허가 혹은 허가조건을 위반한 제한 영역 투자, 정보보고 의무 위반, 국가안전 심사규정 위반, 법률 강제성 회피 등의 경우에 적용되는 투자자의 법률 책임에 대한 규정을 명확히 하였다.

상하이 자유무역시험구에 네거티브 리스트와 진입 전 내국민 대우 제도가 도입된 후 이 제도가 확산되고, 2013년 12월 제18차 3중전회를 통해 투자의 네거티브 리스트 제도 도입 및 진입전 내국민 대우 도입 추진을 명확히 한 후 1년여 만에 외자 3법의 통합 개정을 통해 동 제도의 도입을 공포하였다는 데 큰 의미가 있다. 이 법은 현재 중국에 투자하였거나 중국 투자를 고려하고 있는 한국 기업들에게 큰 영향을 미칠 수 있으며, 특히 외국 투자자에 대한 정보 보고, 관리감독 등 의무에 해당되는 부분이 강화되고 위반 시 법률적 책임도 명확히 하였는데, 한국 기업들이 피해를 당하지 않도록 관련 동향을 파악하고 적절히 준비해 나가야 할 것이다.

## 제2절 상하이 자유무역시험구 플랫폼(platform) 구축

### 1. 플랫폼 구축 동기

중국 정부는 원자재, 금융 등에서 국제적인 주도권과 발언권 제고를 염두에 두고 각종 플랫폼 건설을 추진하고 있다. 세계적으로 플랫폼 경제가 발단된 도시들의 특징을 살펴보면 다국적기업 본부가 밀집되어 있고, 현대 서비스업 특히 금융업이 발달되어 있으며, 무역과 항운의 집결지 역할을 하고 시장이 넓고 경제 영향력이 크다. 중국 정부는 상하이가 플랫폼 경제를 발전시키는 데 있어서 이러한 여건이 잘 갖추어져 있음을 감안하여 자유무역시험구 정책을 통해 다양한 플랫폼 구축을 추진해 나가고 있다.

먼저, 국제 황금교역, 백은 현물교역, 원유 선물거래, 석유천연가스 교역 등 대형 원자재 플랫폼이 추진되고 있다. 또한, 금융리스 거래, 국제금융자산 거래, 지분투자펀드, 국유재산 유동, 보험거래 등 금융 플랫폼 설립이 활발히 추진되고 있다. 아울러, 자동차 수입 시장에서 경쟁을 촉진하기 위한 자동차 병행수입 플랫폼과 문화콘텐츠 산업 육성과 거래 활성화를 위해 문화 플랫폼 건설도 추진하고 있다.

## 2. 대종 상품(대량 원자재) 플랫폼 구축

### (1) 대종 상품 플랫폼 건설 추진

상하이 자유무역시험구 관리위원회는 향후 2년 내에 상하이 자유무역시험구에 석유 및 천연가스, 철광석, 면화, 액체 화공품, 백은, 일반 원자재, 비철금속 등 8대 대종 상품(대량 원자재, bulk commodities) 국제 거래 플랫폼을 개설하고 관련 데이터베이스와 담보대출 시스템 등의 부대환경 구축을 병행한다는 계획이다. 관련 규정으로 《중국(상하이) 자유무역시험구 대종 상품 현물교역 관리규칙 잠행규정》이 2014년 5월 1일부터 시행되기 시작하였으며, 자유무역시험구 관리위원회, 상하이시 상무위원회, 상하이시 금융판공실이 공동으로 《중국(상하이) 자유무역시험구 대종 상품 현물교역 관리규칙》을 제정하였다.

중국은 세계 상품가격 결정 시스템에서 약한 지위에 놓여 있어 국제가격의 수동적인 수용자가 되어 원자재 특히, 원유, 원재료 등을 국제시장에서 높은 가격으로 구매하고 있으며 구매 후에 수시로 가격이 떨어져 국가경제에 큰 손실을 주고 있다고 인식하고, 8대 대종 상품 중에서 원유와 같은 대표적인 상품의 플랫폼을 시범적으로 만들어 경험을 축적한 후에 철광석, 면화, 액체 화공품, 백은 등 다른 상품으로 확대해 나간다는 계획을 시행하고 있다.

상하이 재경대학 천보우(陳波) 상하이 자유무역시험구 연구센터 부주임은 8대 대종상품 국제거래 플랫폼은 현재 추진되고 있는 국제금융센터와 나아가 현물환거래, 선도거래, 선물거래, 헤지를 포함한 증권거래 플랫폼 구축과 상당한 상호 시너지 작용을 할 것으로 예상하였다.

## (2) 국제 황금 교역센터 설립

2014년 9월 14일 상하이 자유무역시범지구내에 국제 금 거래소인 상하이 국제 황금교역센터(上海國際黃金交易中心)가 개장되었다. 중국은 세계 최대의 황금 소비국이자 수입국임에도 불구하고 주로 뉴욕 금 거래소와 런던 금 거래소를 통해 금 가격이 결정되는 등 이 분야 발언권이 미약하다고 보고 있다. 상하이에 황금 교역센타가 있으나 자유무역시험구에 위안화 표시 금 거래소를 설립한 것은 금 가격 결정에 있어서 중국의 발언권 강화에 목적이 있다.

또한, 상하이 자유무역시험구 내 중국 및 해외 투자자들이 위안화를 이용해 중국 황금 시장에 투자할 수 있어 위안화 국제화 추진에도 도움이 될 것으로 보고 있다. 2014년 12월 현재 금 현물 거래액은 393억 위안에 달하고 거래량은 165톤에 이른 것으로 알려졌다. 런던, 뉴욕과 함께 상하이가 국제 황금 3대 시장으로 부상하고 있다.

## (3) 백은 현물교역 플랫폼 설립 추진

2015년 1월 23일 상하이 화통(華通)보인교역시장이 자유무역구 대종 상품 현물시장 평가위원회로부터 《중국(상하이) 자유무역시험구 대종 상품 현물교역시장 구축에 관한 동의 서한》을 접수받아 상하이 자유무역시험구에 국제 백은 현물교역 플랫폼이 시작될 수 있게 되었다. 6개월 동안 평가 및 관련 규정에 따라 준비 작업을 진행하여 플랫폼을 정식 개장할 예정이며, 이는 상하이 자유무역시험구에 입주한 8대 대종 상품 현물교역 플랫폼 중의 하나가 열리는 셈이다. 그리고 모든 교역은 위안화로 진행되며, 교역량 증대에 따라서 백은 등 귀금속 가격 결정에 관한 중국의 발언권을 강화하는 데 긍정적으로 작용할 것으로 예상된다.

## (4) 원유 선물거래 플랫폼 설립 추진

2014년 3월 중국 증권관리감독위원회를 비롯한 관련 정부 부처가 중국판 원유 선물(先物)거래를 시작하기 위하여 관련 규정의 초안을 완성하고 수정작업을 시작하였다. 초안 규정에는 기준유를 '유황 함유 중질원유'로 하고, 거래가격은 관세와 부가가치세가 포함되지 않은 순가로 하며, 실물은 보세지역 유류 저장고에서 직접 양도하고, 국내외 투자자에게 개방하는 국제거래 플랫폼으로 운영한다는 원칙이 명시되어 있다. 2014년 12월 12일 중국 증권거래관리감독위원회(증감회)가 상하이 원유 선물거래 시장 설립을 정식으로 승인했다. 원유 선물거래의 운영은 2013년 11월 6일 상하이 자유무역시험구 내에 등록하고 푸둥에 사무실을 두고 있는 상하이 국제에너지무역센터가 담당하게 된다.

한편, 2013년 11월 22일에는 상하이 국제 에너지원 거래센터 주식회사가 상하이 자유무역시험구에서 개업하여 중국판 원유선물 상장의 이정표를 만들었다. 상하이 국제 에너지원 거래센터는 상하이 선물거래소가 출자하고 설립하였으며, 주로 원유, 천연가스, 석유화학 상품 등 에너지원 파생상품의 장내거래와 결산 업무를 진행하고 있다.

중국 원유 선물거래는 중국으로 실질적으로 운송되는 원유를 기준으로 하게 되며 가격은 중동의 대표적 원유인 오만유(油)를 기반으로 책정된다. 원유 선물은 중국에 있어서는 최초로 국제화된 선물거래 품목인 만큼 중국 금융당국은 향후 원유 선물거래 시장을 발판 삼아 많은 외국 투자자를 끌어들이려 할 것으로 보인다. 현재 세계적으로 뉴욕(NYMEX, 텍사스 중질유), 런던(IPE, 브랜트유), 싱가포르(SGX, 두바이유) 등에서 원유 선물시장을 운영하고 있다.

전문가들은 미국이 중동지역의 원유가격 통제권에서 벗어나기 위하여 텍사스 중질유를 국제유가의 표준으로 밀어붙여 성공적으로 정착한 만큼 중국의 원유 선물시장이 성공한다면 국제시장 영향력을 확대하여 아시아태평양 지역에서의 원유가격을 결정하는 중요한 기준으로 자리 잡게 되고, 뉴욕, 런던에 이어 제3대 원유 선물거래 시장을 구축할 수 있을 것으로 예상하고 있다. 원유 선물거래 플랫폼이 도입되면 중국 내 유류 완제품 시장에서 가격을 개혁하는 데도 도움이 되고, 중국 내 기업들에는 원유 선물을 거래하면서 유가 변동에 따른 리스크를 줄일 수 있다는 점이 긍정적으로 작용할 것으로 보고 있다.

### (5) 석유천연가스 교역 센터 설립 추진

2015년 1월 5일 상하이시 정부가 신화중룽(新華中融) 투자공사를 중심으로 하는 10개 기업이 출자한 상하이 석유천연가스 교역중심을 비준하였다고 보도되었다. 동 교역 중심은 국가발전개혁위원회와 신화사가 전략적 협력으로 설립한 교역 센터이며, 상하이 자유무역시험구 지구로 추가로 포함된 루쟈주이 금융단지에 설립된다. 천연가스, 비상규(非常規) 천연가스, 액화 천연가스, 석유 등 에너지 품종의 현물교역, 국가 관련 부서 혹은 상하이시가 비준한 기타 업무 등을 관장하게 된다.

개장 초기에는 액화 천연가스(LNG)와 액화 석유가스(LPG)를 위주로 교역이 이루어질 것이며, 상하이 자유무역시험구로 포함된 루쟈주이 금융지역을 배경으로 하기 때문에 전망이 밝은 것으로 보고 있다. 상하이시 관계 인사는 기존의 상하이 석유거래소와는 출자 방식, 업무 성격 등이 다르며 상하이 자유무역시험구 내 시험장으로서 역할을 해 나갈 것이라고 강조하였다.

## 3. 금융 관련 플랫폼 구축

### (1) 금융리스 거래 플랫폼

자유무역시험구 금융리스거래 플랫폼은 중국 국내의 첫 표준화 금융리스 거래 플랫폼으로서 경내외 금융리스 기업이 자산관리 체계를 개선하고, 투자 및 융자 경로를 넓히며 새로운 업무분야를 개척하는 데 목적이 있으며, 국내 금융리스업계의 성장을 촉진하고 금융리스 관련 산업의 확대와 상하이 금융산업 서비스 수준의 향상에 기여할 것으로 보고 있다.

2014년 5월 28일 상하이 자유무역구에 '금융리스 재산권 거래 플랫폼'이 가동되기 시작하여 금융리스 자산의 유동성 증가를 촉진하고 있다. 하이항자본(海航資本), 위엔동리스(遠東租賃), 궈진리스(國金租賃) 등 10개 대형 금융리스회사가 금융 플랫폼 협력 의향서를 체결하였다. 상하이 자유무역시범구 출범 이후 신규 설립한 금융리스 회사는 2014년 7월 말 현재 400여 개사로 급증하였고, 운영 금융리스 자산이 90억 달러에 달한 것으로 보도되었다.

### (2) 국제 금융자산 거래센터

2014년 9월 3일 상하이 자유무역구 관리위원회 리쥔(李軍) 부비서장은 상하이 국제 금융자산 거래센터 설립을 추진하고 있다고 밝혔다. 한편, 2015년 1월 20일 상하이 증권거래소 관계자도 중국 증권감독위원회의가 비준하여《중국(상하이) 자유무역시험구 금융자산 거래 플랫폼 건설》에 관한 준비팀이 설립 업무를 추진하고 있으며, 마무리 작업에 박차를 가하고 있다고 말했다.

이 플랫폼의 참여자이자 대주주인 상하이 증권거래소 측은 금융자산거래 플랫폼 설립의 주요 목적을 다음과 같이 설명하였다. 위안화 증권 상품 공시거래를 실현하여 시험구 내 기업과 경외 기업에게 직접 융자를 위한 서비스 제공하며, 중국 기업의 해외 투자와 합병을 위한 자산 양도 서비스를 제공하는 것이다. 또한, 외자기업 경내 투자를 위한 리스크 대응 방안을 제공하며, 경내 기업과 개인 해외투자를 위한 거래를 지원하고, 경내 증권 경영 기관이 국제 업무를 하는데 플랫폼을 제공하는 것이다.

증권 시장 관계자들은 금융 자산거래 플랫폼을 통해 금융 파생상품, 재테크 상품 수익권, 미수금 양도, 시민자금 모금, 사모펀드 발행 등 측면에서 국제적으로 개방되고, 자유무역시험구 내의 기업 장외상장과 중국 내 회사가 해외에서 채권을 발행하고 해외 기관이 국내에 채권을 발행하는 등 적극적인 방안이 나올 것으로 기대하고 있다.

### (3) 지분투자 펀드 설립

상하이 자유무역시험구 지분투자펀드가 2014년 12월 28일에 설립되었다. 이 펀드는 자유무역시험구의 현대 물류창고, 신형 사무용 빌딩, 보세전시 거래센터 등과 같은 부동산 프로젝트, 다국적 전자상거래, 수입상품 직판센터, 문화 예술품 거래센터 등 기능성 플랫폼을 주요 투자 대상으로 하고 있다. 또한, 기업을 위하여 투자, 융자, 정책 해설 등과 같이 경쟁력이 있는 부가가치 서비스도 제공한다.

이 투자기금은 상하이 루쟈주이 금융발전유한공사, 상하이 와이까오쵸오집단 유한공사, 중국 신다자산관리 유한공사, 중국 동팡 자산관리공사가 공동으로 출자하였으며, 등록은 상하이 자유무역시험구에 하고, 총 규모는 50억 위안, 초기 규모는 15억 위안으로 하였다. 이 투자기금은 혼합 소유제 방식으로 하며, 금융자본을 실제 경제, 서비스, 도시 건설 및 대형 종합 건설 등과 결합시켜 자유무역구 내 산업과 금융을 결합하는 새로운 모델 구축을 도모하고 있다. 투자 원천으로 상기 네 개의 국유기업뿐만 아니라 민영기업, 대형 외자자산 관리공사 등도 포함시켜 국유자산을 주요 근간으로 하되 더 많은 사회자본 형식의 다원화된 자금 구조를 구상하고 있다.

상하이 자유무역시험구 관리위원회 부주임 겸 루쟈주이 금융무역구 관리위원회 지엔다니엔(簡大年) 주임은 상하이 자유무역시험구에 루쟈주이 금융단지가 포함됨으로써 자유무역시험구 제도의 푸둥으로 확대 복사와 푸둥 종합개혁 추진이라는 두 가지 목표를 추진할 수 있게 되었다고 평가하였다. 아울러, 국유자본, 민자, 외자가 공동으로 참여하는 금융 혁신을 목표로 하고 있는 지분투자펀드를 과감하게 추진하여 금융 및 서비스 부문에서 신속하게 혁신 기능이 착근되도록 하여 새로운 모델을 만들어 나가야 한다고 말했다.

### (4) 국유재산 유동 플랫폼 추진

국유자산 유동 플랫폼의 핵심은 투명하고 질서있는 국유자산 유동이 가능한 시스템을 구축하는 것이다. 즉, 국유기업 주식의 질서있는 진퇴를 추진하고, 혼합경제 발전 추진 과정에서 국유 주주권의 소유 주체, 관리 운영, 자금 배치 등 집행 경로와 융합체의 주요 통로로서 역할을 하는 것이다. 이 플랫폼을 통해 혼합 소유제 개혁을 심화시키고 우리 사주제와 주식 증여 인센티브 제도를 시행하여 국유기업 경영에 활력을 불어넣을 것으로 기대되고 있다. 2014년 7월 3일 상하이시 정부가 발표한 《상하이시 국유기업의 혼합 소유제의 적극적인 발전 추진에 관한 약간의 의견》에서 "상장기업 경영진 및 기술관리 핵심인원에 대한 지분 인센티브를 장려하며 혼합소유제 기업은 국가 규정에 따라 우리사주제 도입이 가능하다."는 내용을 규정하였다.

상하이 국유자산위가 국유자산 유동 플랫폼을 이끌어가고 있는데, 상하이 국성(國盛)집단과 상하이 국제(國際)집단을 중심으로 하는 플랫폼을 구축하였다. 상하이 국제(國際)집단은 금융 주식 위주이고, 상하이 국성(國盛)집단은 산업 주식 위주이다. 참고로 2014년 기준으로 상하이 국유자산이 전체 지방 국유자산에서 차지하는 비율은 자산총액 1/10, 영업 수입 1/8, 순 이윤 1/5이다. 2015년 1월 22일 중국 신다(信達)자산관리유한공사가 상하이 국유자산유한공사와 함께 200억 위안 규모의 신다(信達)궈신 국유기업혼합소유제 개혁(상하이) 촉진기금을 설립하였다.

상하이시 한정(韓正) 당위서기는 국유자산 개혁 추진에 있어 세 가지 업무에 주력할 예정이라고 밝혔다. 첫째, 과학적인 관리감독이다. 국유자산을 잘 관리하되 기업에 보다 많은 자주권을 부여하고, 기업의 수요에 맞춰 과학적인 메커니즘을 구축함으로써 합법적인 관리감독을 진행하는 것이다. 둘째, 효과적인 인세티브 제도를 시행한다. 다만, 기업별로 업종, 규모, 시장이 다르기 때문에 일률적인 인센티브 제도 적용은 불가하다. 셋째, 엄격한 규범화이다. 기업 경영진과 직원들이 넘어서는 안 될 업무 마지노선 등을 규정하고, 국유자산위 당위원회 및 국유자산위와 기업 간의 관계를 명확히 하며 관련 금지규정도 명확히 해야 한다.

2015년 1월 25일 상하이시 양슝(楊雄) 시장은 상하이 인대(人代)에서 행한 정부업무 보고에서 2015년에도 상하이시가 국유자산 개혁을 계속 추진할 것임을 강조하고, 특히 시장화에 박차를 가하고 혼합소유제 경제를 안정적으로 발전시킬 것이라고 언급했다.

### (5) 보험거래 플랫폼 추진

2014년 11월 21일 상하이시가 발표한 《현대 보험서비스업 발전 촉진에 관한 약간의 의견을 관철하기 위한 실시 의견》(상하이판 '신국10조')에서 시험구 운영을 계기로 보험업계의 도약 방침과 국제보험 혁신 플랫폼 구축 구상이 제시되었다. 상하이 국제항운, 국제무역 발전을 배경으로 하여 재보험 교역, 가격결정 중심지로서 역할을 확보해 나가겠다고 하였다.

중자 및 외자 재보험기관, 보험공사, 재보험 관리회사 입주와 리스크 평가, 손해청산, 법률자문 등 전문서비스 기관 유치를 적극적으로 추진하며, 상하이 자유무역시험구 내 보험자산 관리공사 및 자(子)회사, 각종 전문 보험자산 기관 및 보험자금 운영센터 설립을 지원하고, 외자보험 법인을 적극적으로 유치해 나가겠다고 하였다.

항운보험 관리, 보험평가, 해손청산 등 관련 기관의 입주도 적극적으로 유치한다는 방침이다. 에너지, 항공 등 특수 보험 업무를 개발하고, 시험구 내 외국자본 전문 건강의료 보험기구를 설립하며, 서비스 시스템과 서비스 상품 개발에도 박차를 가하겠다고 하였다. 또한, 자유무역시험구 보험자금의 국경 간 쌍방향 투융자를 추진한다는 방침이다. 보험기관이 시험구의 플랫폼을 활용하여 다양한 경외 융자를 전개하고, 보험 자금이 각종 국제 교역 시장에 참여할 수 있도록 지원해 나가며, 역외 위안화 재보험 발전에도 총력을 기울여 나가겠다고 밝혔다. 특히, 다양한 보험 산업 네트워크를 구축하고 보험거래소 건설을 가속화해 나가겠다는 방침도 표명하였다.

홍콩의 최대 재벌인 리쟈청(李嘉誠)의 차남 리저카이(李澤楷, Richard Li) PCCW 회장이 이끄는 푸웨이보험(富衛保險)이 2014년 11월 10일 상하이에 대표처를 설립했다. 상하이 자유무역시험구에 대한 중국 정부의 우대정책과 미래 금융 중심지로서의 발전 가능성을 보고 상하이에 대표처를 설립하기로 결정했다고 한다. 푸웨이보험 관계자에 따르면 합자 파트너를 찾고 있으며 관련 규정에 따라 2년 후에는 중국에 합자 생명보험회사를 설립할 계획이고 합자회사의 본사는 상하이 자유무역시험구 내에 두게 될 것이라고 밝혔다.

## 4. 자동차 병행수입 플랫폼 구축

### (1) 자동차 병행수입 제도 추진 배경 및 의미

중국 당국은 18기 3중전회 문건에서 공정한 시장경쟁 질서 확립을 표명한 이후 외자를 포함한 대기업 자본에 대해 반독점법 적용을 대폭 강화할 뜻을 분명히 하고 나섰으며, 주요 산업 및 제품에 대해 국내외 기업 불문하고 대대적인 반독점법 행위 단속 활동을 전개하고 있다. 항공, 일용화학, 자동차, 전신, 의약, 전자 6개 업종을 중심으로 가격 독점 행위를 엄중히 단속해 나갈 것으로 알려졌다.

고급 수입차에 대한 반독점 조사가 대대적으로 이루어지면서, 중국에서 '병행수입차'에 대한 개념이 다시금 제기되고 있다. '병행수입'이란 중개 판매상 이외 기타 수입상들이 제품 원산지로부터 직접 수입하는 수입경로와 기존의 국내 위탁판매를 부여받은 업체가 '병행'하는 것을 의미한다. 이 조치는 고급차 시장에서 완성차 업체들이 유통

망을 장악해 가격을 관리해온 구조를 깨고 시장 경쟁 활성화를 유도
하려는 시도이며, 자동차 시장에서 완성차 업계의 힘을 빼기 위해 병
행수입 제도를 적극적으로 활용하기로 한 것이다.

## (2) 병행 자동차 수입 제도 추진 경과

2014년 11월 6일 국무원 판공실은 《수입 촉진에 관한 약간의 의
견》에서 "상하이 자유무역시험구에서 먼저 자동차 병행수입 시범업
무를 가속시켜 나간다."는 방침을 표명하였다. 이어서 2015년 1월 7
일 상하이시 상무위원회는 홈페이지를 통해 《중국(상하이) 자유무역
시험구 자동차 병행수입 시범 실시에 관한 통지》를 발표하였다. 자동
차 판매업에 5년 이상 종사하고 최근 3년 연속으로 수익을 올린 경
영 실적이 있으며, 전년 재무연도 자동차 판매액이 4억 위안을 초과
한 기업은 상하이시 상무위원회 혹은 상하이 자유무역시험구 관리위
원회에 신청하여 허가를 얻은 후 상무부의 자동차 수입 허가증을 취
득하면 병행수입한 자동차를 판매할 수 있다.

2015년 1월 29일 상무부 언론 브리핑시 선단양(沈丹陽) 대변인은
상하이시가 중국의 자동차 수입 제도 혁신을 위해 상하이 자유무역
시험구 내 자동차 병행수입 시범방안을 적극적으로 제안하였으며, 상
무부는 국가발전개혁위원회, 공업신식화부, 해관총서, 질검총국 등 관
련 부처와의 논의를 통해 자동차 병행수입 시범사업을 지원하기로 결
정하였다고 설명하였다.

2015년 2월 10일 상하이시 상무위원회와 상하이 자유무역시험구
관리위원회는 17개 자동차 병행수입 시범 업체를 발표하였다. 명단
에는 상하이, 베이징, 톈진, 충칭, 장쑤성, 허난성, 산시성 등 여러 지

역 업체들을 망라하고 있는 데, 자동차 병행수입 제도를 먼저 상하이에서 시범 실시해 본 후 전국으로 확산시켜 나가겠다는 방침이 작용하고 있는 것으로 분석된다.

2015년 2월 15일에는 상하이시 해관, 출입경검험검역국, 공상행정관리국, 세무국, 공안국, 환경보호국, 교통위원회 관계 및 시범 기업 대표들이 참석한 가운데 '중국(상하이) 자유무역시험구 병행 자동차 수입 전시교역중심' 현판식을 갖고, 자동차 병행수입 업무 개시를 공표하였다.

### (3) 병행 자동차 수입 제도 내용

《중국(상하이) 자유무역시험구 자동차 병행수입 시범 실시에 관한 통지》에 따르면 병행수입은 상하이를 위주로 하되 판매지역은 시범기업의 기존 판매지역을 위주로 할 수 있게 되어 기존 네트워크를 통해 중국 전역에 병행수입 차량을 판매할 수 있다. 시범기업과 상하이 자유무역시험구에 등록한 해당 자동차 판매업체는 병행수입 자동차 품질을 살펴야하는 책임 주체로서 법에 따라 상품 리콜, 품질 보장, 애프터서비스, 자동차 3포(수리, 교환, 환불) 및 평균 연비 계산 등의 의무를 이행해야 한다고 규정하고 있다.

또한, 중고차량과 불법으로 개조된 차량 수입은 불허하며, 원 제조업체가 허가한 방식으로 품질 결함 문제 해결에 관해 책임을 져야 하고, 판매업체가 수입한 자동차 제품은 관련 품질 기준, 기술 규범의 강제성 요건에 부합하며 국가에서 규정한 강제성 상품 인증 등 진입 조건에도 부합해야 한다는 내용이 포함되어 있다.

2015년 1월 29일 상무부 언론 브리핑 시 병행수입 시범사업을 신청한 기업들이 많은 사항을 지킬 것을 요구받는 등 애로가 많다는 질의에 대해 션단양(沈丹陽) 상무부 대변인은 자동차 병행수입은 자동차 무역 모델을 혁신하는 것이지만 불가피하게 새로운 문제가 발생할 수 있기 때문에 리스크 억제가 가능한 사업 추진을 원칙으로 삼아 소비자 권익을 보호하고 안정적인 시범사업을 추진해나자고 말하였다.

### (4) 병행 자동차 수입 제도 효과 전망

자동차 병행수입 선두 주자인 와이까오챠오그룹이 상하이 자유무역구에 수입자동차 거래센터를 설립하기 위해 준비작업에 박차를 가하고 있다. 수입자동차 거래센터는 수입업체가 직접 자동차 원산지로부터 수입을 승인하고 중간 판매상이 관리를 책임지고 애프터서비스를 보장하며 소비자 권익보장, 부품공급 및 종합서비스 관리 등의 업무를 하게 된다. 그동안 병행수입으로 들어온 차들은 애프터서비스 제공이 불가능해 시장을 확대하기 힘들었는데 이 문제를 해결하고 소비자들의 우려사항인 차량 수리 보험 문제도 해결해 나가겠다는 것이다.

전문가들은 병행수입이 시작되면 차량 가격이 떨어질 뿐만 아니라 완성차 업체들이 직접 운영하며 독점적 권한을 행사하던 부품, 애프터서비스 시장이 활성화될 것으로 예상하고 있다. 2014년 중국 내 병행수입 채널로 들어온 수입차는 전체 자동차 시장의 7%(104만대)에 불과했다. 업계 전문가들은 상하이 자유무역시험구의 시범운행이 성공을 거둔다면 향후 전국적으로 확산될 가능성이 높고, 전체 수입차 가격 시스템과 수익체인이 모두 영향을 받아 수입차 판매가격이 10~15% 가량 저렴해지고 15%까지 병행수입 판매가 늘어날 것으로 전망하고 있다.

중국 정부는 자동차 병행수입을 통해 새로운 자동차 판매 경험을 쌓고 자동차 유통 시스템을 개혁하며, 관리감독 방식과 A/S 시스템의 경험을 축적할 뿐만 아니라 자동차 유통 관리의 제도화, 공정한 시장 경쟁 촉진을 기대하고 있다. 앞으로 자동차 병행수입 제도는 국가 정책적인 차원에서 적극적으로 추진될 것으로 전망된다.

## 5. 문화 플랫폼 설립 추진

### (1) 상하이 문화재산권 거래소 설립

중국 정부는 2020년까지 문화강국 건설 목표를 기치로 내세우면서 문화콘텐츠 산업을 새로운 성장 동력으로 인식하고 다양한 정책과 지원 사업을 전개하고 있다. 정부 주도였던 문화 콘텐츠 산업 육성을 민간으로 전환하기 위해 2009년에 상하이에 문화재산권 거래소를 설립하였다. 문화재산권 거래소는 문화 가치의 창출 및 실현, 문화 요소의 거래, 문화재산권 가치의 보존 및 증식, 문화와 자본의 연결 통로 및 국내외 문화 요소의 소통이라는 목표를 가지고 있다.

구체적으로 설명하면 문화재산권 거래소는 문화 재산권 교역, 문화상품 투자, 문화기업 인큐베이팅, 문화재산권 등기, 문화상품 전시 및 교역, 상품 매니지먼트 등 각종 서비스를 제공하며 이로 인해 발생하는 수수료로 운영하는 종합형 금융투자기관이다. 상하이 문화재산권 거래소는 중국 내 최초로 구축된 종합적 문화 물권, 채권, 주식, 지적 재산권 등을 거래 대상으로 하는 전문화 시장 플랫폼이다. 상하이의 우수한 금융 인프라 및 자본과 문화를 결합해 종합형 금융투자 서비스를 제공하고 있으며, 거래소 등록항목은 2,000개, 거래액 150억 위안 이상으로 중국 내 문화재산권 거래소 중 규모가 가장 크다.

## (2) 문화 교역 플랫폼 구축

2011년 10월 국가 대외문화무역기지(상하이)라는 이름으로 상하이 국제 문화교역 플랫폼이 출범하였다. 전국의 문화기업을 위한 수출입대리, 전시 중개, 상품 전시, 설비 임대, 비즈니스 컨설팅, 판권교역, 연예에이전트, 문화교역 인재 양성 등 다양한 서비스를 제공하고 있다. 2014년 9월 3일 상하이 문화재산권 교역소와 공상은행 상하이 분행이 합작으로 상하이 자유무역시험구 내에 '브랜드 은행'을 설립하였다. 이어서 9월 28일 중국 판권국은 상하이 자유무역시험구에 국가 판권교역기지 설립에 동의하였는데, 이는 창장 삼각주 내 최초의 국가급 판권기지이다.

2014년 10월 29일 상하이 문화재산권 거래소와 상하이 현대 서비스연합회가 상하이 자유무역시험구에서 계약을 체결하고, '상하이 브랜드 건설 지도센터'와 '상하이 브랜드 가치 인증센터' 설립 현판식을 개최하였다. 전문가들은 '브랜드은행'이 자유무역시험구에 설립된 후 상하이 문화재산권 거래소가 브랜드 산업 발전을 이끌어가는 또 하나의 조치로서 평가하고 있다.

이로써 현대 서비스업에 종사하는 업체들은 자유무역시험구 내에서 브랜드에 관한 '원스톱' 서비스를 받을 수 있게 되었다. 즉, '상하이 브랜드 건설 지도센터'를 통해 브랜드를 구축하고, 브랜드가 성숙기에 진입하면 '상하이 브랜드 가치 인증센터'에서 당해 브랜드에 대하여 가치평가를 하며, '상하이 문화거래소'를 통하여 질권 설정, 자금 조달 등 서비스를 받을 수 있다. 전문가들은 앞으로 상하이 현대 서비스업 관련 기관들이 자유무역시험구 내에서 '두개 센터'와 '브랜드 은행' 등을 통하여 브랜드 육성부터 브랜드 가치 인증, 금융자본과의 연결까지 '원스톱' 서비스를 받을 수 있게 되었다고 평가하였다.

## (3) 문화 장비산업 플랫폼 건설 추진

2014년 10월 15일 제1차 상하이 국제 첨단기술 문화장비 산업발전 포럼에서 상하이 자유무역시험구 양산항 보세구에 중국 최초의 국제 첨단기술 문화 장비산업 집중 플랫폼을 건설하겠다는 청사진이 발표되었다. 문화장비 산업은 영화장비, 무대장비, 영화관 설비, 인쇄 장비, 연예오락 장비, 이동통신 장비 등 6개 부문을 포괄한다. 전날에는 푸둥에서 상하이 동팡밍주 문화발전 유한공사 등 상하이시 내 유수한 문화산업 업체가 참가한 가운데 첨단 문화장비 산업연맹이 발족되었다.

## 제3절 상하이 자유무역시험구와 위안화 국제화

### 1. 위안화 국제화 현황

통화의 국제화는 통화의 일부 혹은 전체 기능이 원래의 사용지역에서 여타 국가 및 지역, 나아가 글로벌 범위로 확대되어 국제통용 화폐가 되는 동태적 과정이다. 국제통화가 되면 해당 국가의 대외무역과 투자가 효율적으로 촉진되고 동시에 국제사회에서의 발언권도 강화된다. 중국 정부는 위안화 국제화가 중국의 정치 및 금융의 지위를 상승시키고 글로벌 경제활동에서 주도적 위치를 차지하는 데에 유리한 조건을 제공할 수 있다고 보고 적극적으로 추진하고 있다.

한 나라의 화폐가 국제화하기 위해서는 다음 세 가지 요건이 어느 정도 충족되어야 한다. 첫째, 교환의 매개수단, 결제통화로 사용되어야 한다. 둘째, 무역금융거래 등 국제거래에서 계산단위로 사용되어야 한다. L/C나 외화 대출계약에서 화폐단위로 사용되어야 한다는 의미이다. 셋째, 예금 대출, 채권 발행 그리고 대외지급 보유자산에 이용하는 것이다. 즉, 가치통화로서의 기능을 갖추어야 한다.

중국 인민대학 국제화폐연구소는 세계 무역결제, 금융거래, 외환보유고 3개 방면에서 위안화가 차지하는 비중을 기준으로 평가하여 위안화 국제화 지수를 발표하고 있는데, 위안화가 국제 경제활동 과정에서 실질적으로 사용되는 정도를 나타내는 수량 지표가 해마다 빠른 성장을 보이고 있으며, 2012년 말 0.87에서 2013년 말 1.69로 대폭 상승하고, 2014년 1분기와 2분기는 각각 1.74와 1.96으로 오르면서 위안화가 세계 지불화폐 8위를 기록했다고 발표하였다.

한편, 국제은행 간 통신협회(SWIFT)는 2014년 12월 28일 위안화가 2014년 12월 현재 캐나다 달러와 호주 달러를 제치고 달러, 유로화, 파운드, 엔화에 이어 글로벌 5대 결제 통화로 부상했다고 보고서를 통해 발표했다. 위안화 글로벌 결제액은 2.17%의 글로벌 점유율을 보이며 시장 점유율 2.69%인 엔화를 바짝 뒤쫓고 있다. 전문가들은 위안화가 글로벌 5대 결제 통화로 부상한 것은 중요한 이정표이며, 이는 위안화의 국제화를 반영하는 것이자 위안화가 신흥 통화에서 상용 결제 통화로 이행하고 있음을 나타내는 것이라고 평가하였다.

## 2. 위안화 국제화를 위한 조치

2008년 글로벌 금융위기 이전부터 중국 정부는 주변 국가와 지역을 위주로 위안화 국제화를 시작하였다. 각국과의 통화스왑 체결, 위안화 청산결제은행 지정, 위안화 적격외국인투자자(RQFII) 자격 확대, 직거래 화폐 확대 등 위안화 국제화를 위한 조치를 취해 왔다. 이에 따라 국제사회에서의 위안화 수용도가 커지고 여러 국가 및 지역과 통화스왑 계약이 증가하고 글로벌 외환거래소에서 위안화의 거래가 활발해지면서 위안화 역외시장도 빠른 속도로 발전하고 있다.

상하이 자유무역시험구 추진 동기중 하나가 바로 위안화 국제화 이며, 후강통 실시도 위안화 국제화 확대에 긍정적으로 기능할 것이다. 아시아 인프라 투자은행(AIIB), 브릭스의 신개발은행(NDB)의 추진도 중국과 다른 국가 및 지역과의 무역과 투자 부문에서 위안화의 결제 범위를 확대시켜 위안화의 국제화를 제고시켜 줄 것으로 예상된다.

### (1) 통화스왑

중국 정부는 2009년 4월 아르헨티나와의 통화스왑을 시작으로 각국 중앙은행들과의 통화스왑 협정을 속속 체결하고 있다. 2014년 9월 17일 현재 중국은 25개 국가 및 지역과 2조 7,282억 위안 규모의 위안화 통화스왑 계약을 체결했다. 그 후 11월에 인민은행은 카타르 중앙은행과 통화스왑 협정을 체결하였으며, 이어서 오스트레일리아 중앙은행과 '위안화 청산 협정 설립에 관한 협력각서'를 체결하였고, 캐나다 중앙은행과도 통화스왑을 맺었다.

글로벌 금융위기 이전 중국의 통화스왑 업무는 미국 달러를 위주로 전개되어 위안화가 국제적 관심을 받기 어려운 상황이었으나, 금융위기와 유럽 채무위기로 인해 미국 달러와 유로화의 국제 신뢰도가 하락하면서 위안화 국제화에 유리한 환경이 조성되었는데, 여러 나라와 통화스왑 계약을 체결함으로써 위안화가 국제 금융시장에 유입되는 속도를 더욱 높여 줄 수 있게 되었다.

## (2) 위안화 청산결제은행 확대

최근 외국의 중앙은행들은 글로벌 위안화 역외 허브를 선점하기 위해 위안화 청산결제은행을 속속 설립하는 등 발 빠른 행보를 보이고 있다. 2003년 홍콩을 시작으로 2013년까지 대만, 마카오, 싱가포르 등 4곳에 위안화 청산결제은행이 설립된 데 이어 2014년에는 런던, 파리, 프랑크푸르트, 룩셈부르크 등 유럽 금융 중심지를 비롯해 서울, 시드니에도 위안화 청산결제은행이 들어섰다.

2014년 11월에는 카타르와 도하에 위안화 청산결제은행 설립을 위한 양해각서(MOU)가 체결되고, 북미 지역에서는 처음으로 캐나다가 위안화 청산결제은행 설립 대상이 되었으며, 말레이시아도 위안화 청산결제은행 설립에 동참함으로써 2014년에만 9개 국가에 위안화 청산결제은행 추진 방침이 결정되었다.

## (3) 외화 준비통화 편입 및 직거래 화폐 확대

위안화를 외화 준비통화에 편입시키려는 움직임도 일고 있다. 영국은 중국을 제외한 국가로는 세계 최초로 위안화 표시 국채를 발행하고 조달 자금을 영국의 외환 보유액 재정지원에 사용하겠다고 밝혀 위안화의 외환 보유액 편입을 사실상 확정지었다. 유럽 중앙은행(ECB), 볼리비아, 호주, 남아프리카공화국 등 다른 국가에서도 위안화를 외환 보유액에 편입시키는 방안을 논의하고 있는 것으로 알려져 위안화 국제화에 힘이 실리고 있다. 2014년 현재 위안화를 외환 보유액 기축통화로 편입한 국가는 나이지리아, 러시아, 말레이시아 등이다.

한편, 2014년 10월 28일 싱가포르 달러와 위안화의 직거래가 개시되면서 미국, 호주, 뉴질랜드, 일본, 영국, 유럽에 이은 7번째 위안화 직거래 허용 지역이 탄생하였다. 직접 교환거래 도입에 따라 환전 코스트가 절감되고 외환시장 거래가 통화별로 다양화되고 있다. 아울러, 중국 최대 은행인 공상은행은 2014년 11월 미국 LA 시의회와 해외 위안화 센터를 건립한다는 양해각서를 체결했다. 미국 내 환전과 송금은 물론 무역대금 결제, 청산까지 위안화와 관련된 각종 서비스를 강화하기 위해서이다.

### (4) 위안화 적격 투자 확대

외국인 기관 투자자가 일정 한도 내에서 중국 주식 및 채권 시장에 위안화로 직접 투자할 수 있도록 허가하는 정책인 위안화 적격해외기관투자자(RQFII) 제도가 확장되고 있다. 2013년 영국, 싱가포르에 이어 2014년에는 프랑스, 한국, 독일, 카타르, 호주, 캐나다 등이 RQFII 승인을 받았다. RQFII 제도는 역외 투자자들이 위안화 자금을 중국 역내 자본시장에 투자할 수 있는 개방 루트이다.

즉, 역외 위안화를 중국 내 주식, 채권 시장에 투자할 수 있도록 국가별, 기관별로 한도를 정해 허용하는 제도다. 중국 외환시장에서 위안화로 환전해 투자하는 적격해외기관투자자(QFII)와는 다르다. 중국 주식 50% 이상 투자해야 하는 QFII와는 달리 RQFII는 투자상품에 대한 비중 제한이 없다. 중국 증권감독위원회는 RQFII의 운영이 위안화 역외시장의 발전을 촉진하고 자본시장의 대외개방을 확대하는 등 긍정적인 작용을 하고 있다고 평가하고 있다.

## 3. 다자 차원의 위안화 국제화

### (1) 아시아 인프라 투자은행(AIIB) 설립 추진

2013년 10월 동아시아정상회의에서 시진핑 주석이 아시아 인프라 투자은행(AIIB)을 제안한 후 2014년 4월 10일 보아오 포럼에서 러우지웨이(樓繼偉) 재정부장은 아시아에서 기초 설비투자가 많이 부족한 상황이라고 말하고, 아시아 인프라 투자은행은 주로 인프라 개발을 목표로 할 것이라고 설명하였다.

2014년 10월 24일 중국을 비롯하여 인도, 파키스탄, 몽골, 스리랑카, 우즈베키스탄, 카자흐스탄, 네팔, 방글라데시, 오만, 쿠웨이트, 카타르와 ASEAN 9개국(인도네시아 제외) 등 총 21개국의 아시아 인프라 투자은행(AIIB) 제1차 창립 희망 회원국 재무장관 및 수권대표들이 베이징에서 AIIB 설립 양해각서를 체결하였으며, 초기 자본금 500억 달러 규모(추가적으로 1,000억 달러 수준으로 증액 목표)의 AIIB 설립을 선언했다. 2015년 말 본 협정을 체결할 때까지 회원국을 계속 늘려나간다는 방침이다.

시진핑 주석은 체결식에 참석한 각국 대표들을 접견하면서 AIIB는 개방적이고 포용적인 지역주의를 가져야 하며 의향이 있는 모든 국가들의 적극적인 참여를 환영한다고 말하였다. 호주, 인도네시아, 한국 등이 체결식에 참석하지 않은 것에 대한 질문에 대해 외교부 대변인은 정례 브리핑시 관련 국가들과 소통과 협상을 계속할 것이라고 답변하였다. 그 후 11월 25일 인도네시아 재무장관이 아시아 인프라 투자은행 MOU에 서명하였으며, 2015년 2월 요르단이 가입함으로써 27개 국으로 늘어났다. 중국은 한국의 가입을 권유하고 있는

데, 대외적으로는 한국과 소통을 계속하고 있다고 밝히고 있다.

시진핑 주석은 2015년 2월 10일 주재한 중앙재경영도소조 제9차 회의에서 AIIB 설립 가속화를 지시하면서, AIIB 주요 임무는 아시아 인프라와 일대일로(一帶一路 : 육상·해상 실크로드 프로젝트) 건설에 대한 자금을 제공하기 위한 것이며 현존 인프라 융자 관련 국제 금융 시스템을 보완하기 위한 것이라고 강조하였다. 전문가들은 아시아 인프라 투자은행은 중국이 미국과 일본 주도의 세계은행(WB), 국제통화기금(IMF) 및 아시아개발은행(ADB)을 견제하고 국제 금융시장에서 입지를 강화하며 중앙아 및 동남아 지역으로 경제력을 확대하려는 두 마리 토끼를 동시에 잡겠다는 야심찬 프로젝트라고 평가하고 있다.

### (2) 브릭스의 신개발 은행 설립 추진

브릭스 신개발은행(NDB)은 중국, 러시아, 인도, 브라질, 남아공 등 브릭스 5개국이 설립을 추진하고 있는 국제 금융기관으로서 브릭스 국가 및 기타 개발도상국의 인프라 시설 건설자금 지원이 주요 목적이다. 2014년 7월 15일 브라질에서 개최된 브릭스 정상회의에서 설립 계획이 선포되었으며 법정 총자본금은 1,000억 달러로 초기자본 500억 달러 이외에 500억 달러의 추가 자본 모집이 가능하다.

브릭스 개발은행이 설립되면 브릭스 국가 사이의 경제관계가 더욱 긴밀해지고 중국과 다른 브릭스 국가 간 위안화 통화스왑 체결이 증가하여 브릭스 국가의 보유 외환 중 위안화가 차지하는 비중이 증가하게 된다. 브릭스 5개국은 세계에서 가장 중요한 신흥시장이므로 브릭스 국가 내에서 위안화의 지위 상승은 국제사회에서 지위 상승으로 직결될 것으로 예상된다.

브릭스 은행이 설립되면 인프라 건설 방면에서 풍부한 경험과 경쟁력을 가지고 있는 중국 기업들의 해외 진출이 증가하게 되며, 이 과정에서 중국과 다른 국가 사이에 양방향 무역 및 투자 규모가 확대될 수 있다. 중국과 브릭스 국가 및 기타 개발도상국과의 경제관계가 긴밀해지면 효율적인 무역거래와 자금 이동을 보장하기 위해 결제업무의 간소화가 필요하고, 중국 정부는 이러한 기회를 이용하여 다른 국가 및 지역과의 위안화의 결제 범위를 확대시켜 위안화의 국제화를 제고할 수 있다.

## 4. 상하이 자유무역시험구를 통한 위안화 국제화

경제 규모, 무역 네트워크, 투자 적격성, 양적 금융 심화 정도 면에서는 위안화가 세계 기축 통화가 될 수 있는 여건이 어느 정도 갖춰져 있으나, 자본거래 개방성, 외환시장 사용도, 각국 외환 보유와 자본 및 무역 거래 사용도 측면에서는 부족한 것으로 평가되고 있다. 위안화 국제화가 실현되려면 위안화가 회계단위 결제 및 저축 수단으로서 국제사회에서 받아들여지는 과정이 필요한 데, 여기에는 무역 적자를 통한 방법 경상계정과 자본계정 즉 자본 유출을 통한 방법이 존재한다. 경상계정에만 의존하는 것은 현실적으로 불가능하기 때문에 자본 유출을 통한 위안화의 국외 이동이 절실히 필요하지만 중국 자본계정의 불완전 태환이 자본 유출을 제한하고 있는 상황이다.

이를 위해 먼저, 가장 큰 위안화 역외 시장인 홍콩의 경험을 학습하고 내륙지역으로서의 이점을 활용하여 기업의 역외업무 전개와 금융상품 혁신에 대한 지원을 통해 금융시장 발전을 추진하고 새로운 금융업무의 기회를 창조하려고 한다. 다음으로, 위안화 역외 대출 태환, 채권 발행 투자 결제 등의 업무를 전면적으로 확대하여 위안화의 해외 부존량을 증가시키고 역외 순환 메커니즘의 형성을 촉진하려고 한다.

중국 정부는 특히 상하이 자유무역시험구를 통해 자본거래 자유화, 금리자유화, 규제 완화 등을 모색하고, 역외 금융시장 건설을 통한 위안화 역외자금 순환을 추진하며, 위안화 국제화에 새로운 플랫폼을 제공하려고 하고 있다. 즉, 상하이 자유무역시험구를 통해 위안화 자본의 국외 유출을 증가시키고 위안화의 양방향 이동을 확대시키는 기능을 강화하려고 하고 있다. 위안화 주식투자 펀드 업무, 역외 기업의 역내 위안화 채권 발행, 역내 기업의 역외 위안화 채권 발행이 이미 시범 시행되고 있으며, 자본계정의 태환 가능성과 환율 시장화를 촉진시켜 나가고 있다.

2014년 2월 21일 인민은행 상하이 총부는 《중국(상하이) 자유무역시험구 위안화의 국경 간 사용의 확대를 지지하는 것에 대한 통지》를 발표하여 위안화 해외 사용의 절차를 간소화 하였고 위안화 해외 사용의 범위를 확대하였으며 자유무역시험구 위안화 해외 차입업무의 절차에 대하여 구체적으로 규정하였는데, 이는 위안화 국제화를 가속화하고, 상하이를 위안화 상품 혁신, 교역, 가격 결정 및 청산 중심지 지위를 확고히 하는 데 기여할 것으로 평가되었다.

또한, 상하이 자유무역시험구 내 기업 및 금융기관들은 역외 위안화시장으로부터 위안화 차입이 가능하며, 일정요건을 충족하는 기업이나 개인들의 경우 대외투자도 허용되었다. 2014년 5월 23일 중국 인민은행 상하이 총부가 대외 자본거래를 자유롭게 할 수 있는 자유무역계좌의 운용에 관한 세부내용을 발표함에 따라 위안화를 이용한 경상거래, 해외 직접투자, 국경 간 대출 등에 대해서는 즉시 거래가 허용되었다.

## 5. 위안화 국제화의 한국에 대한 시사점

최근 세계적으로 위안화 역외 허브가 확산되고 있으며, 위안화 역외 허브 구축 열풍도 위안화의 국제화 움직임에 한몫을 하고 있다. 위안화 역외 허브란 중국 본토 바깥에서 위안화가 활발히 사용되거나 거래되는 지역을 말하며, 현재 홍콩, 싱가폴, 일본, 호주, 한국, 영국 등 10개국이 해당된다. 위안화 역외 허브가 구축되기 위해서는 통화스왑, 위안화 적격투자확대제도(RQFII), 위안화 청산·결제 은행 설립 등 제반 인프라가 필요하다.

홍콩은 2003년에 이미 위안화 청산은행이 설립되는 등 위안화 허브 관련 인프라가 가장 먼저 구축되었으며, 국제 금융 중심지이면서 중국의 통제하에 있어 중국 정부가 위안화 국제화를 위한 시험대(test bed)로 적극 활용하고 있다. 아시아 금융 중심지인 싱가포르는 중국-아세안 간 무역이 급증하면서 위안화 무역 결제도가 크게 높아지고 있다. 런던은 글로벌 외환거래의 중심지이자 중국의 주된 유럽 관문 및 홍콩과의 전통적인 관계 등이 작용하여 위안화 역외 허브역할을 할 수 있는 여건이 갖추어져 있다.

한국은 역외 위안화 허브 추진의 후발주자이지만 제반 인프라 구축은 일괄적으로 진행되면서 상당히 빠른 편이다. 시진핑 주석이 2014년 7월 3~4일간 방한 시에 한중 양국은 한국에 원-위안화 직거래시장 개설, 서울에 있는 교통은행 지점을 위안화 청산은행으로 지정, 한국에 800억 위안 규모의 위안화 적격해외기관투자자(RQFII) 자격 부여 및 한국에서 위안화 표시 채권 발행 등에 합의하였다. 그 후 11월 6일 중국 교통은행 서울지점이 위안화 청산은행 출범 현판식과 출범식을 갖고 본격적인 청산은행 업무를 시작했다.

12월 1일에는 원-위안화 직거래 시장이 정식 개설됐다. 전문가들은 앞으로 중국 자금 유입이 늘어나는 등 중국 경제 의존도가 높아지고, 통화가치 측면에서 현재 저평가된 위안화에 펀더멘탈이 반영되면서 점진적으로 절상되고 위안화와 원화간 동조화가 보다 심화될 것으로 전망하고 있다. 한편, 금융산업 측면에서 위안화와 관련된 은행 여수신, 증권 IB 업무, 환위험 헤지, 자산 운영 등의 비즈니스 기회가 점차 확대되고, 원-위안화 직거래 시장 개설로 환전 절차가 간소해지고 비용이 줄어들면서 무역거래가 활성화될 것으로 전망되고 있다. 한국 정부와 기업은 역외 위안화 허브 확산에 따른 기회요인과 위협요인을 면밀히 파악하여 기회요인은 적극 활용해 가는 한편, 위협요인에 대해서는 리스크 관리를 강화해 나가야 할 것이다.

## 제4절 상하이 자유무역시험구와 후강통

### 1. 후강통 실시 방침 발표

2014년 4월 10일 하이난다오(海南島)에서 개최된 보아오 포럼에서 리커창 총리가 후강통(滬港通) 허용 방침을 처음 언급한 직후 중국 증권감독위원회(CSRC)와 홍콩 증권선물위원회(SFC)는 상하이

주식시장과 홍콩 주식시장간 연계를 통한 상호주식투자를 시범 허용
키로 합의하였다고 발표하였다. 후강통(滬港通)이란 상하이를 의미하
는 후(滬)와 홍콩을 의미하는 강(港), 그리고 이를 연계하는 통(通)으
로 상호개방을 통해 증시투자를 허용한 것을 통칭하는 것이며, 홍콩
을 통한 중국 본토 투자인 후구통((滬股通)과 중국 본토를 통한 홍콩
투자인 강구통(港股通)으로 구별된다.

## 2. 후강통 추진 과정

### (1) 후강통 수렴 방안 발표

2014년 4월 29일 상하이 증권거래소는《후강 주식시장 교역 상호
연동 상호 통행에 관한 시범실시 세칙(의견 수렴 초안)》에 관해 5월
16일까지 시장과 전문가들의 의견을 수렴할 예정이라고 발표하였다.

홍콩 투자자가 매입 가능한 상하이 주식시장 주식은 SSE180 지수
와 SSE380 지수 구성종목, 그리고 상하이, 홍콩 동시 상장 종목
(A+H)이며, 투자 가능 종목의 시가 총액 합계는 상하이거래소 시가
총액의 약 90%에 해당된다. 투자자가 홍콩 위탁 판매상에 위탁하여
홍콩거래소가 설립한 증권사를 통해 상하이 증권거래소에 매매 요청
한 후 규정된 범위에서 상하이 증권거래소에 상장된 주식을 매매한
다. 상하이 증시에 대한 연간 투자한도는 3,000억 위안이며, 일별 투
자한도는 130억 위안이다.

중국 본토 투자자가 매입 가능한 홍콩 주식은 Hang Seng 대형주
지수와 중형주 지수 구성종목 및 동시 상장종목(A+H)이며, 동 투자
가능 종목의 시가총액은 홍콩거래소의 약 95%에 해당된다. 홍콩 증

시에 대한 연간 투자한도는 2,500억 위안이며, 일별 투자한도는 105억 위안으로 제한되며, 기관투자가 및 증권계좌 잔액 50만 위안 이상의 개인 투자자만이 홍콩증시 투자가 가능하다.

### (2) 후강통 정식 실시 발표

상하이 증권거래소는 2014년 9월 26일 후강통 수렴 방안을 약간 수정, 보완하여 《상하이 증권거래소 후강통 시범방안》을 발표했다. 그런데, 상하이 증권거래소가 '후강통 시범방안'을 정식으로 발표했지만 곧바로 구체적인 시행일은 밝히지 않았다. 리커챵 총리가 4월에 후강통 개시 방침을 천명할 할 때에 6개월 내에 개시하게 될 것이라고 언급하였기 때문에 2014년 10월 말에 후강통 실시 전망이 우세하였으나 10월을 넘겼다.

홍콩 시위 영향으로 중국 당국이 '암시 정치' 일환으로 홍콩 시위대들에게 시그널을 주기 위해 시행 시기를 조절한다는 이야기도 나왔다. 심지어 중국 국무원 산하 발전연구중심 금융연구소장은 11월 3일 기자들과의 질의 응답과정에서 홍콩 시위가 후강통 업무 개시 연기의 한 원인이라고 생각한다고 말하였지만, 결국 11월 17일 시작하는 것으로 발표되었다. 중국과 홍콩 증권당국은 '후강통'의 정식 개통을 선언한 날인 11월 10일 이틀 후인 12일에는 홍콩 외환당국이 홍콩 주민에 대한 위안화 환전 제한을 철폐하여 홍콩과 중국 대륙간 위안화의 자유 유통이 가능하도록 조치했다.

### (3) 후강통 개시 이후 동향

후강통이 시작되면 상하이 증시가 큰 폭으로 오를 것으로 예상되었으나 막상 후강통의 문이 열리자 기대보다는 낮은 지수로 시작하여 의아함을 자아냈다. 그런데, 며칠 후부터 오르기 시작하더니 후강통 거래일 10일 만에 상하이 지수는 445포인트 상승해 상승폭이 19.34%에 달했으며, 최고 2987.03선을 기록했다. 선전지수도 덩달아 상승하고 거래량이 늘었다.

중국 증시는 A주로 자금이 몰리면서 12월 3일에는 상하이, 선전 양 증시의 거래량이 역대 최고치인 9149억 위안을 돌파하였으며, 4일 상하이 지수는 4.3% 상승해 2012년 이후 하루 최대 상승폭을 기록하였고, 5일 오후 현재(2시 40분) 상하이, 선전 양 증시의 하루 거래액이 1조 위안을 돌파하여 기록 갱신을 이루었다. 중국 증시의 진정한 '봄날'이 왔다는 언론 보도가 쏟아졌다.

그로부터 4일 후인 12월 9일 상하이 증시가 극과 극의 반전을 보이며 장을 마감했다. 오전에는 장중 3091.32선까지 오르며 49개월 만에 사상 최고치를 기록하였고, 상하이, 선전 증시의 거래금액도 1조 위안을 넘어섰다. 그러나 오후 들어 자금의 대규모 이탈로 상하이 증시는 5.43% 폭락하며 장을 마감했다.

교통시설, 미디어 등 분야를 제외한 기타 분야는 모두 녹색으로 물들었다. 특히 강한 오름세를 보이던 보험, 항공 분야가 9% 이상 폭락했고, 은행, 통신 등도 6% 떨어졌다. 증권사 주식은 하루 내내 강세를 보이다가 마감 직전에 6% 넘게 하락했다. 이날 하한가를 기록한 주식은 170개를 넘었다. 이것이 후강통 실시 이후 20여 일 동안의 스케치이다.

## 3. 후강통 추진 평가 및 전망

### (1) 기존 제도에서 진일보된 조치

중국은 이미 2002년에 적격해외기관투자자(QFII)에 이어 2011년 위안화 적격해외기관투자자(RQFII) 제도를 도입하여 외국 기관들에게 중국시장을 개방했는데, 후강통 시행으로 외국 개인들에게도 증권시장을 개방한 것이다. 그런데, 후강통은 기존 적격해외기관투자자(QFII) 제도나 위안화 적격해외기관투자자(RQFII) 제도와는 다른 몇 가지 특징이 있으며, 보다 진일보한 투자 방식으로 평가된다.

첫째, QFII나 RQFII은 적격 조건을 갖춘 기관 투자자에게만 투자 자격이 허용되나, 후강통은 개인에게 적용된다. 둘째, 후강통은 QFII나 RQFII와 달리 특별한 투자 자격 조건이 필요 없으므로 자격 조건 획득에 걸리는 시간이 존재하지 않으므로 즉시 참가가 가능하다. 셋째, QFII나 RQFII는 펀드라는 특성 때문에 초기 투자 유지 기한, 주식 편입 한도, 환매 기간 제한 등이 있으나 후강통은 투자에 특별한 제한이 없어 편리성이 뛰어나다.

넷째, QFII나 RQFII는 투자 수익 환수에 일정 시간이 걸리나 후강통은 자본 차익, 현금 배당 등의 투자 수익을 제한없이 자유롭게 계좌를 통해 인출할 수 있다. 다섯째, 후강통은 위안화로 주식에만 투자하게 되나, QFII은 달러화를 위안화로 환전해서 주식과 채권 등에 투자되고, RQFII는 위안화로 직접 투자되지만 채권이 주된 투자 대상이다.

### (2) 홍콩을 통한 중국 자본시장 발전 촉진

금융 전문가들은 금번 조치가 금융개혁과 자본자유화에 대한 중국

지도부의 강력한 의지를 보인 것이며, 중국과 홍콩 간 자본시장의 양
방향 개방을 통해 투자자들의 상호 접근성을 제고하고 자본시장의
건전한 발전에도 기여할 것으로 평가하였다. 또한, 중국 입장에서 회
계 투명성이 높고 고도로 발달된 홍콩 자본시장에 대한 접근성이 높
아지면서 투자자들의 자산운용을 다양화하고 자본시장 선진화에도
도움이 될 것으로 분석되었다.

후강통 개혁방안은 홍콩과의 연계 서비스를 통해 선진화된 금융시
스템을 도입하고, 중국 본토 이외의 자본 유입을 통한 유동성 확보를
도모하는 것이다. 투자 대상과 규모에 대한 제한이 있어 완전한 자본
시장 개방이라고 할 수 없지만 중국 본토 시장에 개인 투자자의 직접
투자 기회가 부여된다는 점에서 중요한 의미를 가지고 있다.

중국 당국이 전 세계 주요 시장이 아닌 중국 본토와 홍콩 간에만
거래를 허용한 이유는 국제화가 안 된 중국 개인들에게 자본시장의
개방에 있어서 중국 개인투자가들의 해외투자의 연습장으로 홍콩이
최적지이기 때문이다. 홍콩은 전 세계 모든 투자가들이 들어와 있는
국제시장이기 때문에 중국인 개인들이 국제화의 경험을 하기 가장
좋은 시장이다. 홍콩은 중국의 통제하에 있고 홍콩에 상장된 주력 기
업들은 상당수가 중국 본토기업이기 때문에 중국 투자가들이 쉽게
접근 할 수 있는 강점도 있다.

### (3) 중국의 자본자유화를 위한 중요한 계기

후강통 시행은 중국의 자본자유화로 가는 큰 전환점이 될 것으로
예상된다. 중국이 후강통을 실시한 것은 자본 거래 및 증시 활성화에
대한 의지를 시장에 확인시켜 주는 것으로 받아들여지고 있다. 현재

전 세계 외국인 투자자가 중국 본토 시장에 투자할 수 있는 연간 순 매수 한도는 3,000억 위안으로 정해졌다. 이 금액은 한화로 약 50조 원 규모에 해당되며, 시범적으로 정해진 한도인데, 후강통 시행 이후 시스템 안정 등이 확인되면 한도는 점차 확대될 것이다.

베이징대학 금융증권연구센터의 차오펑치(曹鳳岐) 주임은 '다차원 자본시장 건설 및 발전' 포럼 석상에서 "중국 증시는 3가지 조건이 구비되었는데, 자본시장이 제도개혁 방면에서 진전을 이루고 있으며, 대출시장이 다양해지고 있고, 경체 침체, 부동산 불경기 및 통화정책 완화로 인해 자금이 주식시장으로 몰리고 있다."고 분석하였다.

JP 모건은 2015년 중국 경제 10대 전망에서 중국의 경제 전환이 지속될 것이며, 중국 정부는 금융 안정을 염두에 두면서 점진적으로 개혁을 추진할 것으로 내다보았다. 앞으로 시장이 중국 정부의 자본 시장 개방 정책에 부응하여 반응할 지 여부와 중국 경제가 지속적인 증시 상승세를 견인할 지 여부가 중요한 변수로 작용할 것이나, 후강통은 중국의 자본시장 개방에 있어서 큰 계기를 제공한 것으로 평가된다.

### (4) 후강통 향후 전망

중국 내 전문가들은 상하이, 홍콩 증시 간 연계성이 강화되고 A주 식과 H주식간 가격차가 축소될 것이나 본토로의 자금 순유입 여부는 국제자금 흐름 추이에 달려 있어 증시의 상승 동력으로 작용하는 데 는 한계가 있을 것으로 평가하면서도, 상하이, 홍콩 동시 상장종목 (A+H)의 경우 2013년 9월 이후 A주식이 H주식에 비해 저평가된 상태이며, 특히 은행, 비은행 금융주, 건설 관련 대형주의 경우 20% 이상 저평가된 경우도 많아 장기적으로 주가 상승 여력이 있다고 분석하였다. 전문가들은 향후 중국이 자국 자본시장 접근을 위한 각종 외국인 투자한도를 확대할 것으로 전망하고 있다.

후강통이 개시된 후에 선전 증시와 홍콩 증시간의 교차거래인 선강통(深港通) 실시에 대한 기대가 높아지고 있다. 2015년 1월 5일 리커챵 총리가 선전 시찰 시 후강통 후에는 당연히 선강통이 있어야 한다고 강조하였는데, 선강통의 조기 실시가 기대되고 있다. 2015년 2월 10일 선전증권거래소 송리핑(宋麗萍) 총경리는 광둥성 인민대표대회 토론회에서 선강통 개시를 위한 사업팀 구성에 관해 발표하였다. 선강통이 실시되면 중국의 자본시장 개방에 있어서 또 하나의 중요한 조치가 될 것이다.

골드만삭스 차이나는 2014년 12월 1일 '2015년 거시경제 전망 및 A주 전략' 관련 기자회견에서 대규모 자금이 부동산 시장에서 주식시장으로 전환되어 시가총액의 3% 가량에 해당하는 4,000억 위안의 자금이 증시로 몰릴 것이며, 후강통에 더하여 선강통이 시행된다면 해외자금의 A주 유입이 더욱 확대될 것으로 전망하였다.

## (5) 후강통이 위안화 국제화에 미치는 영향

중국이 후강통 등을 통해 자본거래 자유화를 추진하고 있는 것은 위안화 국제화와 자본자유화를 위한 조치의 일환으로 평가된다. 이는 중국이 해외자본 유입과 관련하여 전체 금융시스템에 대해 방화벽을 유지한 채, 관리된 방식으로 위안화 국제화를 점진적으로 추진해 나가겠다는 것을 의미이다.

한편으로 중국 당국이 후강통을 실시하는 것은 홍콩에서 보유한 위안화 자금의 활발한 유통을 위해 투자 상품을 다양화함으로써 위안화 국제화의 장애 요소를 제거하겠다는 의도도 작용하고 있다. 현재 홍콩에 있는 위안화 자금은 1조 위안 내외로 추정되고 있는 데, 대부분이 예금이나 채권에 투자되고 있어 용도가 상당히 제한적이어서 위안화 국제화에 장애 요인이 되고 있기 때문이다.

## 4. 후강통의 한국에 대한 시사점

시진핑 주석이 2014년 7월 한국 방문 기간 중 800억 위안(한화 13조 3,000억 원) 의 위안화 해외적격투자자(RQFII) 한도를 부여하겠다고 약속했기 때문에 한국 금융기관들이 RQFII 자격을 얻어 중국 금융 시장에 대한 직접 투자 루트가 열린 바 있다. 그런데, RQFII은 기관투자에게만 직접 투자 기회가 부여되었으나 후강통이 실시됨으로써 한국의 개인 투자가들도 중국 주식에 직접 투자의 문이 열렸다. 지금까지 적격해외기관투자자(QFII) 펀드를 통해서 중국주식을 간접적으로만 투자할 수 있던 한국 개인투자가들도 홍콩에 계좌만 있으면 바로 중국 상하이 A주식을 살 수 있게 되었다.

후강통이 실시되자 한국 국민들의 중국 금융 시장에 대한 관심이 커지고 있다. 문제는 지금까지는 외국인 중에서 중국 본토 주식을 보유한 사람이 미미했으나 후강통 실시로 인해 중국 증시에 자금이 빨려 들어가는 블랙홀 형국이 발생하는 것이다. 이머징마켓에 투자하는 펀드매니저 입장에서는 중국의 경제 규모와 발전 추세를 감안할 포트폴리오에 중국을 포함시킬 수밖에 없을 것이다. 그렇게 되면 자금 회수가 용이한 한국 주식 시장이 영향을 받을 수 있다.

한국 자본시장은 세계의 현금인출기(ATM) 또는 외국 투기자본의 놀이터라는 비아냥을 받을 만큼 너무 열려 있다. 한국의 국내 주식시장이 외국인에게 처음 개방된 때는 1992년 1월이며, 그 당시 외국인들은 주식 종목당 10% 한도 안에서만 투자할 수 있도록 허용했다. 주식시장을 전면 개방할 경우, 국내기업들이 외국 자본에 적대적 인수합병(M&A)을 당할 우려가 있는데다 단기 투기성 자금의 유출입으로 금융시장이 불안해질 것을 우려해 점진적인 개방방식을 채택했던 것이다.

그런데 1996년 경제협력개발기구(OECD) 가입을 위해 자본시장을 대폭 개방하였다. 그리고 외환위기 때 한국의 외화 곳간이 비어있는 상황에서 IMF가 급전을 빌려주는 대가로 자본시장의 완전한 개방을 요구하여 1997년 12월 개방폭이 50%로 확대되었으며, 1998년 5월에는 일부 공공기업을 제외하고는 투자한도가 완전히 철폐되었다. 자본시장 대폭 개방으로 인해 한국 경제는 외국인 투자자의 자금 회수 필요가 있을 때마다 어김없이 타격을 받아왔다. 1997년 태국에서 시작된 동남아 외환위기 여파로 소위 IMF 위기라는 외환 위기를 맞았으며, 2008년 글로벌 금융위기 때는 한국 경제의 펀더멘탈과 무관하게 달러 품귀 현상이 나타나 경제가 큰 타격을 받았다.

한국의 주식거래소 시가 총액은 약 1,400조 원이며, 외국인 투자자가 약 31% 점유하여 약 430조 원을 보유하고 있다. 그래서 외국인들이 중국 주식을 매입하기 위해 한국 주식에서 돈을 빼면 한국 시장에 영향을 줄 가능성이 높기 때문에 후강통의 흐름을 면밀히 관찰하고 대책을 마련해 나가야 한다. 첫째, 한국 개별 상장기업들이 중국에 상장된 기업들보다 투자 매력을 높이는 것이다. 정부나 정치권도 대기업이라고 하여 발목을 잡아 외국 기업들이 쉽게 추월하도록 도와주기보다는 외국 기업들과의 경쟁에서 이길 수 있도록 도와주어야 한다. 현금을 쌓아두고 있는 대기업들이 투자를 할 수 있도록 유도해 나가야 한다.

둘째는 자본 시장을 다양화하고 활성화시켜 한국 자본시장의 규모를 키우고 기업들이 자본을 좀 더 용이하게 확보할 수 있는 방안이 마련되어야 한다. 예를 들어, 한류 문화의 진원지 역할을 하고 있으나 현재 영세하고 자본이 부족한 한국 문화콘텐츠 산업계가 자본을 확보할 수 있고, 관심이 있는 자본가들이 이 분야에 투자할 수 있도록 한국의 주식시장이 보다 유연하고 다양화되어야 한다.

셋째, 세계의 현금 인출기, 핫머니 놀이터에서 탈피할 수 있는 용기 있는 정책을 실시해 나가야 한다. 한국의 자본시장 개방도가 매우 높다보니 아무리 한국 경제의 펀더멘탈이 좋아도 외국 큰 손들이 갑자기 매도하면 주가가 곤두박질치고 외화가 썰물처럼 빠져나가 순식간에 경제가 위기에 빠진다. 더 심각한 것은 이들 큰 손들이 거대 자금력, 정보력을 가지고 한국 증시 변동을 좌지우지함으로써 한국 국민들이 열심히 일한 결과를 '닥닥 긁어가는 구조'로 되어 있다는 것이다.

다행히 국제통화기금(IMF)은 2012년 12월 '자본자유화와 자본이동 관리에 대한 제도적 시각'이란 보고서와 2013년 10월 국제통화금융위원회(IMFC)를 통해 급격한 자본이동에 대한 거시건전성 조치를 인정하였는데, 각국이 형편에 따라 외자를 규제할 수도 있다는 것이다. 이러한 기회를 활용하여 증시의 안전판을 만들어 한국 증시와 경제가 대형 금융기관 등 외국의 큰 손들에게 휘둘리지 않도록 해 나가야 한다.

## 제5절 상하이 자유무역시험구와 전자상거래

### 1. 중국의 전자상거래 발전 현황

중국 전자상거래는 세계에서 가장 빠른 추세의 성장을 보이고 있다. 최근 들어 중소기업들의 B2B 플랫폼 사용이 확대됨과 동시에 인터넷과 모바일 쇼핑시장 등 세분화된 업종 분야가 급성장함에 따라 성장의 폭이 갈수록 커지고 있다. 산업과 생산 과정에서뿐만 아니라 소비시장에서도 정보화 추세가 더욱 확산되면서 오프라인 브랜드와 전통방식의 판매 기업들이 전자상거래 시장으로 적극 진출하고 있다.

특히, 전자상거래 삼국지로 불리우는 소위 BAT(바이두, 알리바바, 텅쉰)가 가격 정보, 소비자 행위 정보, 경쟁사와 고객 정보 등 많은 종류의 정보를 확보하여 데이터를 만들어 자사만의 의사 결정 프레임을 만들고 스마트 관리 체제를 구축하여 치열히 경쟁하면서 중국의 전자상거래 발전을 이끌어가고 있다. 알리바바는 '데이터 포털'을 통해 기업 검색, 매매 문의, 거래 등 전자상거래 행위 정보를 토대로 분석 및 데이터마이닝을 실시하고 있다.

알리바바의 신용정보는 정확하기로 정평이 나 있는데, 2015년 1월 5일 인민은행이《우수한 신용정보 서비스 사업을 실시하기 위한 준비 작업에 관한 통지》를 통해 발표한 신용정보 서비스 시범사업 예비사업자 명단에 알리바바 산하의 즈마신용관리유한공사(芝麻信用管理有限公司)가 포함되어 민간 신용정보 서비스업체로도 활동할 수 있는 발판을 마련하였다.

## 2. 중국 정부의 전자상거래 정책

중국 정부는 전자상거래 분야를 중점 육성산업으로 지정하여 다양한 정책을 내놓고 있다. 2011년 10월에는《12·5 규획기간 전자상거래 발전 지도 의견》을 발표한 데 이어, 2013년 11월 21일 상무부는 《전자상거래 응용촉진 실행의견》을 발표하였다. 이 의견은 기업이 발전 주체가 되어 관리, 서비스, 자금 등 경영 요인을 종합적으로 관리하여 시장 메커니즘에 기초한 전자상거래 환경을 구축할 것을 강조하고 있다.

또한, 소매, 국가 간 무역거래, 농산품, 생활 및 서비스 분야와 중서부 지역에서의 전자상거래가 활성화될 수 있도록 중점 지원하여 12차 5개년 계획(12·5 규획)이 마무리되는 해인 2015년까지 전자상거래가 상품 및 서비스 부문의 주요 유통방식으로 자리 잡도록 정책을 추진해 나갈 것임을 밝혔다. 구체적으로는 2015년까지 전자상거래 교역량 18조 위안 이상, 전자상거래 응용을 통한 수출입 무역 규모가 당해 수출입 총액의 10% 이상, 온라인 쇼핑을 통한 소매품 판매가 중국 전체 소매 판매량의 10% 이상의 비중을 차지하는 것을 목표로 하고 있다.

그리고 일정 규모 이상의 조건을 갖춘 기업의 전자상거래 응용 업무 비중이 80% 이상에 달할 수 있도록 지원하며, 전자상거래 관련 법규 및 표준 정비, 전자상거래 효율화를 위한 관리 및 서비스 체계 마련, 전자상거래 장려 정책 지속 추진 등을 명시하였다.

아울러, 온라인 소매 판매 지원, 농촌 및 농산품의 전자상거래 응용시스템 구축 강화, 도심 지역의 전자상거래 응용시스템 구축 지원, 국경 간 전자상거래 혁신, 중서부 지역의 전자상거래 활성화 도모, 중소기업 전자상거래 응용 장려, 대종상품 현물시장의 전자상거래 장려, 전자상거래 물류·배송 인프라 강화, 전자상거래 기반 서비스 발전 지원, 전자상거래 시범 업무 전개 등 전자상거래 활성화를 위한 10대 중점 지원 사업을 추진해 나가기로 하였다.

한편, 중국 정부는 전자상거래를 통한 수출에도 역점을 두고 있는데, 상무부는 2013년 8월 29일《해외 전자상거래 소매수출 지원정책 실시 의견》을 발표하여 통관 및 검역절차 간소화, 결제처리업무 개선 및 보완, 세제 혜택 등의 지원 조치를 제시하였다. 이어서 재정부, 국가 세무총국은 전자상거래 수출을 장려하기 위해《국제 전자상거래 소매 수출 세수정책에 관한 통지》를 발표하여 2014년 1월 1일부터 조건에 부합되는 국제 전자상거래 소매 수출기업도 일반 대외무역 기업과 동일하게 증치세, 소비세의 환급, 면제 정책을 향유할 수 있게 하였다. 또한, 2014년 7월 29일 중국 해관총서는 '56호 공고문'을 통해《대외무역 전자상거래의 수출입 화물 및 상품에 관한 관리감독에 관한 공고》를 발표하고 8월 1일부터 시행하고 있다.

중국 정부는 달러 중심의 해외 온라인 결제를 위안화 지불 업무로 전환하기 위해 2014년 2월에 상하이 자유무역시험구를 '해외 전자상거래 위안화 지불업무 시범지구'로 선정하여 위안화 해외 결제업무를 가동하기 시작하였다. 중국 외환관리국은 2015년 1월 29일《결제기관의 국제 외환 결제업무 확대 시범 통지》를 발표하여 해외 온라인쇼핑 건당 결제액을 기존의 1만 달러에서 5만 달러로 확대하기로 하였으며, 아울러 2013년 3월부터 상하이(上海), 베이징(北京), 충칭(重慶), 저장(浙江), 선전(深圳) 등 5개 지역의 17개 결제 서비스업체에서만 시범적으로 허용해 온 국제 상거래 외환결제 서비스 업무를 전국적으로 확대하기로 했다.

## 3. 인터넷 금융을 통한 전자상거래 발전 추진

중국 정부는 인터넷 금융이 금융 중개 효율성을 제고하는 순기능에 주목하고 건전한 발전을 지원하겠다는 입장하에 업종 내 자율규제 체제 구축과 감독의 기본지침 마련을 병행하여 추진하고 있다. 인민은행은 2014년 4월 29일 발표한《2014년 금융안전 보고서》를 통해 인터넷 금융 혁신의 건전한 발전을 위한 5대 원칙을 제시하였다.

즉, 실물경제의 수요에 부응하여 혁신의 한계를 합리적으로 정하여야 하며, 거시경제 조정과 금융 안정에 부합하여야 하고, 정보 공개와 리스크 설명 등 금융소비자의 합법적 권익을 보호하여야 하며, 공정경쟁을 통해 시장 질서를 유지하여야 하고, 업종 내 자율규제 강화를 통해 정부의 감독 방침에 부응하여야 한다는 것이다.

2013년 12월 인민은행은 인터넷 기반의 금융 혁신이 전통 금융산업과 상호 보완관계를 가지고 상호경쟁을 촉진함으로써 자원배분의 효율성 제고에 기여하는 것이라는 입장하에 업종 내 자율 규제단체인 '인터넷 금융협회'의 설립을 신청하였으며, 2014년 4월 2일 국무원은 이를 전격 허가하였고, 5월 6일 중국 인터넷 금융협회가 출범하였다. 동 협회는 인민은행 조약법률사가 주도하여 발기인을 모집하였으며, 알리바바, 텅쉰, 이신 등 주요 인터넷 금융기업과 기금회사가 회원기업으로 참여하고 있다.

한편, 인민은행은 여타 부처와 공동으로 일련의 인터넷 금융 관리 감독 방안을 마련하고 있으며, 상하이시는 2014년 8월《상하이시 인터넷 금융 산업의 건전한 발전을 위한 약간의 의견》을 발표하였다. 이어서 2014년 12월 10일 중국 금융기관들이 인터넷 금융 영역으로 업무 확장을 장려하기 위해 인터넷 금융산업 발전 관련 정책인《황푸구(黃浦區) 인터넷 금융 발전에 대한 의견》(신십조(新十條))이 발표되었다. '신십조'가 발표됨에 따라 2013년 7월 새로운 금융 시범지대로 선정되었던 상하이 항푸구 와이탄(外灘)이 중국 인터넷 금융 산업 발전 지역으로 중요한 역할을 해 나갈 것으로 전망된다.

## 4. 인터넷 금융을 위주로 하는 민영은행 출범

2014년 9월 24일 중국 은행업 관리감독위원회는 공식사이트를 통해 알리바바의 금융부문 계열사인 저장개미 마이크로 금융서비스 그룹에 절강인터넷(浙江網商)은행 설립을 승인하였고, 동시에 상하이 첫 민영은행인 상하이 화루이(上海華瑞)은행의 설립에 대해서도 비준하였다고 발표하였다. 상하이 화루이(上海華瑞)은행은 중국 쥔야오(均瑤)항공의 모회사인 상하이 쥔야오(上海均瑤) 그룹이 은행 지분 30%를 소유한 대지주가 되고 상하이 자유무역시험구에 등록된다. 무역융자, 소액금융과 인터넷 금융 등 전문적인 금융 서비스 제공에 역점을 둘 예정이다.

중국 정부는 급격하게 커지고 있는 민영 자본 이용 활성화를 위해 민영은행 설립 방침을 정하고 5개의 민영은행 허용을 밝힌 바 있는데, 2개월 전에 선전 웨이중(微衆)은행, 톈진 진청은행(金城銀行),원저우 민상은행(民商銀行)의 설립에 대한 승인까지 포함하면 총 5개 민영은행이 모두 설립허가를 받은 셈이다.

한편, 절강인터넷은행을 따낸 저장개미 금융서비스 그룹이 소속되어 있는 알리바바의 관계자는 '소규모 예금 소규모 대출'의 영업방식을 견지할 것이며, 주로 20만 위안 이하의 저축과 500만 위안의 대출을 제공할 것이라고 밝혔다. 저장개미 마이크로 금융서비스 그룹은 알리바바의 온라인 결제 시스템인 알리페이를 소유한 회사로서 다른 투자자와 함께 저장(浙江)성 항저우(杭州)시에 은행을 설립하게 되며 은행 지분 30%를 보유하게 되는데, 온라인 영업 위주로 공격적인 영업 확대에 나설 경우 은행업 판도에 영향을 미칠 수도 있어 이에 대한 관심이 집중되고 있다.

알리바바의 경쟁사인 중국 인터넷 업체 텅쉰(騰迅, 텐센트)도 2014년 7월 광둥(廣東)성 선전의 첸하이(前海) 경제특구에 웨이중은행(前海微衆銀行 : WeBank) 설립을 허가받았으며, 동 은행은 2015년 1월 4일 문을 열었다. 1월 18일부터 시범 영업 기간에 돌입해 시범영업 3개월 후인 4월 18일부터 공식 영업을 시작하는 것으로 하였다.

웨이중은행은 중국 최초 민영 순수 인터넷은행으로 개인예금이나 소액대출 업무에 집중한다는 계획이다. 기존 은행과 달리 업무 카운터나 영업망이 존재하지 않는 것은 물론이고 고객들도 대출을 받기 위한 신용평가 심사나 담보 저당물이 필요 없다. 신용평가나 리스크 관리 등 업무는 텐센트가 QQ메신저나 위챗 등을 통해 구축한 방대한 고객 정보를 기반으로 한 빅데이터에 의존해 이뤄지기 때문이다. 이를 위해 앞서 1월 5일 텅쉰은 인민은행으로부터 개인 신용정보 사업 허가도 받았다.

웨이중(微衆)은행은 자본금 30억 위안 정도의 소형은행임에도 불구하고 대주주가 중국 제2위 모바일 결제 플랫폼인 텐페이(Tenpay)를 소유하고 있어 인터넷 금융이 한 단계 도약하는 계기가 될 것이라는 기대감이 확산되고 있다. 2015년 1월 4일 중국 제1호 인터넷 은행인 웨이중은행이 문을 연 날 리커창 총리가 동 은행을 방문하여 중국 금융개혁에 커다란 한걸음을 내딛는 개척자라고 높이 평가하였다. 전문가들은 리커창 총리가 새해 첫 지방 시찰로 선전 첸하이에 개설한 웨이중은행을 방문한 것은 민영은행과 인터넷 금융 발전을 적극적으로 지원하겠다는 신호라고 평가하였다.

## 5. 전자상거래 시범지역 운영

### (1) 국제 전자상거래 서비스 시범 정책

2012년 5월 8일 국가발전개혁위원회 판공실은 《국가 전자상거래 시범 도시 지역 관련 조직 발전 통지》를 발표하였다. 2012년 7월 국무원은 《제12차 5개년 개발계획(12.5 규획)》을 통해 국가 전략성 7대 신흥 산업을 발표하였으며, 이 중 차세대 정보기술 산업의 전략적인 발전을 추진하겠다고 하였는데, 동 일환으로 전자상거래 지원체계와 인프라 시설 완비를 통해 전자상거래 시범도시를 추진하기 시작하였다. 중국 내 소비자의 해외구매가 크게 증가하여 일반무역 관련 정책을 통해 대응하는 데는 한계가 점점 커지고 있음을 감안하여 개인 소비용 해외구매 상품에 대해 소비자 편의성을 제고하고 거래를 양성화하는 방향으로 정책운영의 초점이 집중되고 있다.

이 과정에서 국제무역 전자상거래 서비스 시범지역에 대한 관심이 크게 증가하고 있으며, 최근 상하이 자유무역구의 콰징통 업무 시작으로 전자상거래 비즈니스의 편의성이 제고되면서 이와 연계된 보세구역을 중심으로 진행하는 시범지역 서비스에 대해서 많은 주목을 하고 있다.

중점 시험 영역으로는 전자 영수증을 발행하고 응용시험하며, 전자상거래 기업에게 공공정보 서비스를 제공하고, 전자상거래 지불 기초 플랫폼 업무를 지원하고, 온라인 지불과 모바일 지불의 플랫폼을 구축하며, 국제무역 전자상거래 서비스 시범지역을 운영하도록 국제무역 전자상거래에 관한 종합 서비스 시스템을 지원하는 것이다.

2014년 5월 현재 총 13개 도시가 국제무역 전자상거래 시범지역으로 지정되어 있는데, 2012년 8월에 상하이(上海), 충칭(重慶), 항저우(杭州), 닝보(寧波), 정저우(鄭州), 2013년 10월 광저우(廣州), 선전공항(深圳機場), 2014년 1월에 인촨(銀川), 칭다오(靑島), 2014년 2월에 무단장(牡丹江), 2014년 3월에 시안(西安), 옌타이(煙台), 하얼빈(哈爾濱) 등이 지정되었다.

### (2) 국제 전자상거래 소매 상품 수출 정책 발표

이어서 2013년 8월 국무원은 《국제 전자상거래 실행 지지 소매상품 수출에 관한 정책 의견》을 발표하였다. 소매수출은 중국 수출기업이 인터넷을 통해 국외로 판매하는 상품을 지칭하며, 우편물, 택배 등의 발송방식을 이용한 행위, 즉 국제 전자상거래에서 기업이 소비자에게 수출하는 것을 지칭한다. 수출 상품에 대한 더욱 정확하고 빠른 통관수속, 편리한 지불 서비스, 세무관련 편의성 증진 등 다양한 지원정책이 망라되어 있다.

2013년 10월 1일부터 상하이, 충칭, 항저우, 닝보, 정저우 5개 도시에 시범구역 서비스가 실시되기 시작했다. 상무부, 발전개혁위원회, 해관총서가 정책실시 지시 권한을 가지며, 해관총서는 기타 중앙부서와 협력하여 시범도시의 빠른 건립과 대형 전자상거래 플랫폼 구축을 진행해 나가기로 하였다.

### (3) 전자상거래 시범지역 온라인 구매 보세수입 정책 발표

해관 총서는 2010년 7월 2일 《개인 우편물의 해관 반출입 관리조치 조정공고》(제43호 문서)를 발표하고, 이어서 2014년 3월 4일《국제무역 전자상거래 시범 지역온라인 구매 보세수입 형식 관련 문제 통지》를 발표하여 시범지역에 공통적으로 적용되는 개인 생활 소비품의 온라인 구매에 대해 규정하였다. 시범지역 상품은 개인 생활 소비품으로 한정하고, 구매 금액은 구매 당 1,000위안 미만으로 규정하며, 규정 금액 초과 시 '일반화물 규정처리'에 의거 통관수속을 진행한다. 다만, 1개 상품 구매시 상품 가격이 1,000위안을 초과할 경우, 해관은 개인 사용물품임을 심사 후 '개인 물품 처리 규정'에 의거하여 통관 수속을 진행(간이통관)한다.

수입시 세제는 수화물 및 우편물 수입세(行郵稅, 일종의 우편세, 10~59%)로 결정되었는 데, 여기에는 수입으로 인한 부가가치세와 소비세를 포함하고 있으며 비무역성 개인소비 수입화물에 대한 세제이다. 이를 시범지역의 세제로 결정하게 되어 일반 무역거래 시 발생되는 세금(수입관세, 부가가치세, 소비세 등)보다 30% 저렴한 과세가 이루어진다. 온라인 주문서의 실제 소비가격을 세후가격으로 간주하며 매건 수입 구매 시에 우편세(行郵稅) 50위안 이하일 경우 면세로 처리한다. 시범지역의 전자상거래, 물류 등 기업은 중국 내 설립, 등록이 필수이며, 해관 관리규정에 의거하여 기업등록을 해야 하고, 업무시 해관 관리부문의 데이터 시스템과 상호 연결되어야 한다.

한편, 해관총서가 2014년 7월 29일 발표한 '56호 공고문'은 해외 직구 서비스를 제공하는 전자상거래 플랫폼을 통해 통관 관세화, 우편세, 온라인 과세, 국제 외환 결제 및 물류 대리가 가능토록 하고 있다.

현재 상하이(上海), 항저우(杭州), 닝보(寧波), 정저우(鄭州), 충칭(重慶), 광저우(廣州) 등 전자상거래 특구로 시범 지정된 6개 도시에서 보세수입 전자상거래 플랫폼이 가동되고 있다. 중국 정부는 이 플랫폼을 국경 간 온라인 판매 경로로 삼겠다는 구상을 갖고 적극적으로 지원하고 있어 앞으로 상당히 각광을 받을 것으로 예상된다.

## 6. 상하이 자유무역시험구 보세수입 전자상거래 플랫폼 : 콰징통

### (1) 콰징통 출범

상하이 자유무역시험구 보세수입 전자상거래 플랫폼인 '콰징통'(跨境通, www.kjt.com)이 2013년 11월 시범운영을 거쳐 12월 28일 정식 출범되었다. 보세수입 전자상거래는 우선 해외 수출업체들이 상품을 컨테이너로 중국에 운송하며, 일반 통관수속을 거치지 않고 보세창고에 보관하고, 온라인 주문 발생 시 보세창고의 상품을 직접 배송(배송시간 2~3일간)하는 절차로 진행된다. 컴퓨터 등 전자상품과 식품을 제외한 대부분의 상품은 관세를 부과하지 않고 개인 우편세를 적용하는 '보세창고 전자상거래 업무'는 해외상품 원가를 절감하는 동시에 배송시간도 단축하여 소비자에게 편리를 도모할 수 있다.

### (2) 콰징통 활용 시 이점

콰징통은 정품 보장, 합리적인 가격, 세제 혜택, 통관 간소화, 애프터서비스 보장 등 면에서 우위가 있어 상당한 장점을 지니고 있는 것으로 나타났다. 첫째, 공신력 있는 이미지이다. 콰징통은 국가급 시범구의 해외직구 서비스를 활용해 제품을 수입하므로 중국 최대 전자상거래 플랫폼 '타오바오'나 오프라인 매장과 같은 기존 채널보다 정품이라는 인식이 있다.

둘째, 콰징통은 일반적으로 1급 대리상(도매상)에서 활용하며, 제품을 해외에서 직접 소비자에게 배송해 통관 절차를 간소화하고 배송시간을 단축할 수 있다. 콰징통을 통해 자유무역시험구에 들어오는 모든 제품은 간소하지만 해관의 정식 검사를 통과한다. 구매금액은 매 구매 당 1,000위안 미만으로 규정하며, 규정 금액 초과 시 '일반화물 규정처리'에 의거 통관수속을 진행한다. 다만 1,000위안을 초과한 경우라도 화물 내에 한 개의 물품이 있고 그 물품이 분리가 불가능하며 해관이 개인물품임을 확인하면 '개인물품 규정처리'에 의거하여 통관수속을 진행(간이통관)한다.

셋째, 세율이 대폭 인하된다. 일반 수입관세 및 부가세를 적용할 경우 일부 제품은 세율이 100%까지 올라갈 수 있지만 콰징통은 대부분의 제품이 10% 수준의 우편세(제품별로 10%, 20%, 30%, 50% 차등)를 적용한다. 해관총서 공고 제43호 문서《개인 우편물의 해관 반출입 관리조치 조정공고》에 근거해 개인이 우편으로 홍콩, 마카오, 타이완에서 구매 또는 발송할 경우 1회 한도액은 800위안이며, 기타 국가 또는 지역은 1회 한도액이 1000위안이다. 수입관세 징수액이 50위안 이하인 경우 세금이 면제된다.

### (3) 콰징통 입점 방법

보세수입 전자상거래 플랫폼인 콰징통에 입점하기 위해서는 해당 기업이 자유무역시험구에 법인을 설립하거나 자유무역시험구 내 자격을 갖춘 대리기업을 지정해야 한다. 콰징통은 자유무역시험구의 창고, 보세구 등을 활용하는 방법으로 제품은 자유무역시험구 창고에서 발송하되 관련 법률에 따라 중문 라벨을 부착해야 한다. 소비자를 상대로 분유, 태블릿 PC, 건강식품 등 특정 인기 생활용품을 중국 내 소매 유통할 경우 일괄적으로 자유무역시험구에 입고시킨 후 개인 주문에 따라 개인 수화물로 발송하고 우편세를 납부한다.

### (4) 콰징통 입점 현황

콰징통 사이트는 이미 렌샹(聯想控股), 동방망(東方網), 동방국제 (東方國際) 등 여러 기업들과 업무협력을 개시하였으며, 2014년 8월 까지 아마존, 홍콩 따창싱(大昌行), 현대백화점 그룹, 중국 면세품그 룹 등 국내외 대형 전자상거래 기업이 입주하였다. 2014년 8월, 아 마존이 콰징통과 협력 협의서를 체결하였다. 상하이 1위 온라인 쇼핑 몰 '1호점'(1號店) 등 인지도가 높은 기업도 입주하였다.

상하이 콰징통 국제무역유한회사 관계자는 콰징통을 통해 판매되 는 제품 중 한국 유아용품의 판매량이 높다고 밝혔다. 2014년 5월에 콰징통에 입주한 한국 현대 H MALL에서 한국 직배송 형태로 제공 하고 있는 주요 판매 제품은 의류 및 액세서리, 신발, 가방, 식품, 건 강식품, 유아용품, 화장품, 가정용품 등이다. HM International이라 는 기업은 콰징통을 통해 한류 상품 판매 전략을 추진하고 있으며, 동방 CJ도 콰징통 활용을 모색하고 있다.

### (5) 콰징통 향후 전망

상하이 자유무역구의 해외직구 서비스이자 보세수입 방식인 콰징 통으로 인해 정품을 보다 저렴한 가격으로 간소한 절차를 통해 많은 많은 중국 소비자가 수입제품을 구매할 수 있게 되었다. 한국으로서 는 콰징통을 잘 활용하면 한국 제품의 중국 내수시장 진출에 새로운 채널로 만들어 갈 수 있다. 현재 콰징통에 대한 홍보가 부족하여 '타오바오' 등 기존 전자상거래에 비해 이용도가 높지 않지만 앞으로 각광을 받을 가능성이 높다.

중국 정부가 콰징퉁과 같은 전자상거래 시범 도시에서 운영하고 있는 보세수입 전자상거래 플랫폼을 국경 간 온라인 판매 경로로 삼겠다는 구상을 갖고 적극적으로 지원하고 있는 점을 주목할 필요가 있다. 시진핑 주석이 2014년 5월 10일 허난성 시찰 중에 정저우시 허난 보세물류 센터를 방문, 정저우시 국제무역 전자상거래 서비스 플랫폼(萬國油品, http://www.wgyp.com)을 시찰하였는데, 이는 중국 정부의 보세수입 전자상거래 플랫폼에 대한 지대한 관심을 보여주는 사례이다.

## 7. 한국의 중국 전자상거래 시장 진출 방안

중국 전자상거래는 시장의 규모와 성장 속도에서 타의 추종을 불허하고 있다. 그 형태도 온라인과 오프라인 융합(O2O : Online to Offline), B2C(Business to Customer)에서 C2B로의 전환, 및 해외직구(International Ecommerce)의 급속한 확대 등 다양한 양상을 보이고 있다.

2015년 1월 29일 중국 외환관리국이 해외 온라인쇼핑 건당 결제액을 1만 달러에서 5만 달러로 확대하고 국제상거래 외환결제 서비스 업무도 전국적으로 확대하기로 함으로써 중국에서 온라인으로 해외 상품을 직접 구매하는 해외 쇼핑이 한층 더 늘어날 것으로 전망된다. 한편, 상당수 중국 소비자들은 전자상거래를 가격이 싸기 때문에 이용하는 단순한 차원에서 구매의 질을 고려하는 단계로 옮겨가고 있으며, 한류라는 좋은 분위기에 정품(正品)이라는 인식이 있는 한국 제품에 대한 직접 구매 욕구가 강해지고 있다는 분석이 있다. 이것은 한국에게 큰 기회이며, 어떻게 활용하느냐가 관건이다.

현재 한국 제품의 온라인 판매는 중국 도매상이 한국을 방문하여 직접 현금 구매하여 온라인으로 판매하는 방식, 한국 교민이 한국 사이트에서 도매 구매하여 한국계 특송회사 혹은 EMS로 중국으로 들여와 도매상에 판매하거나 직접 온라인으로 판매하는 방식, 중국인 소비자가 중국어 서비스가 되는 G-market나 Lotte 등 한국 웹사이트에서 구매하거나 한국에 있는 영세한 타오바오 대행 운영사를 통해 판매하는 등 여러 가지 형태를 띠고 있다.

그런데, 상당의 경우 주도권이 중국 현지 판매상에 있기 때문에 한국 업체들은 가격 결정권이 없게 되고 중국 업체가 재고 부담 등으로 염가로 판매 처리하는 경우가 많으며, 저작권 및 디자인 보호에도 취약하다. 더구나 중국 업체가 한국에서 소량 구매한 후에 짝퉁을 생산하여 끼워 팔아 한국 제품 이미지를 하락시키는 경우도 적지 않고, 장기적인 사업이 아닌 개인들이 단기적 사업 형태를 많이 띠고 있으며, 전자상거래 대행 운영사들의 영세함으로 인해 지속적인 사업 확대가 어렵다는 점 등이 문제점으로 지적되고 있다.

이러한 문제를 해결하기 위해서는 첫째, 중국 소비자들의 물류에 대한 선택폭을 넓히기 한국계 특송 회사들의 물류서비스가 중량별로, 배송 시간별로 다양화되어야 한다. 공항 근처에 대규모 창고를 건설하여 화물을 집적해 놓고 고객의 주문에 신속히 대응할 수 있는 물류 협력 시스템을 구축할 필요가 있다. 둘째, 중국 실소비자들이 구매시에 한국 제품의 정품 여부에 대해 인식할 수 있는 메커니즘을 개발함으로써 디자인 복사 등의 문제를 극복하여 한국 중소기업의 저작권과 영업 권리를 보호해 주어야 한다. 저장성 이우시 한국 의류 전문 매장은 전자상거래는 아니지만 정품 여부를 철저히 가려내는 시스템을 구축하여 한국 제품에 대한 신뢰도를 높여 효과를 보고 있는데 참고할 가치가 있다.

셋째, 한국의 우량제품을 발굴하여 알리바바 등 유명 사이트, 콰징통 등 전시 보세교역 사이트와 연결하여 중소기업들의 판매활로를 개척하는 데 적극적으로 나서야 한다. 넷째, 중국의 전자상거래의 생리와 유통구조를 이해하고 전자상거래 사이트 운영 능력을 갖춘 인재들을 육성하여야 한다.

타오바오는 전문 교육과정을 통해 타오바오에서 제품을 파는 판매자(seller)들을 양성해 오고 있다. 또한, 장애인과 재택근무자를 위한 콜센터 교육도 실시하여 약 5만 명의 재택 콜센터 직원들도 판매자(seller)로서 일하고 있다. 한국에서 전자상거래 인재를 육성하는 프로그램을 구축하면 청년 일자리 창출에 도움이 되고 한국 제품의 중국 판매에도 효과적으로 작용할 수 있다. 나아가 장애인, 주부들도 재택근무를 통해 전자상거래 역군으로 활동할 수 있다.

# 제5장

## 상하이 자유무역시험구 내 기업 진출 사례

– 외국기업의 진출 사례
– 상하이 자유무역시험구 진출기업 혁신 성과 사례

# 제5장  상하이 자유무역시험구 내 기업 진출 사례

## 제1절  외국기업의 진출 사례

### 1. 게임 산업 진출

#### (1) 마이크로소프트 게임콘솔 생산 기업 설립

2014년 5월 23일 마이크로소프트는 상하이 자유무역시험구에 게임콘솔 생산 기업 영업허가증을 획득하였다. 마이크로소프트 게임·오락설비상하이유한공사(微軟遊戲遊藝設備上海有限公司)라는 명칭으로 와이까오차오 보세구에 등록하였으며, 자본금은 3,340만 달러이다. 법인대표는 천스(陳實, David Shi Chen) 마이크로소프트 부총재이며, 천 부총재는 마이크로소프트의 마이크로소프트 게임·오락설비 상하이유한공사(微軟遊戲遊藝設備上海有限公司)의 게임기 OEM 생산을 맡고 마이크로소프트와 바이스통(百事通, BesTV)의 합자기업인 바이쟈허(百家合)가 게임콘텐츠를 맡을 것이라고 밝혔다.

한편, 2014년 4월 30일 마이크로소프트는 상하이미디어그룹과 둥팡미디어그룹(SMG)의 산하기업인 바이스퉁과 2014년 9월부터 Xbox One을 출시하겠다고 발표하였다. Xbox One은 9월 29일 출시되었고 현재 중국 전역에 판매되고 있는데, 마이크로소프트와 바이스퉁과의 합자로 생산한 Xbox One은 중국 정부가 게임 산업을 허용한 이후 중국시장에 최초로 선보이는 게임기가 된 셈이다.

### (2) 소니-상하이 둥팡밍주 게임관련 합자기업 설립

게임기 시장에서 마이크로소프트의 맞수인 소니도 중국 진출을 서두르고 있다. 소니는 상하이의 대표적 문화산업 기업인 둥팡밍주(東方明珠)그룹과 합자로 자유무역시험구 내에 2개 기업을 세워 각각 게임기의 소프트웨어와 하드웨어 업무를 담당시키고 있다. 2014년 5월 25일 상하이 둥팡밍주그룹(上海東方明珠集團)이 전액 출자한 자회사인 상하이 둥팡밍주문화발전유한공사(上海東方明珠文化發展有限公司)와 소니가 전액 출자한 중국 법인인 소니(중국)유한공사가 상하이 자유무역시험구에 합자회사를 설립하였다. 이 합자 회사는 소니그룹 산하의 컴퓨터 게임업체가 생산한 콘솔게임인 플레이스테이션(PlayStation)의 하드웨어, 소프트웨어 생산 판매와 중국 내 서비스를 맡게 된다.

상하이 둥팡밍주 소니 문화발전 유한공사(上海東方明珠索樂文化發展有限公司)의 자본금은 1,000만 위안이고, 회사 지분은 상하이 둥팡밍주 문화발전 유한공사가 51%(510만 위안), 중국 소니유한공사가 49%(490만 위안)이다. 자본금 4,380만 위안인 상하이 소니 컴퓨터오락 유한공사(索尼電腦娛樂上海有限公司)는 상하이 둥팡밍주 문화발전 유한공사가 1,314만 위안(지분 30%), 중국 소니유한공사가 3,066만 위안(지분 70%)을 투자하였다. 상하이 둥팡밍주로서는 이번 게임 산업 공동출자가 문화 분야의 주역으로 발돋움하는 계기가 될 것으로 기대하고 있다.

2014년 12월 11일 소니와 동방밍주는 공동 기자회견을 통해 PS4와 PS비타를 중국 시장에 2015년 1월 11일 출시할 것이라고 발표하였다. 다만, 그 후 출시는 발표대로 되지 않고 준비 작업 등으로 연기되었다. 상하이 동방밍주집단 주식회사 쉬후이(徐輝) 총재는 상하이 자유무역시험구 설립은 중국 내 게임기 시장에 확실한 정책적 보장을 제공한 것이라고 강조하고, 소니와 협력하여 중국 게임산업을 발전시키고 게임 기업가를 배양하여 중국에서 생산한 제품을 전 세계에 수출하는 데 기여해 나갈 것이라고 말했다.

소니가 상하이 둥팡밍주를 선택한 데는 두 가지 요인이 크게 작용했다고 한다. 첫째는 다른 민간 인터넷기업과 비교했을 때 상하이 둥팡밍주는 국유기업이고 특히 주식시장에 상장할 계획이기 때문에 브랜드 인지도와 실력을 두루 갖춘 기업으로 부상하고 있고, 둘째는 상하이시 문화 라디오 영화 TV방송국에 게임소프트웨어 콘텐츠 심사비준권이 있기 때문에 게임소프트웨어의 심사비준 측면에서 유리하기 때문이다.

### (3) 중국의 게임 시장 확보를 위한 각축

마이크로소프트 콘솔게임의 중국 사업파트너인 바이스통은 둥팡미디어그룹(SMG)의 자회사이고 소니의 사업파트너인 상하이 둥팡밍주그룹은 상하이 문화라디오영화TV방송그룹(上海文化廣播影視集團)의 자회사이다. 둥팡미디어그룹과 상하이 문화라디오영화TV방송그룹은 둥팡미디어그룹(SMG) 산하로 들어가는 형식으로 합병하였다. 바이스퉁 관계자는 둥팡미디어그룹(SMG)에는 60~70개의 자회사가 있고 독자적으로 운영되기 때문에 둥팡미디어그룹(SMG)이 맞수인 마이크로소프트 및 소니와 동시에 합작 경영을 하는 데는 문제가 없다고 언급한 바 있다.

소니와 마이크로소프트가 세계 시장에서는 격전을 벌이고 있으나 중국에서는 상황이 달라질 수 있다. 소니와 마이크로소프트는 중국 게임시장은 거대한 규모로 클 수 있는 시장인 관계로 한 기업에 의해 독점될 가능성이 매우 낮아 파이를 키워야 시장 잠재력을 높이고 원원할 수 있다고 보고 있다. 닌텐도 등 다른 게임기업체도 상하이 자유무역시범구 진출을 계획하고 있는 것으로 알려져 있다. 세계 비디오 게임기 시장은 소니 PS4, 마이크로소프트 X 박스원, 닌텐도 위 등이 석권하고 있다. 그러나 중국은 게임기 판매 금지로 초기 시장이나 마찬가지다. 따라서, 소니와 마이크로소프트, 나아가 닌텐도가 중국 시장 개척을 서두르고 있는 것이다.

최근 몇 년간 중국의 PC 온라인 및 웹게임, 모바일 게임시장 규모가 급속도로 성장했고 콘솔 게임시장까지 개방함에 따라 앞으로의 중국 게임시장의 성장 잠재력은 매우 크다고 할 수 있다. 마이크로소프트, 소니의 진출과 더불어 중국 업체도 게임 산업에 뛰어들고 있다. 화웨이와 레노버, 샤오미 등 하드웨어 업체와 텐센트 등 인터넷 사업자가 게임 시장에 본격적으로 진출하고 있으며, 여기에 알리바바가 게임 업체 지분투자 등을 통해 경쟁에 가세하고 있다. 중국 게임시장을 놓고 경쟁이 한층 치열해질 것으로 전망된다.

## 2. 의료기관 진출

### (1) 의료 시장 개방 조치

2010년 중국 정부는 외자기업의 중국 내 외자 병원설립을 허용했으나 외자 독자병원은 대만독자병원, 홍콩독자병원에 불과하며, 중국 내 외자병원은 중외합자(中外合資) 형식으로 설립되어, 진정한 의미의 외자독자 병원은 전무한 상황이었다. 상하이 자유무역시험구 총체방안에서 외상독자 의료기관의 허용 방침을 밝혔고, 2013년 10월 제정된 《중국(상하이) 자유무역시험구 외상 독자의료기구 관리 잠정방법》에 따르면 외상이 독자의료 기관에 투자하기 위해서는 독립된 법인, 최저 투자 총액 2,000만 위안(약 3,200만 달러), 경영기한 20년이라는 조건에 부합하여야 한다고 하였다. 나아가 2014년 네거티브 리스트 및 추가 확대 개방조치에서 2,000만 위안 최소 투자조건 및 최대 운영기간 20년 조건이 철폐되어 외국기업들에게 의료 진출 기회가 확대되었다.

### (2) 아르테메드그룹 병원 설립 추진

상하이 자유무역시험구 설립 전후로 하여 23개의 국제 첨단의료기관이 시험구 관리위원회를 접촉하여 중국 시장 진출을 타진하였다. 2014년 3월 와이까오차오(外高橋) 집단의 의료 투자유치 후보에 아르테메드 병원이 유력한 후보로 올랐으며, 2014년 7월 22일 아르테메드그룹(Artemed Group)은 인산캐피탈(銀山資本, Silver Mountain Capital Limited), 와이까오차오(外高橋)집단 산하의 산롄(三聯)발전회사 및 상하이 와이까오차오 의료보건센터(上海外高橋醫

保中心)와 Artemed 병원(중국명 : 阿特蒙醫院) 설립 관련 협의서를 체결하였다.

### (3) 아르테메드 병원 추진 상황

아르테메드 그룹은 전액을 출자해 해당 기업의 자회사 형태로 설립하며, 이는 중국(상하이) 자유무역시험구 내 최초 외자 독자 의료기관에 해당된다. 아르테메드 그룹은 국제 선진기술을 보유하고 있는 독일 전문 의료기관 및 양로시설 운영기관으로 현재 뮌헨, 베를린, 함부르크 등 도시에 8개의 병원과 5개의 양로센터를 운영하면서 매년 약 5만 명의 환자와 15만 명의 외래 환자를 치료하고 있다.

아르테메드 그룹은 상하이 자유무역시험구 내에 3단계로 나누어 국제 선진수준의 의료센터를 건설할 계획이다. 의료영상센터, 진단센터, 의료교육센터, 연구개발센터, 실연센터, 기골질병센터 등 1단계 프로젝트는 2014년에 착공되었으며 2년 내에 완공 및 운영될 예정이다. 기타 건설 예정인 종합 진료실, 심혈관질병, 복강질병, 폐부질병 등 입원치료센터는 2, 3단계 확장건설 상황, 시장수요, 병원운영 상황에 따라 순차적으로 건설할 계획이다.

중국 의원협회는 아르테메드 병원 설립으로 향후 중국 내 외국자본이 독자적으로 설립하는 경우가 많아질 것으로 예상하고 있다. 다만, Artemed Group 관계자는 병원 인프라 구축 외에도 의료진 고용, 의료기관 신뢰도 제고 등 분야에서 앞으로 해결해야 할 문제가 많다고 밝혔는데, 외국인 의사의 안정적 고용이 가장 큰 문제로 인식되고 있다. 《외국의사의 중국 내 단기 의료행위 임시관리방법》 규정에 따라 외국인 의사는 중국 정부에 등록해야 하며, 의료행위 허용기간은 1년에 불과하다.

## 3. 전자상거래 업체 진출

매출 기준으로 세계 최대 인터넷 소매업체인 아마존 닷컴이 상하이 자유무역시험구 관리위원회와 역외 전자상거래 협력에 관한 양해각서(MOU)를 체결하고 새로운 형태의 국경 간 전자상거래 플랫폼을 만들기 위해 상하이 자유무역시험구에 지사를 세울 계획이라고 2014년 8월 20일 발표하였다. 아마존은 상하이 자유무역시험구에서 중국 소비자들이 핸드백과 책 등을 보다 더 편리하게 수입할 수 있는 글로벌 플랫폼을 열 것이라고 표명하였다.

아울러, 상하이 자유무역시험 내에 수출입품을 저장하기 위한 물류창고도 세우기로 하였는데, 중국으로 수입되는 물건이나 다른 나라로 수출하는 제품들이 이 창고로 결집해 아마존의 중국시장 내 경쟁력을 더욱 강화할 수 있을 것으로 기대하고 있다. 중국 전자상거래 시장은 알리바바 등 중국 전자상거래 업체가 장악하고 있는데, 알리바바가 9월 뉴욕증시 기업공개(IPO)를 실시하면서 더욱 공격적으로 시장 확대를 꾀하고 있는 상황에서 아마존은 상하이 자유무역시험구를 교두보로 하여 중국 시장을 개척해 나가려고 한 것이다.

아마존투자유한회사는 2014년 6월 상하이 정보투자유한회사 등과 합작하여 자유무역시험구 내에서 국경 간 전자상거래 플랫폼을 구축하기로 합의하였다. 업무협정의 주요내용은 국경 간 전자상거래 플랫폼을 건설하여, 중국 및 해외 소비자가 아마존의 해외 및 중국 사이트에서 상품구매가 가능하도록 서비스를 제공하고, 물류 보관 및 저장 플랫폼을 건설하여 중국 기업들이 전 세계에 상품을 수출하고 배송할 수 있는 물류 보관 및 보관 서비스를 제공한다는 것이다.

또한, 자유무역시범구의 금융혁신 정책을 이용하여, 아마존 회사의 융자 구조를 최적화하고, 크로스보더 전자결제 서비스를 개시하며, 자유무역시험구의 선행시험 정책을 이용하여 운영 주체를 설립하고, 이를 향후 아마존차이나의 국제무역 본부로 육성한다는 계획이다. 그런데, 아마존은 진출 계획은 상당히 적극적으로 발표하였으나, 현재 실제 추진은 더디다는 평가이다. 아무래도 중국의 전자상거래 삼국지(알리바바, 바이두, 텅쉰)와 경쟁에서 입지를 확보하는 것은 쉽지 않기 때문으로 분석된다.

## 4. 문화 기업 진출

상하이 자유무역시험구에서 문화시장 개방에 대한 선행실시 실험의 새로운 조치로서 외상기업에게 독자적인 문화연출기관 설립이 허용된 이후 미국 브로드웨이의 유명한 공연기획 회사인 네덜란더 월드와이드(NWE : Nederlander Worldwide) 엔터테인먼트가 상하이 자유무역시험구 내에 외상독자 공연기획회사를 등록하였다. NWE는 세계에서 가장 규모가 큰 현장 공연 엔터메인먼트회사 중 하나이며, 회사의 역사는 1912년으로 거슬러 올라갈 정도로 오랜 극장 경영을 자랑하고 있다.

한편, NWE는 중국에 최초로 진출한 브로드웨이 엔터메인먼트 회사이며, 2006년 베이징 타임 뉴센추리 엔터테인먼트와 합작하여 '네덜란더 뉴센추리'라는 첫 중국 진출 브로드웨이 합작사를 설립하였다. 2005년 9월 중국 문화부는 엔터테인먼트 분야에서 외국인 투자를 허용한다고 발표하였으며, 이를 계기로 '네덜란더 뉴센추리'의 설립이 허가됐다.

NWE의 상하이 자유무역시험구 내 공연기획사의 업무 영역은 티켓판매, 관리, 경영, 홍보, 마케팅, 광고 등 현장 공연업 전체를 포괄하고 있다. NWE는 자유무역시험구 플랫폼을 이용하여 중국에 수십억 달러를 투자하고, 우선 4~5개 정도의 2,000석부터 2,500석 정도의 극장을 운영할 것으로 예정이다. NWE는 그동안 중국에서 다양한 엔터테인먼트 사업 경험을 축적해 왔는데, 자유무역구의 제도 혁신을 활용하여 많은 성과를 거두기를 기대하고 있다.

## 제2절 상하이 자유무역시험구 진출기업 혁신 성과 사례

### 1. 혁신 사례 개요

상하이 자유무역시험구 관리위원회는 2014년 10월 10일 시험구 진출 기업체 혁신 사례 발표회를 개최하였으며, 시험구에 진출하여 새로운 정책을 활용하여 성공한 업체들의 혁신 사례 20개가 발표되었다. 상하이 자유무역구에 진출해 있거나 진출을 준비하고 있는 기업들에게 이러한 혁신 사례들은 효과적인 길잡이가 될 수 있을 것이다.

국가 대외문화무역기지(상하이)는 보세전시 거래, 보세경매 및 '선진입, 후통관'(先入區, 後報關) 등 일련의 정책을 선행적으로 시범 적용하고 예술품 전문 보세창고를 개설하여 매출액이 급증하였으며, '임시 입출국 전시회' 방식을 제안하여 예술품의 출국 전시가 가능하도록 했다.

제약, 바이오기술 및 의료기계 연구개발 외주 서비스플랫폼에 종사하는 야오밍캉더사는 검사검역 당국의 동물성 샘플의 수입허가가 네거티브 리스트 외의 샘플은 국가 품질검사총국(國家質檢總局)과 해당지방의 검사검역(檢驗檢疫) 부서의 이중 허가를 거칠 필요 없이 곧바로 상하이 검험검역국의 허가만 받도록 변경되어 소요기간과 비용을 크게 줄일 수 있었다.

자동차 부품 기업인 델파이(Delphi) 자동차시스템 유한공사는 글로벌 위안화 쌍방향 자금센타(資金池) 업무라는 신정책을 통해 운영효율이 크게 제고되었다. 상하이 지다 유한공사는 시험구와 홍콩에 위안화 종합금융센터를 구축하여 자금 회수 및 조달에 있어서 기민하게 대처할 수 있게 되었다. 자유무역시험구 발전에 힘입어 임대 수입, 관리 및 서비스성 수입이 크게 증가된 와이까오챠오 그룹은 경내 위안화 은행대출, 경외 위안화 직접 대출, 자유무역계좌 대출 및 무역융자 등 방식을 통해 융자 거래선을 개발함으로써 은행 융자 비용을 대폭 줄였다.

소니물류는 캐쉬풀링(Cash Pooling)을 사용하여 본사 외화예금을 총괄 계획하고 적시에 집계하여 일률적으로 지불하는데 이러한 방식을 통해 외화지불 시 발생 가능한 환율차와 수수료 등의 원가를 절감하였다. 제3자 지불회사와의 협력을 통해 지불 및 수급 충당 협의서를 체결하여 차액결제를 실현하였는데, 이를 통해 금액이 과도히 많아지거나 외화 지불 지연으로 인한 손실을 피할 수 있게 되었다.

자유무역시험구의 금융정책에 따라 기업뿐만 아니라 시험구 내에서 취업을 하거나 개업한 개인도 은행 결제 계좌를 개설하여 위안화 역외 지불 및 수금이 가능하게 되었다. 중국은행 상하이 지점은 장기간 상하이에 거주한 이탈리아 상인을 위해 시험구 내에 개인 경상항목의 위안화 역외 결제 업무를 처리하여 시험구 내에서 받는 위안화 급여를 이탈리아 위안화 계좌로 이체할 수 있도록 하였다. 예전에는 먼저 개인 외화 거래계좌를 개설하고 해외이체 업무방식을 통해야 했던 반면 지금은 해외 계좌로 위안화 입금이 가능하게 되었다.

게임, 엔터테인먼트 설비의 생산, 판매에 관한 개방 조치가 발표된 후 게임, 엔터테인먼트 설비 영역에 투자를 추진한 마이크로소프트사는 기존에 게임기 영역에 대한 외상 투자 선례가 없었기 때문에 관련 부서들과의 협의를 통해 엔터테인먼트 설비 생산과 컨텐츠 심사 방안을 제시하였다. 공상국의 '선조후증'(先照後證, 영업직조 선발급, 생산경영활동 허가증 후발급)의 등록제도 개혁에 따라 영업직조를 먼저 취득한 후에 주관부문에 생산 경영활동 허가를 신속하게 받을 수 있는데, 자유무역시험구 내 마이크로소프트 자회사 등록 수속을 신속히 완성하였다.

## 2. 혁신 사례 내용

### (1) 국가 대외문화무역기지(상하이) 사례 : 보세 전시

2013년 9월 상하이 자유무역시험구가 정식 출범 이후 국가 대외문화무역기지(상하이)는 시험구 내에서 보세전시거래, 보세경매 그리고 '선진입, 후통관'(先入區, 後報關) 등 일련의 정책을 선행적으로 시범 적용하여 문화무역 규모가 급증하였다. 2013년 문화 무역 규모는 71억 위안 정도였으나, 2014년에는 9개월 만에 80억 위안에 달하였다. 동 정책들이 여타 지역으로 복제, 보급되었으며, 베이징 천축(天竺)종합보세구 내의 국가 대외문화무역기지(베이징)도 그 정책의 혜택을 받은 사례에 해당된다.

국가 대외문화무역기지(상하이)의 성공요인은 발 빠른 시작이라고 볼 수 있다. 중국의 첫 번째 국가 대외문화무역기지로서 2011년 10월 문화부의 허가를 받았으며, 2013년 8월 중국 최초로 예술품 전문 보세창고를 개설하였다. 또 하나 요인은 자유무역시험구의 서비스 효율과 편리한 조치 활용이다. 문화기지의 예술품 보세창고를 자유무역시험구에 만든 후 보세방식으로 예술품을 창고 내에 잠시 보관해 두었다가 국내 전시회에 전시하고 있다. 반복적으로 시험구를 벗어나 보세전시를 할 수도 있는데, 문화기지에서 담보 및 저당을 잡고 있기 때문에 관련 비용과 시간을 크게 덜 수 있다.

2013년 11월 국가 대외문화무역기지(상하이)는 자유무역시험구 내에서 처음으로 예술품 보세 경매를 개최하였으며, 2014년 7월 해외도서 전시회도 개최하였다. 해관이 자유무역시험구에서 취하고 있는 '선진입, 후통관' 등 새로운 정책으로 인해 문화상품의 유통속도가 확연히 빨라졌다. 부두에서 통관신고를 기다릴 필요가 없이 우선 입고(先入區)한 후에 통관수속을 진행할 수 있기 때문에 부두 대기 시간을 크게 줄일 수 있다.

국가 대외문화무역기지(상하이)는 상하이 자유무역시험구 해관에 '임시 입출국 전시회' 방식을 제안하여 예술품의 출국 전시가 가능하도록 했다. 이러한 예술품은 전시기간 동안 현장거래를 할 수 있으며 본국으로 돌아와 수속을 할 필요 없이 관련 증서만 제출하여 국내에서 처리하면 된다. 마찬가지로 해외 예술품이 역내에서 전시될 경우에도 직접 거래가 가능하다.

## (2) 상하이 야오밍캉더(藥明康德) 신약개발유한공사 사례
### : 생물재료제품 검사검역 관리

2014년 3월 상하이 자유무역시험구에서 동물성 샘플에 대한 수입심사완화 정책을 실시한 이후에 야오밍캉더(藥明康德)의 동물성 바이오 샘플 수입량이 전년 동기대비 20% 가까이 증가하였다. 동물성 샘플이란 쥐의 혈장, 혈청, 세포 등 동물의 신체에서 채취한 실험용 샘플을 말하며, 바이오 샘플이 가진 특수한 위험성 때문에 중국 정부는 엄격한 관리와 통제를 하고 있었다. 동물성 샘플의 수입은 국가 품질검사총국(國家質檢總局)과 해당지방의 검사검역(檢驗檢疫)부서의 이중 허가를 받아야 허가증을 취득할 수 있고, 이 모든 과정은 보통 1개월 이상이 소요되며, 더욱이 생물항목의 예측 불가능성 때문에 약품회사들은 사전에 수입신고를 할 수도 없었다.

야오밍캉더사는 제약, 바이오기술 및 의료기계 연구개발 외주 서비스플랫폼에 종사하는 회사로서 최근 수년간 수입 실험용 바이오 재료에 대한 수요가 크게 증가하고 있던 상황이었다. 2014년 3월 상하이 자유무역시험구에 설립된 검험검역국(檢驗檢疫局)이 자유무역시험구 내 동물성 샘플의 수입허가를 완화하는 조치를 취하여 네거티브리스트 외의 샘플은 국가 품질검사총국(國家質檢總局)과 해당지방의 검사검역(檢驗檢疫)부서의 이중 허가를 거칠 필요 없이 곧바로 상하이 검험검역국의 허가만 받도록 변경되어 4~6주가 소요되던 기간도 7일 이내로 크게 단축되었다. 아울러 발급된 허가증의 유효기간도 6개월에서 1년으로 연장되었다.

야오밍캉더사 관계자는 "우리가 수입해 오는 동물성 샘플은 쥐나 햄스터가 대부분이며 네거티브 리스트에도 포함되지 않는다. 이 경우에는 인터넷을 통해 해관신고 시스템에 동물성 샘플 수입을 신청할 수 있다."고 밝혔다. 만약 샘플이 동일한 항목, 동일한 고객, 동일한 국가에서 송출되었을 경우에는 여러 차례에 걸쳐 수입하더라도 반복 신청할 필요가 없게 되었다. 새로운 정책이 실시된 이후 반년 동안 야오밍캉더사의 실험용 바이오 재료 수입 횟수가 900회를 넘어섰고, 그 중 300회는 동물성 샘플이었다. 최근 3년 동안 야오밍캉더사의 동물성 샘플 수입 횟수는 500회 정도였다.

### (3) 텅루이(騰瑞) 제약회사 사례 : 자유무역계좌로 대외투자

텅루이(騰瑞) 제약은 상하이 자유무역시험구에 설립된 자회사 루이칸(瑞墾) 투자를 통해 해외에 있는 신약 제조회사의 공장을 인수하였으며, 계약 체결후 10일 이내에 대금을 지불해야 하는 상황이었다. 상하이 자유무역시험구가 출범되기 전에는 중국 기업의 대외투자는 상무위원회, 발전개혁위원회 등 여러 부서의 심사허가를 거쳐야 하고 최소 2개월이 소요되었으며, 기업의 자금 이체 전에 관련 부서에 다시 가서 직접 투자 외화 등기 절차를 거치고 은행에 가서 계좌를 개설하여야 자금을 이체할 수 있었다.

상하이 자유무역시험구가 출범한 이후 시험구 내 기업의 대외투자가 심사허가제에서 등록제로 변경되면서 기업들은 자유무역시험구 관리위원회와 은행에 관련 자료만 제출하면 한 번에 외화등기 및 계좌개설, 자금이체 등의 수속을 마칠 수 있게 되었다. 즉, 투자사가 자유무역시험구 관리위원회의 해외투자 등록요건에 따라 관련 자료만 준비하고 자유무역시험구 관리위원회 직원들이 상무위원회 등 부서의 확인만 거치면 되었다. 거래은행인 상하이은행은 자유무역시험구 계좌(FT) 시스템을 통해 고객을 위한 자금조달, 외환매입, 자금이체 등 일련의 업무를 완성하였으며, 텅루이(騰瑞) 제약의 매수금액은 800만 달러 정도였는데 FT계좌를 통해 처리하여 기업의 재무원가를 절감할 수 있었다.

### (4) 타이핑밍웨이(太平名威) 물류유한공사 사례 : 국제 환적 집하

타이핑밍웨이는 2004년 설립되었으며 상하이 밍웨이투자유한공사의 투자 자회사로서 와이까오챠오(外高橋) 물류원구에 1차 입주한 회사 중 하나이다. 주로 소량 컨테이너 수출입, 수운-수운 및 국제 환적과 관련 부가가치 물류서비스 업무에 종사하고 있다.

자유무역시험구 출범 이전에 상하이에서는 국제환적 LCL(Less than Container Load, 소형 화물 컨테이너) 루트가 편리하지 않았고, 상하이 항구는 FCL(Full Container Load, 만적 화물 컨테이너) 환적만 가능했다. 보통 컨테이너를 오픈하지 않는 것으로 해석되는 이 FCL 방식은 2차 개포장이 불가능해 국제적으로 통행되는 방법과는 다소 달랐으며, 국제환적 LCL 업무 발전 수요를 만족시킬 만한 합리적인 업무 방식도 없었다. 이러한 상황에서 환적을 통한 부가가치는 매우 낮고 국제 경쟁력도 결핍되어 있어 이 업종은 주로 홍콩, 싱가폴, 부산 등 국제컨테이너 허브항에 집중되어 있었다.

수입등록 해관신고 요건 간소화가 국제환적 컨테이너 업무 전개를 위한 기본 조건이라면 '선진입, 후통관'(先入區, 後報關)이라는 화물 하적 방식과 '분할 수출입, 집중식 해관신고'의 새로운 통관 방식은 물류기업의 업무발전에 힘을 더해주고 있다. '선진입, 후통관'은 화물이 보세구 톨게이트에 해당하는 카드가 있는 입구에 도착하면 해관에 전자정보를 발송하여 화물을 먼저 접수하고 통관수속은 후에 진행할 수 있다. 통관기간 동안 먼저 컨테이너를 개봉하여 화물을 확인할 수 있기 때문에 최소 1~2일 정도의 시간을 줄일 수 있다. '분할 수출입, 집중식 해관신고'를 통해 상하이를 본항으로 하는 화물의 통관시간도 크게 단축할 수 있고 전체적인 물류원가도 절감할 수 있다.

자유무역시험구 내 창고에 집하할 수 있는 조건 중 하나는 반드시 보세화물이어야 한다는 점이다. 국제 환적화물은 원래 보세이고, 내륙항-연해항 환적화물도 관할지 해관신고, 관할지 해관환급, 적재항 출국 후에도 모두 보세로 처리된다. 만약 상하이 무역회사 고객 한 명이 3개 생산업체에 화물을 주문하고 미국으로 판매할 경우에 이 물건들은 자신이 가지고 있는 기타 화물과 함께 컨테이너 하나에 집하하여 미국으로 보낼 수 있다. 과거의 통관 수속 절차에 따르면 출원지 3곳의 화물이 반드시 함께 입고되어야 했다. 1회성 화물의 경우 해관신고 자료에 부합하지 않았기 때문이다. 현재는 1차 화물이 우선 도착하면 해관에 전자정보를 발송하고, 해관에서 피드백을 하면 화물을 바로 입고할 수 있다. 이러한 방식을 통해 세 차례에 걸친 화물도 분할 수입할 수 있게 된다. 통관 수속을 동시에 진행해도 화물의 입국에 영향이 미치지 않고 차량체류 문제도 없기 때문에 물류시간을 크게 줄일 수 있다.

타이핑밍웨이(太平名威)는 새로운 정책을 이용하여 LCL 국제환적 업무를 추진할 수 있게 되었고 국제통행 관례에 맞추었기 때문에 고객들도 홍콩이나 싱가포르 항구까지 돌아가서 LCL 업무를 진행할 필요가 없게 되었다. 예를 들어, 과거에는 완벽한 10자리 수의 해관 상품코드를 제공해야만 해관신고를 할 수 있었지만 입국 비안해관신고를 간소화한 이후에는 4∼6자리의 해관 상품 코드만 제공하여 상품 종류를 식별하면 해관의 요건을 만족시킬 수 있게 되고 국제통행 방법에도 부합하기 때문에 LCL 환적을 완수할 수 있게 된다.

국제환적 LCL 업무가 순조롭게 전개되면, 싱가포르 및 홍콩 항구와 비교할 경우 15% 정도의 환적업무 운용원가 절감가 절감되고 20% 가량의 물류시간 단축 효과가 있을 것으로 예상된다. 상하이는 각 대륙 기본 항구 사이의 중요한 환적 허브이자 아시아태평양 지역의 주요 환적 분배센터로 자리잡을 것으로 보인다. 이는 국제허브항만으로서의 상하이항구의 지위를 한 단계 더 높여주어 상하이 국제항운센터 구축에 유리하게 작용할 것이다.

## (5) 상하이 창리엔 국제물류유한공사 사례 : 제3자 물류 서비스

상하이 창리엔(暢聯) 국제물류 지주유한공사는 업무의 90% 이상을 애플, 소니, 보쉬(Bosch), 도요타 등 글로벌 회사에 물류 서비스를 제공하는 제3자 물류서비스 업체이다. 창리엔 부총재는 창리엔물류사가 상하이 자유무역시험구의 혁신 정책에 힘입어 양산(洋山) 종합보세항구에 로버트 보쉬(Robert Bosch)사를 위한 아시아 지역 첫 번째 화물 집결센터를 세울 수 있었다며 현재 5천m$^2$ 규모의 창고 규모를 2016년에는 1만m$^2$까지 확대할 계획이라고 밝혔다.

국내외 공급업체의 화물 발송 실수로 실제 접수되는 화물수량과 해관에 신고하는 수량 차이가 발생하는 경우가 종종 발생하고 있고, 특히 해외에서 수입 등록된 화물의 경우 일단 실수가 발생하면 수정 절차가 매우 복잡하기 때문에 2주 이상의 시간이 소요될 뿐만 아니라 화물 역시 어쩔 수 없이 동결되는 상황이 발생하는데, '선진입, 후통관' 혁신 정책 이후 해법을 찾을 수 있었다. 컨테이너가 항구에 도착한 후 1일 내에 화물을 운송하여 입고시키되, 만일 창고에서 확인한 결과 수량에 차이가 있을 경우 공급업체와의 즉각적인 커뮤니케이션 및 대조를 통해 서류를 즉각 수정, 제출할 수 있게 되었다. 이러한 방식을 통해 회사에서는 20%에 가까운 물류원가를 절감할 수 있었는데, 이러한 방식을 앞으로 모든 고객에게 순차적으로 적용할 예정이다.

## (6) 델파이자동차시스템 투자유한공사 사례 : 지역 총부 자금관리

델파이(Delphi) 자동차 시스템 유한공사는 자동차 부품 기업인 델파이가 설립한 독자 자회사로 2002년 상하이 상무위원회가 인가한 다국적기업 지역본부이며, 현재 중국에서 델파이그룹의 연구개발, 생산 및 무역 등 업무를 담당하고 있다. 글로벌 위안화 쌍방향 자금센터(資金池) 업무라는 신정책을 통해 회사운용 효율이 크게 제고되어 산하에 연간 판매액이 수십억 달러에 달하는 모 업종의 글로벌 본부를 자유무역시험구로 이전할 계획을 고려 중이라고 밝혔다.

이전에 국내 자금처의 주계좌와 해외 자금처 계좌는 각각 독립적이어서 그룹 내 자금의 통일된 자금조달과 관리가 어려웠다. 새로운 정책이 출범된 이후 자유무역시험구 내에 개설한 위안화 전용계좌로 국내 자금처와 해외 자금처를 매칭시켰고, 국내외 자금을 자동으로 집결시킬 수 있게 되었다. 이를 통해 델파이차이나는 국내 자금처에 예치된 자금을 자동으로 해외위안화 전용계좌로 정기이체할 수 있게 되었으며, 델파이차이나 국내 자금처 내에 경영상의 자금운용 문제가 발생할 경우에는 해외위안화 전용계좌에서 자금을 조달하여 국내 자금처에서 사용할 수 있게 되었다. 글로벌 위안화 자금처 업무로 인해 델파이그룹은 중국 역내의 자금을 글로벌화 자금 관리항목으로 융합시킬 수 있었으며, 새로운 융자루트를 통해 업무 확장에 대한 자신감을 갖게 되었다.

### (7) MAN 공급체인관리(상하이)유한공사 사례 : 보세유지 보수

독일 MAN 공급체인관리(상하이)유한공사의 주요 업무는 선박엔진 보세유지보수(保稅維修)이다. 회사 설립 초기부터 보세구 내의 보세창고를 빌려 썼지만 실질적으로 업무를 진행할 수가 없었다. 왜냐하면 자유무역시험구가 출범하기 이전까지는 회사의 엔진부품의 성격이 화물이었으나 선박에 손상된 부품을 선적하고 나면 선박자재로 바뀌었고, 서로 다른 성격의 동일 화물에 대한 관리감독 방법이 전혀 달랐기 때문에 보세유지 보수 업무를 전개할 수 없었기 때문이다.

2013년 10월 관련 부서에서 상하이 자유무역시험구 내에서 글로벌 유지보수 업무를 실시할 수 있도록 건의한 후 MAN사는 양산보세항구 창고에서 반출한 선박 전용 설비에 대해서는 양산항 혹은 와이까오챠오항에서 보세상태로 공급할 수 있도록 관련 관리감독 부서에 해결방안을 제시했다. 화물이 이미 선적되었음을 확인하는 선박관리인장과 해관인장을 근거로 양산해관에서 창고 확인을 진행하였다. 선주는 17%의 해관 증치세와 8%의 수입관세를 절감할 수 있어 선박보세유지 보수 업무를 진행하기가 수월해지게 되었는데, MAN사는 2014년 6월 첫 번째 관련 업무를 완수했다.

### (7) 상하이 지다 유한공사 : 국경 간 위안화 종합자금센터(資金池)

상하이 지다(集達) 유한공사는 바오신(寶信) 집단의 상하이 및 절강 지역의 자금 관리 역할을 해왔으며, 경내외 자금을 집중시켜 효과적인 관리를 하는 데 주안점을 두고 있다. 자유무역시험구 내에서 위안화의 국경 간 사용이라는 금융정책이 나오기 이전에는 경내 기업은 경외 차입을 할 수 없어 경내외의 여러 기업간의 유동자금 분산, 불균형이 불가피하였다. 또한, 그룹 내 자회사의 운영자금 차이가 생기고, 자금 여부가 있는 기업 자금을 자금이 부족한 자회사에게 직접 넘겨줄 수 없고, 오로지 은행 대출을 받거나 자금을 차입할 수밖에 없었다.

2014년 2월 인민은행 상하이 총부가 국경 간 위안화 사용 확대에 관한 통지를 시달한 후에 상하이 지다 유한공사와 스탠다드차터드 은행은 국경 간 위안화 종합자금센터 업무에 관한 계약을 맺었는데, 주요 내용은 경내외 유동자금을 대주고 국경 간 위안화 무역 결제를 하는 것이다. 상하이 지다 유한공사는 중국 내에 자동적인 자금 회수 방식의 위안화 종합금융센터를 구축하고, 스탠다드차터드 은행 시스템을 통해 경내 기업의 여유 자금을 공유할 수 있는 시스템을 만들었으며, 동시에 홍콩에 있는 회사와 국경 간 위안화 종합자금센타를 설립하여 경내외 종합금융센타간 자금회수 시스템을 구축하여 자금 조달에 있어서 유연성을 확보할 수 있게 되었다.

이러한 국경 간 위안화 종합자금센터 업무를 통해 바오신 집단은 경내외 유동 자금의 통일관리를 실현하여 경내외 자회사의 여유있는 자금을 집중하여 운영하고 이자율이 비교적 높은 대출방식을 쓸 필요가 없게 되어 자금의 집약화 관리를 하고 자금 융자 코스트를 낮출 수 있게 되었다.

### (8) 와이까오챠오 유한공사 사례 : 자유무역계좌 활용 국경 간 융자

인민은행 상하이 총부가 자유무역시험구 계좌 분할 회계업무 시행세칙을 발표한 후인 2014년 6월에 와이까오챠오 집단과 그 소속 기업들이 건설은행 자유무역시험구 분행에 자유무역계좌를 개설하였다. 건설은행은 자유무역계좌 업무 방식으로 3.7억 위안화를 대출해 주었으며, 그 이자율은 중앙은행 기준 이자율에 비해 12%로 떨어졌다. 보통계좌와 달리 자유무역계좌는 경외 대출이 가능하다.

2014년 상반기에 와이까오챠오 집단은 자유무역시험구 발전에 힘입어 임대 수입, 관리 및 서비스성 수입이 13.3% 증가하였는데, 동 집단은 경내 위안화 은행대출, 경외 위안화 직접 대출, 자유무역계좌 대출 및 무역융자 등 방식을 통해 적극적으로 융자 거래선을 틈으로써 은행 융자 비용을 줄였다.

### (9) 중국은행 사례 : 글로벌 네트워크화 금융서비스

상하이 자유무역시험구가 출범된 이후 위안화 역외사용 등에 관련된 여러 정책과 세칙이 발표되면서 중국은행도 전 세계에 분포된 해외 네트워크와 정책을 활용하여 중국기업의 해외진출을 위해 편의를 제공하고 있다. 인민은행 상하이 총부에서 자유무역시험구의 위안화 역외사용 확대와 관련된 통지를 발표한 이후, 역내 기업들은 역내 은행에서 대출을 하던 단일 방식에서 벗어나 해외융자 루트를 통해 국제시장에 근접한 환율로 재무원가를 절감할 수 있게 되었다.

중국은행 상하이 지점은 본사의 글로벌 네트워크화 경영 이점을 활용하여 싱가포르 지점, 마카오 지점과 적극적으로 연동하여 자유무역시험구 위안화 역외 대출 전문항목 융자 서비스 방안을 만들었으며, 양산보세항구 개발을 책임지고 있는 Z사와 협력하여 자유무역시험구 테마건설 지원에 사용되는 역외 위안화 해외대출을 완수하였다. 그 외에 중국은행 상하이지점은 중국은행 홍콩, 싱가폴 지점과 함께 국내항구 지주제 기업인 G사에 51억 위안의 역외 위안화 해외대출을 해주었다.

2014년 2월 가동한 지불기관의 역외 위안화 지불 업무를 통해 역외 전자상거래 지불결제 영역에서 위안화의 사용 폭을 넓혔다. 중국은행 상하이 지점은 중국은행 홍콩, 상하이 부비통(付費通) 정보서비스유한공사와 EBPP(전자고지 및 결제서비스, Electronic Bill Presentment and Payment) 프로젝트에 공동 착수하여 중국 내륙에 부동산을 구매한 30만 홍콩 주민 및 홍콩에 부동산 구입을 한 40만 내지 주민들이 서로 다른 곳에서 오프라인으로 역외 물업비, 관리비 등 생활 관련 비용을 지불할 수 있게 했다.

자유무역시험구의 금융정책은 기업뿐만 아니라 시험구 내에서 취업을 하거나 개업한 개인도 은행 결제 계좌를 개설하여 위안화 역외 지불 및 수금이 가능하게 되었다. 중국은행 밀라노 지점의 설명에 따르면 중국은행 상하이 지점은 장기간 상하이에 거주한 이탈리아 상인을 위해 시험구 내에 개인 경상항목의 위안화 역외 결제 업무를 성공적으로 처리하여 시험구 내에서 받는 위안화 급여를 이탈리아 위안화 계좌로 이체할 수 있도록 하였다. 예전에는 먼저 개인 외화 거래계좌를 개설하고 해외이체 업무방식을 통해야 했던 반면 지금은 해외 계좌로 위안화 입금이 가능하게 되었다. 특히 하루 안에 처리가 가능해 프로세스 소요 시간이 1/3 가량 단축되었다.

자유무역계좌의 사용 개시로 인해 중국 국내기업의 해외융자가 더욱 간편해졌다. 중국은행은 모 금속자원회사를 위해 자유무역계좌를 기반으로 한 무역융자 방안을 만들었다. 일반적인 역외대출과는 다르기 때문에 무역융자는 보통 실제 무역활동에 기반을 두지만 중국은행은 자유무역구 비례상환 정산방식을 통해 기업에 성공적으로 2,000만 위안의 무역 융자금을 대출해 주었다. 원가가 역내 평균 융자 원가보다 낮고, 기업의 무역 구매비용 지불에 전문적으로 사용되도록 설정되어 있다.

### (10) 대종상품 현물거래 플랫폼 프로젝트 공동 구축 혁신 사례

대종상품 거래와 관계되는 자금량이 크기 때문에 규범화된 거래시장 운용시스템, 관리감독 시스템은 거래시장의 규범화 발전을 확보하고, 상업리스크와 금융리스크를 예방하는 '안전벨트'라 할 수 있다. 중국의 대종상품 거래센터는 출발이 늦은 관계로 방안 모색단계에 있으며, 지역별 거래시장의 관리가 분산되어 있고, 리스크 예방 수단이 부족하며 참여주체들의 신용도가 낮은 편이다.

대종상품 시장, 푸둥개발은행, 상하이청산소, 제3자 창고증권공시 플랫폼은 자유무역시험구 현물거래센터 관리 잠정 방법 중 거래, 위탁관리, 정산, 창고에 대한 '4가지 구분'이라는 요건에 따라 거래관리, 자금관리, 재무관리 및 창고관리로 책임이 나뉘어져 있다. 거래자금을 푸둥개발은행에 예치하고 거래자금을 위탁관리하면 푸둥개발은행은 거래자금의 안전성을 확보해 준다. 상하이청산소는 대종상품 시장에서 제공한 당일거래 데이터, 푸둥개발은행에서 제공한 계좌자금 정보를 비교 대조하여 자금과 거래가 불일치하는 상황이 있는지 여부를 확인한다.

비교 대조가 끝나고 나면 상하이청산소에서는 회계처리를 하고 정산결과를 정산지령 형식으로 푸둥개발은행에 전송한다. 푸둥개발은행은 이 데이터에 따라 자금을 이체하고 해당 거래일의 회원자금을 결산한다. 상하이 청산소는 대종상품 시장을 통해 일일 거래 데이터를 창고에 발송하고, 창고에서 결제를 완성한 후에 결제정보를 제3자 창고증권 공시플랫폼에 전송하면, 제3자 창고증권공시플랫폼은 대종상품 시장에서 전송해온 거래정보와 창고에서 전송해온 결제정보를 비교 대조하고 거래와 물권이 불일치하는 상황이 있는지 여부를 검사한다.

자유무역시험구 출범 이전에는 은행이 위탁관리 업무뿐만 아니라 정산 기능까지 책임을 졌어야 했다. 하지만 청산소가 대종상품 거래 플랫폼을 도입한 이후 은행은 위탁관리만 담당하고, 청산은 더욱 성숙하고 전문화된 청산소에서 담당하여 공정성을 강화하게 되었다. 자유무역시험구의 대종상품 현물거래 플랫폼 신뢰시스템 구축을 통해 관리부서에서 제기한 거래, 위탁관리, 정산, 창고의 '4가지 구분' 원칙을 철저하게 이행하였으며, 자유무역시험구 대종상품 거래플랫폼 구축을 위해 상업 리스크 및 금융 리스크 관리감독을 위한 효과적인 수단을 모색하여 거래센터의 각 참여주체들의 신의 행위 촉진이 가능하게 되었다.

## (11) 상하이 위엔차오 국제물류유한공사 사례 : 제3자 물류서비스

- '선입구, 후보관' 방식 응용

위앤추(元初)사가 취급하는 업종은 화장품, 식품, 의복, 부품 등 화물명이 많고 복잡한 특징을 가지고 있다. 고객의 요청을 받은 후 우선 품목분류 심사, 자료 정리를 진행하는데, 화물정보가 상세하지 않은 관계로 비안(HS 품목분류)에 많은 시간이 소요되었고, 불명확한 화물의 경우 화물이 입고되기를 기다렸다가 확인 수정 한 뒤에 다시 비안신청, 신고서 발급 및 항구 컨테이너 준비, 출고 등에 많은 시간이 소요되었다. 이러한 과정은 항구비용 뿐만 아니라 고객이 부담해야하는 원가증가, 시장속도 둔화 등의 문제가 초래되었다.

신정책이 나온 후에는 고객의 요청만 받으면 바로 신고서를 변경하여 해관 신고할 수 있고, 적하목록 정보에 근거하여 5분 내에 발행정보를 받아 볼 수 있다. 그 후에는 출고통지서에 따라 출고신고서를 작성하고 항구에서 출고한다. 이러한 프로세스는 기존보다 업무일을 2일이나 단축시킬 수 있어 운용 효율이 대폭 제고되었을 뿐만 아니라 항구와 선사에서 발생하는 비용이 크게 절감되었고 별도의 체선료 및 체화료 등이 다시 발생하지 않아 물류원가를 절감할 수 있게 된다. 또한 고객이 화물을 변경하는 과정에서 해관신고 정보가 완벽하지 않은 경우가 발생하게 되는데 우선입고 되어 직관적으로 볼 수 있는 화물에 대해서 정확한 화물 변경을 재진행하여 해관신고의 정확성을 보장할 수 있게 되었다.

- '차수별 반출입, 집중식 해관신고' 방법 응용

자유무역구 내의 화물 해관신고가 완료된 후 다시 출하하는 과정에서 당일 운송차량을 이미 배차해 놓았지만 화물이 해관신고를 통과하지 못해서 운송원가가 증가하고 운송계획에 차질이 발생하는 등의 문제가 발생할 수 있었다. 새로운 정책이 실시되어 화물을 차수별로 반출입하고, 집중식 해관신고를 진행할 수 있게 되면서 신고서를 전자문서 형식으로 고객에게 발송하면 시간도 절약하고 운송 계획도 순조롭게 이룰 수 있어 운송계획 변동에 따른 차량비용 증가 현상을 피할 수 있게 되었다. 동일한 고객이 차수를 나누어 반출입하고, 그 후에 한 장의 해관신고서에 통합 작성하면서 고객의 해관신고 원가를 낮출 수 있게 되었다.

- '스마트화 게이트 통관 관리' 방법 응용

과거에는 자유무역시험구 게이트를 출입하는 많은 차량들은 신고서 접수 내용에 따라 통관하고, 출입게이트 인공 봉쇄, 신고서 인공 심사확인이 필요했으며, 이와 함께 검사지령을 하달하거나 실제 화물을 통관시키는 방식을 취해 게이트 진출입 효율이 저하되어 게이트 앞 차량 체증 문제가 발생했다. 스마트화 게이트 통관 관리제도를 시행한 이후, 운송차량들은 전자 차량번호판 및 전자 개폐쇄 자동 통과 시스템에 따라 게이트를 출입할 수 있으며, 몇 초 안에 예전에 겪었던 문제들을 해결할 수 있게 되어 창고 출입 효율을 크게 제고시킴과 동시에 기업의 작업 환경 안전과 순조로운 운용과정을 보장할 수 있게 되었다.

## (12) 교통은행 금융리스 유한책임공사 사례 : 항공기 융자리스

보세구를 통해 항공기, 선박 등 대형설비 리스 업무를 진행하는 것은 국제적으로도 성숙된 방법이자 중국 리스업계 발전의 중요한 업무 방향이라고 할 수 있다. 중국 국내 항공사가 직접 해외 항공기 제조상으로부터 항공기를 직접 구매하고 원가절감을 위해 리스회사를 통해 항공기를 임대하기도 한다. 그런데 많은 리스회사들이 해외에 등록을 해놓아 항공기 리스를 통한 세수, 취업, 리스자산 등이 모두 해외로 돌아가는 상황이 발생하게 되었다.

자유무역시험구 출범 전에 교통은행은 상하이 종합보세구 특수목적 회사(SPV)를 통해 항공기, 선박 리스 업무를 진행하였는데, 수속이 복잡하고, 해외채권은 개별적으로 모두 심사허가를 받아야하며, 해외 위안화 차용을 통한 자금원가 절감이 어려운 문제 등에 직면해 있었다. 자유무역시험구 출범 이후, 인민은행은 금융리스 회사의 해외리스 등 해외 채권업무의 건수별 심사허가 방식을 철폐하고 등록관리를 실시했다. 또한 자유무역시험구 내 기업들이 해외에서 위안화 자금을 차용할 수 있도록 허용하였다. 이는 자유무역시험구 내 자회사들이 국제위안화 업무 추진에 유리하게 작용해 자금원가를 절감할 수 있게 되었다.

자유무역시험구 융자리스 전문 자회사는 경영 범위, 항목 확대, 국제투융자 등 방면에서 프로젝트 회사보다 더 많은 기능과 더 큰 우위를 점하게 되어 리스회사의 자산 관리, 자산 처분 및 리스크 예방 등 능력 제고에도 도움이 되는 것으로 나타났다. 이는 중국 국내 금융리스업계의 발전과 혁신에 중요한 의미를 가지고 있는 동시에 중국의 선진 장비 제조업계의 해외 진출, 세계 진출에 힘을 보태줄 것으로 보인다.

현재 교통은행 리스회사의 자유무역시험구 내 항공기, 선박 임대자금 자산은 약 110억 위안으로 그 중 66억 위안은 자유무역시험구 출범 이후에 투입된 자금이다. 향후 교통은행 리스회사는 지속적으로 교통은행그룹의 종합화, 국제화 경영 강점과 자유무역시험구 내 전문 자회사의 플랫폼 이점을 활용하여 항공기, 선박 리스 업무를 확장하여 글로벌 항공항운 시장 경쟁에 적극적으로 참여할 것이다. 특히 교통은행 리스회사가 중국산 C919 대형 항공기와 ARJ21 지선여객기를 주문한 후에는 중국 여객기의 해외 진출에도 도움이 될 것으로 보인다.

## (13) 상하이 윈리(雲力)컨테이너 서비스 유한공사
### : 컨테이너 선물선복 예약 플랫폼

시장에는 컨테이너 선복예약(컨테이너 수량과 선박 출입항일 예약 등) 플랫폼이 적지 않으나, 선물가격의 불확실성으로 인해 기본적으로는 당해당월 선복예약 서비스만을 제공하고 있다. 컨테이너는 당월 예약, 당월 출발을 기본으로 하고 있어 초과 적재(예정된 컨테이너 수량이 화물선 용량을 초과) 현상 등이 발생할 가능성이 매우 크다. 상하이 윈리(雲力)사는 관련 정보시스템 플랫폼을 연구, 개발하여 최장 12개월 내의 선물선복 예약 서비스를 제공하여, 운송가격이 확정되지 않은 상황에서도 고객을 위한 최적의 방안을 마련해 줄 수 있게 되었다.

2013년에 회사가 설립되고 선물 컨테이너 선복예약 거래 플랫폼 구축이 완성되었지만 항운업 대부분이 국제무역이고 대규모의 국제 결제 및 지불이 필요하며, 국제 운송비 지불이 가능한 루트를 운용할 수가 없어 플랫폼의 강점을 발휘하기 어려웠었다. 그런데, 자유무역시험구에서 FT계좌를 개설할 수 있었기 때문에 상하이 윈리사는 여러 고객을 도와 국제운송료 대리수취 및 대리 지불 루트를 구축할 수 있게 되었다.

회사 고객을 예로 들면, 상하이 A사는 1급 국제화물 운송대리업체 이고, B는 선박서비스 회사의 주요 국내 화물운수도급 거래처이다. B 선박 서비스사는 주로 중국에서 한국으로 향하는 국제 컨테이너 운수업에 종사하고 있다. 2014년 이전에 A사는 B사에 대해 운송료를 지불하기가 쉽지 않았다. 매월 관련 부서에 외화신청서를 제출해야 하고, 2~3개월의 시간이 소요되어야 모든 프로세스를 마칠 수 있었기 때문이다. 이러한 방식은 효율이 낮을 뿐만 아니라 정산 주기가 길기 때문에 환율변동 리스크까지 가지고 있었다.

FT계좌를 개설한 이후 A사는 CAPEX(capital expenditures, 미래의 이윤을 창출하기 위해 지출된 비용) 플랫폼을 통해 B사에 선복예약을 하고 비용을 정산할 수 있게 되었다. CAPEX 플랫폼은 FT 계좌를 통해 해외의 신동(新東)선박서비스회사에 정산을 해주면 3~ 5일 내에 모든 프로세스를 끝낼 수 있게 되었다. 이를 통해 인적, 물적으로 크게 절감이 가능했고, 결산 주기가 길어서 발생했던 환율변동 리스크도 피할 수 있게 되었다.

### (14) 약전 표준 연구개발 기술서비스(상하이)유한공사
### : 보세 R&D 테스트 서비스

미국 약전연구개발기술 서비스회사의 중국 내 업무의 대부분은 USP(U.S. Pharmacopeia, 미국약전위원회) 본사가 파견한 국제표준 R&D업무를 수행하는 것이다. 표준의 광범위한 적용성을 확보하기 위하여 R&D용 샘플 역시 전 세계 각지에서 광범위하게 수집되어 중국의 실험실로 운송되어 테스트와 분석을 하게 되어 있다. 수입한 R&D용 샘플에 대한 심사허가가 복잡하기 때문에 통관 효율 및 통합 통관 원가 등 통관 관련 편리성이 회사의 순조로운 업무 진행을 위해 가장 중요한 요소이다.

자유무역시험구 혁신정책이 나오기 전에 R&D용 샘플의 입관(入關) 심사허가 절차 및 관련 신고서 요건이 까다로웠다. 공항에서 실험실까지 도착하는 시간은 기본적으로 2주 이상 소요되었다. 수입된 R&D용 샘플은 전통 대종 무역화물과는 달리 종류가 많은 반면 양은 적고 출처가 광범위하며 중복성이 낮으며, 빈도가 높고 시간이 중요하며 모두 실험실에서 소모되는 특징을 가지고 있다. 그런데, 매번 새로운 샘플을 소량 수입하지만 대종 무역화물과 마찬가지로 자료를 준비, 제출해야 하며, 비슷한 비용을 지불해야 하고, 최소한 2주 가량의 시간을 써야만 모든 프로세스를 완료할 수 있었다. 이로 인해 USP 본사에서 중국으로 발송한 샘플 중 상단한 양이 다른 국가로 넘겨져 중국 내 업무 발전에 큰 장애로 작용하였다.

2014년 6월 말에 미국약전상하이사는 자유무역시험구 해관의 '서비스 외주 보세관리감독 시범기업 자격' 인증을 받게 되고, 해관의 '보세 R&D시스템'을 활용하여 샘플 수입 통관 심사허가 프로세스와 제출해야 하는 신고서 내용을 간소화했고, 기업운영 데이터 자동 대조를 통해 해관이 화학약제약품에 대해 통관과 문서의 심사허가를 동시에 진행할 수 있게 되어 수입 샘플이 공항에서 실험실에 도착하는 기간을 50% 이상 단축시켰다. 대부분의 샘플은 3~5일내에 실험실로 배송되었다. 그 외에도 해당 시스템을 채택했기 때문에 관련 절차를 통과하고 수입 R&D 소모재가 보세 상태에서 핵소를 받을 수 있게 되어, 사용과정에서 발생하는 해관 수입과정 세수를 납부할 필요 없어지게 되면서 연구 개발용 소모재의 통합 수입원가가 1/4 정도 절감되었다.

미국약전상하이사는 자유무역시험구의 R&D 관리감독 혁신 모델을 통해 업무 효율을 제고하고 원가를 절감했으며 미국 본사가 과거에 미국, 인도 혹은 브라질 실험실에서 진행하던 테스트 항목을 점차 중국으로 이전하여 업무 범위를 계속해서 확장할 수 있게 되었다. 2014년 1~8월까지 미국약전상하이의 영업수입은 2013년 동기 대비 3배 이상 빠르게 성장하였다. 미국약전상하이사는 앞으로도 표준 R&D 범위를 확대하여 현재 주로 화학샘플을 대상으로 하는 연구개발을 바이오샘플, 식물체취물 등으로 전환하고 서비스를 필요로 하는 중국 기업들에게 국제수준의 제3자 테스트 서비스를 제공하고, 제3자 인증서비스 업무를 적극적으로 모색하고 발전시켜 나갈 예정이다.

### (15) 소니물류무역(중국)유한공사 사례 : 공급체인 관리 혁신

물류, 무역, 자금결제를 하나로 결합하는 방식은 소니물류사의 주요 업무 방식으로 현재 소니에서 가장 많은 글로벌 업무량을 자랑하는 공급체인 관리 통합 플랫폼이다. 중국 상하이, 푸둥신구 및 와이까오챠오보세구의 정책적 장점을 활용하여 최근 8년간 지속적인 업무 통합과 프로세스 혁신을 통해 그룹 내 1위의 해외 운영기지 지위를 차지하였다. 공급체인의 효과적인 통합은 통관 속도와 본사의 직능 자금 결산 등 여러 방면이 전반적으로 제고되어야 가능하다.

소니물류는 자유무역시험구의 신규 관리감독 방식인 '선진입, 후통관' 시범 기업이다. 시범 기업은 우선 수입 적하목록 정보에 근거하여 화물을 항구로 입고시킨 다음 규정된 시간 내에 해관에 입국비안리스트 해관신고 수속을 마치면 되기 때문에 항구 대기시간을 단축하였다. 수입화물이 항구에 도착하면 예전에는 업무에 1일이 소요되었던 반면 현재는 두 시간이면 충분하다. 더욱이 소니가 자가 보유한 창고의 비용은 항구에 보관하는 것보다 15~20% 가량 저렴하다.

자유무역시험구가 출범한 이후 외화관리 실시 세칙에 따라 소니는 외화자금을 집중 수불할 수 있게 되었고, 외화 집중결제와 차액결제를 포함한 연간 재무비용을 약 24만 위안 절감했다. 예를 들어, 소니물류는 국내 캐쉬풀링(Cash Pooling)을 사용하여 본사 외화예금을 총괄 계획하고 정시에 집계하여 일률적으로 지불하는데 이러한 방식을 통해 외화지불 시 발생 가능한 환율차와 수수료 등의 원가를 절감한 것이다. 소니는 제3자 지불회사와의 협력을 통해 지불 및 수급 충당 협의서를 체결하여 차액결제를 실현하였다. 이를 통해 금액이 과도히 많아지거나 외화 지불 지연으로 인한 손실을 피할 수 있게 되었다.

신규 정책을 활용하여 외화지불 프로세스를 간소화하여 모든 건수를 확인할 필요 없고, 신고서를 제출할 필요 없이 직접 수불이 가능하게 되었다. 신고서는 등록 방식으로 분류보관하기 때문에 인적, 물적 소모를 크게 감소시킬 수 있었다. 기존에 소니 물류는 중국 지역 본부에 불과했지만 중국 업무량이 증가하면서 소니물류는 협조원 제도와 무지화(paperless) 통관 보급 등 새로운 제도를 활용하여 경쟁력을 제고하였고, 이에 따라 아시아태평양 업무를 통합할 수 있었다. 현재 대만과 한국 업무 역시 소니물류차이나로 융합되었으며 2014년 재정연도 업무수익이 1억 달러 가까이 새롭게 증가할 것으로 예상된다.

## (16) 상하이 와이까오챠오(外高橋) 국제선반 전시무역센터
### : 전문화 서비스 플랫폼

● 선반 보세전시 및 거래

해관 보세전시 정책을 적용하여 자유무역시험구 내에서 수입선반의 장기 전시가 가능하며, 은행 보증서를 근거로 하여 시험구 외에서도 수입선반을 보세 상태로 전시할 수 있게 되었다. 전시기한도 기존 1개월에서 3개월로 연장되었다. 등록 관리제를 실시한 이후에 수속과정이 더욱 편리하고 신속해져 기존의 1개월에서 1주일 정도로 기간도 단축되었다. 상품분류 관리감독 방식을 활용하여 선반센터 고객은 보세상품과 비보세상품의 전시, 공연, 사전 검수를 동시에 진행할 수 있게 되었다.

● 선반부품 분배발송

해관의 '분배발송, 집중 해관신고' 정책을 활용하여 선반센터는 '차수별 출고, 집중해관신고'의 공공창고 분배발송 서비스 정보시스템을 개통했다. 단일기업 자영 보세상품의 부품에만 허가되던 기존의 부품 분배발송 방식을 여러 기업이 공유할 수 있도록 확대하였고 보세상품과 비보세상품을 동일하게 분배 발송할 수 있게 되어 3~5일 소요되던 발송시간을 4시간으로 단축하였으며, 원가도 많이 절감할 수 있게 되었다.

● 수입선반 현장 검사

출입경 검사검역부서의 새로운 정책을 활용하여 선반센터가 수입선반 현장 법정 검사 및 제3자 검측 보고서 인정 방안을 마련했다. 예전에는 선반을 고객에게 판매한 후 고객의 소재지에서 상품 검사를 해야 했고 고객에게 배송하는 동안 문제가 발생한다면 책임 소재를 분명히 하기 어려웠다. 하지만 새로운 정책을 통해 선반센터는 판매 전에 상품 검사를 완료할 수 있게 되었다.

• 직업기술 교육

사회서비스업 영역의 확대 개방 조치에 따라 중외합자경영 성격의 직업 기능 교육기관이 처음으로 허가되었다. 선반센터는 독일 기계연합회, 스위스 센터에서 지명한 선반 직업교육기관과 협력하여 선반센터에 기업을 대상으로 한 선반 응용기술 교육기지를 설립하였다. 이를 통해 학생들에게는 기업에서 실습할 수 있는 기회를, 기업에게는 직업기술 인력을 교육시킬 수 있는 기회를 제공하고 있다.

• 수입선반 융자리스

자유무역시험구에서 출시한 일련의 금융정책에 따라 선반센터는 수입선반 고객에게 융자리스 서비스를 제공하는 융자플랫폼을 구축하였다. 여러 은행 및 금융기관과 함께 수입선반 융자리스 방안을 제정하였다. 금융과 무역을 결합하는 방식으로 기업의 융자원가와 국내 고객의 구매원가를 직접 절감시킬 수 있었다. 예를 들어 기존에 국내 설비의 1년 기한 임대 이자율이 12~14% 정도였던 반면 현재 수입 설비의 1년 기한 이자율은 약 6~7% 정도이다. 자유무역시험구 출범 이후 1년 동안 일련의 혁신 조치들로 인해 선반센터의 발전은 새로운 활력을 얻어 신규 거래처 34개, 관리규모 6.5만$m^2$ 등으로 거래처, 관리규모 등 부문에서 모두 증가세를 보이고 있다.

## (17) SKF 분배유한공사 사례 : 무역, 물류, 금융기능 통합 혁신

SKF 분배(상하이)유한공사가 설립되기 전 SKF의 중국(일본, 한국 등지 포함) 무역은 주로 홍콩에 설립된 중국유한공사에서 외화무역 위주였고 물류는 싱가포르에 설립된 분배센터에서 지원하고 있었다. 이러한 업무 구조와 방법은 중국 시장의 중요성이 점차 부각됨에 따라 여러 가지 문제점들이 드러나기 시작했다.

상품 인도에 오랜 시간이 소모되면서 중국시장 서비스 수준 제고가 어렵고, 위안화와 외화 거래에 따른 별도의 창고예비계획 제정 필요로 인한 낮은 유연성과 복잡한 창고 구조, 창고 분배운영으로 인해 높은 물류원가가 발생했으나, 합병운영으로 인해 위안화 거래 주문이 후에도 즉시 지불이 불가능하였다. 또한, 중국 국내에서 생산한 비보세상품과 수입한 보세상품을 반드시 구분해야 했기 때문에 물류집중 운영방식의 장점과 효율성을 발휘하기 어려웠다.

2014년 2월 20일 인민은행 상하이 총부가 자유무역시험구 위안화 국제사용 확대에 관한 통지를 발표함에 따라 SKF 그룹은 국제 양방향 위안화 캐쉬풀링 정책을 이용하여 역내외 유동자금의 통합 관리와 제어가 가능해졌고, 그룹 내 글로벌 자금 사용 효율을 높였으며 기업의 융자원가를 낮추었다. 현재 SKF의 캐쉬풀링 누적 결제량은 이미 6억 위안을 초과했다.

2014년 4월 27일, 상하이 해관은 14가지 '복제가능하고 보급가능한' 자유무역시험구 해관 관리감독 서비스 제도를 출범시켰다. 그중 화물상태분류 관리감독 및 '차수별 수출입, 집중식 해관신고'의 혁신적인 관리감독 서비스 제도는 SKF가 봉착했었던 난관들을 해결해 주었다. 화물상태분류 관리감독 제도를 활용하여 SKF는 보세, 비보세 화물을 동시에 처리할 수 있게 되어 고객이 주문한 화물의 발송 속도가 빨라졌을 뿐 아니라 1년 동안 약 500만 위안의 원가를 절감할 수 있었다.

'차수별 수출입, 집중식 해관신고' 정책을 적용한 이후 위안화 거래인지 외화거래인지 구분할 필요 없이 주문서에 따라 우선 출고하고, 사후에 관련 해관신고와 납세를 마무리하면 되기 때문에 화물 전환속도를 크게 제고시켰고, 두 종류의 화폐에 따른 별도의 창고를 준비할 필요가 없게 되었다.

현재 SKF는 기존에 홍콩회사를 통해 중국시장으로 판매하던 기능과 싱가포르의 물류센터 역할을 수행하고 있다. 2013년 10월부터 현재까지 싱가포르와 홍콩에서 SKF로 약 6만 건, 약 20억 위안 규모의 주문이 이전되었다. 2014년 현재까지의 총 판매규모는 2013년 한 해 동안의 판매 규모를 뛰어 넘었으며, 2014년에는 2013년 대비 약 15% 정도 성장할 것으로 보인다. SKF는 앞으로도 역내외 캐쉬풀링과 글로벌회사 본부 외화자금 집중운영관리에 대한 각 혁신 조치를 더욱 활용하여 아시아태평양 지역 업무를 자유무역시험구에서 모두 진행하도록 할 예정이다.

### (18) 마이크로소프트 게임 · 엔터테인먼트 설비(상하이)유한공사 : 게임, 엔터테인먼트 설비 생산 판매 혁신

상하이 자유무역시험구 설립 이전에 외자기업은 중국시장을 대상으로 한 게임, 엔터테인먼트 설비를 생산, 판매할 수 없어 중국 소비자는 비정식적인 루트를 통해 마이크로소프트 Xbox 게임기를 구매할 수밖에 없었다. 2013년 9월 국무원의 자유무역시험구 총체방안

중 "외자기업이 게임, 엔터테인먼트 설비의 생산과 판매에 종사하도록 허가하며, 문화 주관 부문의 내용심사를 통과한 게임, 엔터테인먼트 설비는 중국시장에 판매할 수 있다."라는 서비스업 확대 개방 조치가 발표된 이후 외자기업도 중국에서 게임, 엔터테인먼트 설비영역 투자에도 변화가 발생했다.

외자기업의 게임, 엔터테인먼트 설비 생산과 판매 종사는 자유무역시험구 네거티브 리스트 외의 영역으로 지정되었고, 네거티브 리스트 관리 규정에 따라 심사제가 아닌 등록제를 시행하게 되었다. 공상국의 '선조후증'(先照後證, 영업직조 선발급, 생산경영 활동 허가증 후발급)의 등록제도 개혁에 따라 마이크로소프트는 영업직조를 먼저 취득한 후에 주관 부문에 생산 경영활동 허가를 받을 수 있게 되었다. 이에 따라 자유무역시험구 내 마이크로소프트 자회사 설립 프로세스가 크게 간소화되었으며, 자회사는 3일 만에 등록 및 등기수속을 완성할 수 있게 되었다.

기존에 게임기 영역에 대한 외상 투자 선례가 없었기 때문에 관련 부서들과의 반복적인 협의를 통해 마이크로소프트사는 게임, 엔터테인먼트 설비 생산과 컨텐츠 심사 방안을 제시하였다. 게임기 생산 핵심 프로세스를 자유무역시험구 내에 두고, 예전처럼 홍콩에서 환급을 할 필요없이 시험구 내에서 직접 세금환급을 할 수 있도록 조치하여 물류원가를 크게 절감하고 효율을 제고시켰다. 컨텐츠 심사분야에 있어서 마이크로소프트는 자유무역시험구 내에 바스퉁(百視通)과 합자기업인 상하이 바이쟈허(百家合) 정보기술발전유한공사와 함께 게임 컨텐츠 도입과 중국화를 추진하고 있다.

앞으로 마이크로소프트 게임·엔터테인먼트설비(상하이)유한공사는 자유무역시험구의 개혁혁신 정책과 강점, Xbox 글로벌 플랫폼을 최대한 활용하여 양질의 중국 문화컨텐츠를 해외로 전파하여 중국문화의 글로벌 영향력을 확대할 예정이다.

### (19) 홍의창령(弘毅創領)(상하이)주식투자펀드 파트너기업(유한파트너) : 역외 투자 혁신

자유무역시험구에서 국제투자 편리화를 위한 관련 정책들을 내놓기 전에 홍의 등 투자기관이 국제투자를 진행하기 위해서는 여러 관련 부서의 심사허가가 필요해 절차가 매우 복잡했을 뿐만 아니라 심사결과와 심사기간의 불확실성이 컸기 때문에 하나의 프로세스를 완료하기 위해서는 수개월의 시간이 소모되었다. 더욱 중요한 것은 어떠한 자본의 기업이든 국제 관례에 부합하지 않는 이러한 프로세스를 진행해야 하기 때문에 중자기업의 해외합병은 수세에 놓일 수밖에 없었다.

2013년 9월 자유무역시험구가 출범할 당시 상하이 정부는 자유무역시험구 역외투자 항목 등록관리 방법 등 일련의 국제투자 편리화 정책을 함께 내놓았다. 여기에는 투자심사제를 등록제로 변경, '한장의 신청서, 하나의 창구에서 접수처리'(一表申請, 一口受理) 방식의 국제투자 신청 등 프로세스 간소화 정책이 포함되어 있다. 신규정책이 발표된 이후 홍의는 PPTV(인터넷 사이트 포탈 사이트)를 시범항목으로 선정, 사모주식(PE) 투자펀드의 자유무역시험구 역내투자 루트를 이용해보기로 결정하고, 자유무역시험구 관리위원회에 시험구 내 펀드관리회사 설립, 펀드회사 설립, 대외투자 등록, 외화환전 해외송금 등의 제가지 절차를 통해 자유무역시험구 국제투자를 하겠다는 방안을 주도적으로 제시하였다.

PPTV 항목은 민감업종에 포함되지 않는 만큼 일반항목 방식에 따라 비안 관리를 하면 되기 때문에 국제투자 프로세스, 거래 소요시간 등을 단축할 수 있었고 심사가 불필요하기 때문에 경매에 직접 참여가 가능해져 경쟁자들과 같은 출발점에 설수 있게 되었다. 홍의는 비안에서 외화환전 투자까지 5일에 완성할 수 있게 되었고, 여러 부서의 후속심사를 거쳐야했던 기존 방식에 비해 심사 효율과 정확성이 크게 제고되었다.

PPTV를 통해 자유무역시험구 해외투자가 성공적으로 진행된 이후 효율성이 높고 편리한 이 방식은 다른 투자기관에도 광범위하게 응용되어 자유무역시험구 금융혁신의 '복제가능하고, 보급가능한' 경험이 되었다. 현재까지 홍의는 이미 4개 항목의 위안화 자유무역시험구 해외투자를 성사시켰고 이러한 방식을 통한 해외투자 규모가 2억 달러에 달하게 되었다. 홍의는 앞으로도 계속해서 자유무역시험구 내에 외화자금의 내륙투자 방식과 방안을 모색하여 홍의펀드가 자유무역구 내에서 쌍방향으로 유통될 수 있도록, 홍의가 국제자본시장에서 투자, 합병 효율과 경쟁력을 높일 수 있도록 연구할 것이다.

## (20) 상하이 와이까오챠오(外高橋)그룹 유한공사 : 국제융자 혁신

자유무역시험구의 빠른 발전에 따라 와이까오챠오 그룹은 새로운 사무 환경 구축에 박차를 가하는 한편 자유무역시험구 내 건물을 새롭게 개조하여 자유무역시험구 내 새로운 수요 추세를 맞추고자 했다. 하지만 투자규모가 크고 주기가 길며 다양한 건물 종류로 인해 자금출자가 어느 정도 한계에 부딪혔다. 와이까오챠오 그룹의 자본지출은 비교적 큰 편이다. 매년 필요한 융자금액이 많기 때문에 자산 부채율이 계속 높은 편이었고 기업의 자산유동성이 악화되는 현상이 나타났다. 또한 역내투자는 보통 은행대출이라는 단일 방식으로 이루어지고, 금리는 기준금리보다 10% 이상 높기 때문에 융자원가가 높아지고 은행자체의 대출제한으로 인해 기업의 프로젝트 투자에 제한이 있었다.

2014년 2월 인민은행 상하이 총부는 위안화 국제사용에 관한 통지를 발표했고, 와이까오챠오 그룹은 건설은행 자유무역시험구 지점과 건설은행 해외지점 협력을 통해 일주일 만에 국제 위안화 대출업무를 처리, 그룹의 생산경영에 사용할 수 있었다. 해외 대출금리는 1년 기한 대출금리보다 10% 정도 저렴하기 때문에 기업의 융자부담을 덜어주고 기업부채 구조를 개선시킬 수 있었다.

올해 6월, 인민은행 상하이 총부가 자유무역시험구 계좌분할 심사업무 실시 세칙을 발표한 이후 와이까오챠오 그룹과 산하의 주요기업들은 건설은행 자유무역시험구 지점에 자유무역계좌(FT계좌)를 개설했다. 현재까지 와이까오챠오 그룹 전체 시스템이 발급한 FT 업무항목 대출금은 3.7억 위안으로, 금리도 중앙은행 기준금리보다 12% 가량 낮은 수준이다.

일반계좌와 비교하였을 때 FT 계좌는 역외계좌의 성격을 지니고 있기 때문에 관할지역외 대출을 받을 수 있다. 건설은행은 그룹과 소속기업과의 관계를 충분히 활용하여 와이까오챠오 그룹은 자금통합관리 역할을 맡게 하고, 소속 기업들은 실제 업무를 책임지도록 하였다. 올해 상반기 자유무역시험구 발전에 힘입은 와이까오챠오 그룹의 건물 임대수익, 건물관리 및 서비스 수입은 동기 대비 13.3% 증가하였다. 그룹은 주로 역내 위안화 은행대출, 역외 위안화 직접대출, FT 계좌 대출 및 무역융자 등의 방식을 통해 융자루트를 적극적으로 개척했고 평균 은행대출 코스트도 하락했다.

# 제6장

## 상하이 자유무역시험구
## 중간 평가

- 상하이 자유무역시험구 관리위원회 평가
- 중국 정부, 상하이시 정부 인사 평가
- 외부 기관, 외자기업 및 해외 언론 평가
- 상하이 자유무역시험구에 대한 종합 평가

상하이 자유무역시험구 중간 평가

## 제1절 상하이 자유무역시험구 관리위원회 평가

### 1. 출범 초기 성과

2013년 10월 상하이 자유무역시험구 관리위원회는 기업 설립 등 관련 각종 문의가 쇄도하고 있어 전문 인력을 대거 배치하여 상담을 실시하고 있으며 기업 등록이 대폭 증가하였다고 발표하였다. 기업 등기 수속에 과거에는 20일 정도 소요되었으나 현재는 4일 만에 가능하며, 2013년 10월초 국경일 휴일 후 3일 만에 1,900여 건을 처리하여 2012년 한 해 동안에 처리한 700건 기업 등록과 크게 대비되었다.

상하이 자유무역시험 출범 초기에 중국 공상은행, 중국 농업은행, 중국은행, 중국 건설은행, 교통 은행, 상하이은행이 분행 승격 혹은 지행 설립 방식으로 허가를 받았으며, 초상은행, 상하이 푸둥발전은행도 설립을 허가받았다. 또한, 교통은행 금융리스회사의 자회사가 설립 허가를 받았고, 4개 은행(華夏銀行, 中信銀行, 光大銀行, 上海農商銀行)이 분행 설립을 신청하였으며, 외자은행으로는 시티은행, 싱가폴개발은행(DBS)에 이어 HSBC(淮豊銀行), 홍콩 동아은행(東亞銀行)이 지행 설립 허가를 획득하였다.

## 2. 상하이 자유무역시험구 관리위원회 주임 평가

2013년 12월 상하이 자유무역시험구 관리위원회 아이바오쥔(艾寶俊) 주임은 언론과의 인터뷰에서 현재까지 제도 혁신과 서비스업 개방 및 기능 확대 등의 분야에 걸쳐 총 98개의 개혁 조치가 발표되었다고 소개하였다. 9월 발표된 23개 서비스업 개방 조치 중 15개는 현재 시행이 가능한 상태이며, 게임기 생산 및 판매, 오락장소 운영, 공연기획사 설립, 통신 분야 서비스 등 4개 조치는 국무원의 관련 법규 등을 개정한 후 실시하게 될 것이라고 설명하였다. 나머지 해운서비스, 선박관리, 제한적 인가은행 설립, 법률서비스 등의 4개 조치는 시행에 좀 더 시간이 필요할 것이라고 말하였다.

아이바오쥔 주임은 2014년에는 네거티브 리스트 정비, 시범지구조례 제정, 투자신고 관리방법 개선, 대외투자 신고관리 방법 통합, 금융혁신 세칙 발표, 안전심사 및 반독점 메커니즘 강화 등의 업무에 중점을 두고 개혁을 진행해나갈 것이라고 설명하였다. 또한 18기 3중 전회의 결정사항 중 7개 분야 10여 개 개혁조치가 시범지구와 밀접한 관련이 있는데, 이는 시범지구가 국가 전략적 차원에서 추진되고 있는 것을 의미한다고 강조하고, 여타 지방으로 확대 시행할 수 있는 개혁모델을 만들어나갈 것이라고 밝혔다.

## 3. 금융혁신 사례 발표

2014년 3월 25일 상하이 자유무역시험구 금융혁신 사례 발표회가 개최되었다. 이 발표회에서 관리위원회 측은 자유무역시험구 금융개방 혁신제도 및 세칙 연구, 자유무역시험구에 국제 금융시장 형성을 위한 금융기관들의 입주 지원과 실제 경제수요 및 기존의 혁신제도에 근거해 적극적인 금융업무 혁신을 전개해 온 결과, 상당한 금융혁신을 이루었다고 평가하였다.

첫째, 예금이자의 시장화 혁신이다. 2014년 3월부터 인민은행은 상하이 자유무역시험구 내에 300만 달러 이하의 소액 외환예금 이자율 상한을 개방함에 따라 상하이 자유무역시험구에서 외환예금 이자율의 완전한 시장화를 실현했다. 3월 1일 중국은행은 자유무역 구내 종사자들에게 처음으로 소액 외환예금 업무를 실시했고, 최근 이미 다수의 은행들이 관련 업무를 개시했다.

둘째, 자유무역시험구 기업융자 혁신이다. 자유무역시험구 여러 은행들이 인민은행 상하이 총부의 상하이 자유무역시험구 위안화 국제사용 지원 관련 정책 조치에 근거하여 자유무역시험구 내 다수의 기업, 비은행 금융기관들과 경외 위안화 융자업무를 진행하게 되었으며, 이에 따라 경외 융자루트가 확대되었고 기업들의 융자비용이 절감되었다.

셋째, 상하이 자유무역시험구 내 다양한 결제 혁신이다. 중국 인리엔(銀聯, UnionPay) 등 제3자 지불기관들은 인민은행의 지불기관 경외위안화 지불업무 정책에 근거하여, 상업은행들과 협력하여 국제 전자상거래 위안화 지불, 결제업무를 진행할 수 있게 되었다.

시티은행, HSBC, 상하이은행 등 금융기관들은 자유무역구 내 위안화 경외 사용 정책에 따라 자유무역구 내 다국적 기업에게 경상항목의 해외 위안화 집중 수납·지불업무를 실시하여 기업의 지불, 결제 절차를 간소화하고 효율을 높였다. 또한 중국은행 상하이분행 등 금융기관들은 자유무역시험구 외환관리 관련 규정에 근거하여 기업들에게 대종상품 파생상품 거래의 결제, 수납, 이체 서비스 및 대종상품 기업들에게 국제시장에서 리스크 관리 서비스를 제공하게 되었다.

넷째, 상하이 자유무역시험구 내 기업들의 자금관리 혁신이다. 공상은행 상하이 분행, 중국은행 상하이 분행 등 금융기관들이 자유무역시험구 내 기업들에게 '다국적기업 외환자금 집중 운영관리' 시범업무를 실시했다. 농업은행 상하이 분행과 푸둥발전은행 등 금융기구들도 구역내 기업들에게 국제 위안화 양방향 유동 자금풀(pool) 업무를 전개했다. 이러한 업무들이 진행된 후, 조건에 부합하는 기업들은 자신들의 필요에 따라 국내외 자본을 배합할 수 있게 되었고, 다국적 기업들의 자금 사용 효율이 제고되었다.

다섯째, 상하이 자유무역시험구의 해외 직접투자 혁신이다. 상하이 자유무역시험구 관리위원회, 상하이시 금융판공실 및 관련 부문의 조치로 상하이 자유무역시험구 내 자본투자 기업의 해외투자 절차가 대폭 간소화되었고, 기존 '심사 허가제'에서 '신고제'로 대체되었다. 자본투자 기업들은 국제자본 투자 프로젝트 진행에 있어 이전에 비해 시간이 크게 단축되었고, 자본투자 기업들의 해외 투자효율을 제고했다.

여섯째, 상하이 자유무역시험구 내 금융기구 클러스터 혁신이다. 소액 대출회사들이 자유무역구 내 입주할 수 있을 뿐만 아니라, 지분비율 및 업무 등 측면에서 정책지원을 받을 수 있다. 중외 투자은행들이 자유무역시험구 내 지점을 설립하였고, 교통은행 리스회사들이 자유무역 내에서 항공기 및 선박 리스업무를 진행하고 있으며 자유무역구내 자회사 설립을 승인받았다.

금융리스회사는 자유무역시험구 정책을 이용하여 경외(해외) 융자리스업무에 편의를 제공받을 수 있다. 또한 궈타이쥔안(國泰君安)증권, 화안펀드(華安基金) 등도 자유무역시험구 내 자회사를 설립했으며, 선인완궈(申銀萬國) 선물회사도 자유무역시험구 내 리스크관리 자회사를 설립했다. 그밖에 중국 태평양보험, China Life 등 4개 보험회사도 지점을 설립했다.

## 4. 상하이 자유무역시험구 출범 1주년 성과

상하이 자유무역시험구 관리위원회는 시험구 설립 1주년 즈음하여 성과를 발표하였다. 2013년 9월에서 2014년 7월 말까지 신규 등록 기업은 총 1만 1,807개 사이며, 이는 상하이 자유무역시험구를 구성하고 있는 네 개의 보세구에 지난 20년간 등록한 기업수 보다 많은 숫자라고 하였다. 중국기업이 1만 446개이고 외자기업 1,361개이다. 진출 기업 수를 9월 15일까지 합산하면, 신규 등록 기업은 1만 2,266개이고, 외자기업은 1,677개이다.

허가받은 은행기관은 2014년 초 21개(9개 국내은행, 12개 외자은행)에서 6월 말 현재 38개(15개 국내은행, 23개 외자은행)로 늘었으며, 7월 말 현재 상하이 자유무역시험구에 42개 은행과 45개 영업소가 입주해 있다. 은행 기관은 15개 중국계 은행 분행, 4개 중국계 은행 지행, 23개 외자은행 지행, 2개 금융리스회사, 1개 자산관리회사 등으로 구성되어 있다.

2014년 12월 29일 상하이 자유무역시험구 관리위원회는 합동 기자회견에서 11월말 현재 시험구 내 누적 투자 기업수는 2만 2,000개이고, 그 중에서 신설된 기업은 1만 4,000개이며 신설된 외자기업 수는 2,114개로서 전년도 대비 10.4배 증가하였다고 밝혔다. 상하이 자유무역시험구 관리위원회 천인(陳寅) 상무 부주임은 경외투자는 160개 프로젝트가 성사되었으며 중국 측 대외투자 누계액은 38억 달러에 이른다고 말하였다. 시험구 내 통관 속도와 관련하여 수출통관 속도는 41.3% 빨라지고 수입 통관 속도는 36% 정도 빨라진 것으로 집계되었으며, 지난 1년 동안 시험구 내 기업 수입은 20% 가량 증가하였다고 설명하였다.

## 제2절 중국 정부, 상하이시 정부 인사 평가

### 1. 리커창 총리 다보스 포럼 축사

2014년 9월 10일 톈진에서 개최된 제8차 하계 다보스 포럼에서 행한 연설에서 리커창 총리는 지속적인 발전을 위해 창업, 지적재산권, 도시화, 에너지 절약, 환경 보호 및 자유무역시험구 등 5개 부문을 역점적으로 추진하고 있다고 소개하고, 정부와 시장과의 관계를 어떻게 처리하고 발전과 개방과의 관계를 어떻게 처리하는가 하는 문제에 대한 실험이 이루어지고 있다고 말하였다.

정부와 시장 관계 관련, 네거티브 리스트 관리방식을 도입하였으며 2014년 리스트를 전년도에 비해 대폭 축소하였고 앞으로도 계속 축소해 나갈 것이며, 나아가 권력 리스트, 책임 리스트를 만들어 시장 경쟁을 보완해 나갈 것이라고 말하였다. 발전과 개방 관련, 진입 전 내국민 대우 원칙에 입각하여 내외자를 동일시하는 개방을 실시하여 보다 공평하고 합리적인 경쟁 환경을 만들어 나갈 것이라고 강조하였다.

## 2. 한정 상하이시 당서기 언론 인터뷰

한정(韓正) 상하이시 당서기는 2014년 9월 29일 인민일보, 신화사 등 중국 언론 매체들과 상하이 자유무역시험구에 대한 합동 인터뷰에서 자유무역시험구는 국가의 실험장이고, 제도 혁신의 묘판임을 강조하고, 시험구 추진 배경은 국가의 전면적인 심화개혁의 핵심 문제 즉, 당 18차 3중전회에서 제기한 정부와 시장간의 관계를 올바르게 정립하는 근본적인 개혁을 추진하는 데 있다고 말하였다.

또한, 자유무역시험구는 국가의 시험의 밭(試驗田)이지 지방정부의 자유경작지(自留地)가 아니며, 제도 혁신을 위한 새로운 고지(高地)이지 우대정책을 위한 와지(窪地, 움푹 파인 곳)가 아니고, 새싹을 재배하는 곳이지 분재(盆栽)를 기르는 곳이 아니라고 언급하였다. 상하이 자유무역시험구가 성공하기 위해 법이 금지하지 않은 것은 모두할 수 있되 법이 권한을 부여하지 않은 것은 할 수 없고, 법이 지정한 책무는 끝까지 해내야 한다고 강조하였다.

자유무역시험구 최대의 특징은 네거티브 리스트이고, 최대의 난제는 정부의 사중(事中) 사후(事後) 관리이며, 금융개혁은 모두 주목하는 최대의 관심거리라고 하면서, 지난 1년 동안 네거티브 리스트를 핵심으로 하는 투자관리 제도 수립, 무역 편리화를 위시로 하는 무역감독 체제의 효과적인 운영, 자본항목 태환과 금융 서비스 개방을 목적으로 하는 금융 혁신의 순조로운 추진, 정부 직능 전환을 핵심으로 하는 사중사후(事中事後) 감독 시스템 형성이라는 성과를 거두었다고 평가하였다.

## 3. 양슝 시장 국제기업가 자문위원회 연설

양슝(楊雄) 상하이 시장은 2014년 11월 2일 개최된 상하이시 국제기업가 자문회의에서 자유무역시험구는 제도 혁신이 핵심 목표라고 강조하고, 시장 주체로 하여금 법이 금지하지 않은 것은 모두 할 수 있도록 하지만 정부는 법이 부여하지 않은 것을 할 수 없도록 한다는 개념에 입각하여 정부와 시장의 관계를 설정하고, 시장의 공간을 최대한 확보하고 기업의 활력을 불러일으키고 있다고 말하였다.

지난 1년 동안 투자관리, 무역관리, 금융개혁, 관리감독 등 4개 분야에서 큰 진전을 거두었다고 평가하면서 분야별로 구체적인 성과를 설명하였다. 진입 전 내국민 대우, 네거티브 리스트, 내외자 일치 등 원칙에 입각하여 기업 편리화를 제고하였으며, '1선 개방, 2선 안전 및 효율 제고, 구내 자유'의 무역관리 체제하에 '선진입, 후통관', '원스톱 제도' 등 조치로 무역 편리화를 높임으로써 통관 시간을 평균 2~3일 단축시키고 물류비용을 10% 정도 절감하였고, 상하이 국제 금융 중심 건설과 연계하여 위안화 태환, 위안화 국경 간 사용, 이자율 시장화, 외환관리 개혁 등에서 진전이 이루어졌다고 말하였다.

## 1. 제3자 기관에 의한 평가

상하이 자유무역시험구 관리위원회는 지난 1년 동안의 시험구 성과에 대한 국무원발전연구중심, 상하이 재경대학, 상하이 대외경제무역대학, 상하이 투자자문공사 등 기관의 평가 결과를 2014년 11월 14일 발표하였다. 전체적으로 시범업무가 잘 추진되고 법제보장 체제가 부단히 갖추어지고 있으며, 투자관리, 무역관리, 금융제도 및 사중사후(事中事後) 관리감독 등 주요 부문에서 혁신이 이루어지고 있다고 평가하였다.

반면에 동력(力度)이 부족하여 개혁과 혁신 활력이 시장의 기대에 부합되지 못하고, 지역이 너무 좁아 선행선시(先行先試) 정책과 개혁 효과가 충분히 나타나지 않았고 일부 서비스 개방 항목이 발을 붙이기가 곤란하였으며, 관련 부서간 협조가 부족하였다고 지적하였다. 향후 추진 방향으로 관련 부문과의 협력 추진 체제 구축을 가속화하고, 혁신과 개방 확대의 강도를 높이고 네거티브 리스트의 체제와 내용을 조정하며, 적시에 기능과 부서를 조정하고, 국제규격에 맞는 법률체제를 마련할 것을 주문하였다.

네거티브 리스트 관리방식이 가장 큰 화제였으며, 어떤 인사는 가장 획기적인 조치 중 하나라고 평가하였다. 그런데 상하이 대외경제무역대학 보고서는 현재의 네거티브 리스트와 국제 수준 간에 범위, 내용 및 방식 등 측면에서 차이가 있다고 지적하고, WTO 기준에 따르면 시험구의 서비스 무역 개방도는 83.33% 정도라고 보았다. 금융 개혁에서 가장 창의적인 것은 자유무역계좌(FT)로 평가하였다.

## 2. 외자기업 평가

2014년 9월 19일 상하이 자유무역시험구 관리위원회가 주최한 외국 상회와의 간담회에서 외국 인사들은 상하이 자유무역시험구에 대해 기업등록 관련 행정처리 및 통관 간소화, 해외투자 간소화, 서비스업 개방 확대, 금융업 개방 시도, 네거티브 리스트 축소 등을 긍정적으로 평가하였다. 그러나, 금융, 서비스업, 통관 등 개방과 관련 시스템 도입을 위한 시행세칙이 아직도 미비하고, 자유무역시험구 면적 협소에 따른 사무실 임차난이 심각하고 영업범위 제한으로 이익 창출에 애로가 많다고 하면서 좀 더 적극적인 조치가 필요하다는 의견을 개진하였다.

EU 상회는 많은 기업들은 구체적인 세칙, 조례가 불명확하여 진입을 관망하는 중이며, 상회도 기업에 어떤 분야에 어떻게 진입해야 하는지 뚜렷한 청사진을 보여 줄 수 없는 점이 아쉬움이 있다고 하였다. 또한, 자유무역시험구 내 기업 설립 시 공간 제약 문제, 영업 범위 제한 문제가 해결되어야 기업이 더 적극적으로 진출할 것으로 본다고 하였다. 그리고 다음 단계, 정책 및 제도 관련 일정을 공개해 기업이 준비할 수 있는 환경을 만들어줄 것을 요청하였다.

미국 상회는 기존보다 기업 등록 절차가 간편해졌고 정책의 투명도가 높아지고, 2차 네거티브 리스트가 생각보다 빨리 공개된 점을 평가하였다. 다만, 정보통신과 인프라 등 일부 업종의 투자 제한 조치가 풀려 개방을 하였다고 하더라도 실제로는 외국 기업들의 진입이 불가능한 분야가 여전히 많다고 지적하였다.

독일 상회도 의료서비스 기업의 등록절차가 간편해졌다고 하더라도 영업범위 허가를 받기 위한 절차는 기존과 달라지지 않았다고 토로하였다. 상하이 소재 약 200개 독일기업 중 주로 무역, 물류기업이 관심을 보이고 있으며 자유무역시험구 계좌 개설을 평가한다고 말하였다. 일본의 코트라에 해당되는 제트로(JETRO)는 중일관계 문제로 많은 일본기업이 위축돼 있으나 최근 조사 결과 일본 기업의 80% 이상이 자유무역시험구에 대해 기대가 크다고 말하였다.

코트라(KOTRA)는 산업별 구체적인 실시세칙 부재로 대다수 서비스 관련 한국기업들은 관망세를 견지하고 있으며, 진출 기업 수가 증가하고 있으나 무역, 물류기업 위주이며, 영업범위 제한, 공간제약 문제 뿐 아니라 네거티브 리스트에 개방산업이라고 하더라도 실제로는 설립에 애로가 많다고 토로하고 있다는 점을 전달하였다. 예를 들어 100% 독자 외자병원 설립이 가능해짐에 따라 한국 성형외과 병원 설립 문의가 많았으나, 등록자본금 및 설립요건을 맞추더라도 실제로 허가를 내주지 않으며, 미국이나 EU에서 투자한 대형병원 유치를 우선적으로 희망하고 있는 것 같다는 한국 기업체의 입장을 접수 받은 적이 있다고 말하였다.

이에 대해, 상하이 자유무역시험구 관리위원회 인사는 상하이 자유무역시험구는 홍콩, 싱가포르 모델을 꼭 표방하겠다는 목표보다 중국 전체 31개 성시에 대해 시장 자유화를 실험하는 무대로 역점을 두고 있으며, 중국 전역의 개방에 대해 실험하고, 국무원, 정부부처 등과 정책조정뿐 아니라 관련 산업 법률·법규 등을 모두 정비해야 하기 때문에 시간이 소요될 수 있다고 말하였다. 아울러, 2014년 5월 시진핑 주석이 방문했을 때 강조한 자주 창신, 리스크 최소화, 기업 위주 정책 등 3가지 원칙을 중심으로 자유무역시험구 정책을 전개할 것이며, 세수우대 등 정책 혜택이 아닌 기업 수요에 따른 시장 개방 정책을 전개하여 나갈 것이라고 설명하였다.

## 3. 해외 언론 보도

### (1) 해외 언론 보도 경향

상하이 자유무역시험구 출범을 앞두고 리커챵 총리가 현판식에 참석하는지 여부가 언론의 초미의 관심사가 되었다. 총리의 현판식 참석은 중국 신정부가 국가 정책 사업으로 의욕적으로 시작하는 상하이 자유무역시험구에 힘을 실어주는 가장 효과적인 방법으로 간주하여 총리의 참석 가능성이 매우 높다고 보았다. 그런데 2013년 9월 29일 오전에 개최된 현판식은 리커챵 총리는 보이지 않았고, 한정(韓正) 상하이시 당서기, 까오후청(高虎城) 상무부 부장, 양슝(楊雄) 상하이 시장 등이 참석한 가운데 조촐하게 거행되었다.

한국 언론을 비롯한 해외 언론은 큰 실망을 표시하였다. 홍콩 사우스차이나모닝포스트(SCMP)는 중국의 경제 개혁개방 방안과 관련해 당 지도부 내에 여전히 이견이 존재한다는 증거라고 보도했다. 일부 언론은 상하이 자유무역구에 대한 지나친 기대감이 당 지도부에 부담으로 작용한 때문이라고 분석했다. 나아가 상하이 자유무역시험구가 한 달도 경과하지 않은 시점에서 세칙도 제대로 마련하지 않는 등 준비가 전혀 안되었다고 하면서 별것이 아닐 것이라고 부정적인 보도를 하기 시작하였다.

리커챵 총리는 상하이 자유무역시험구 출범 전 6개월 전인 2013년 3월에 이미 이 지역을 다녀갔기 때문에 가까운 시일 내에 다시 오는 것은 중복의 의미가 있다. 또한 중국 중앙정부가 전적으로 지원하지만 상하이시가 책임을 가지고 추진한다는 점을 부각시킨다는 측면에서 상하이 당서기, 시장 등 상하이시 인사가 시험구 출범식을 주관하는 모양새를 갖추는 것이 더 의미가 있을 수 있음에도 불구하고 해외 언론은 리커챵 총리가 현판식에 나타나지 않은 것을 중앙 정부의 의지 부족으로 확대 해석하여 보도하였다.

또한, 해외언론은 자유무역시험구 추진 성과를 외자기업 유치라는 전통적인 잣대에 비추어 판단하고 제도 혁신 및 확산, 자체 경쟁력 향상이라는 중국 정부의 목표를 간과한 측면이 있다. 한편, 부정적인 보도 기조 속에서도 파이낸셜 타임즈는 "최초 준비 과정이 길고 느려 보이기도 하지만 개혁이 일단 시작되면 빠르게 변화할 것이다."라고 언급한 HSBC은행 관계자의 말을 소개한 것은 주목할 만하다.

### (2) 싸우스 차이나 모닝포스트 보도

상하이 자유무역시험구는 1주년을 맞이하지만 출범 당시 주요한 목표였던 위안화의 완전한 태환, 시장에 기초한 이자율 형성 메카니즘 구축, 행정적 간섭 완화, 해외 투자자의 비즈니스 참여 범위 확대 등 네 가지 사항에 대해 일반의 기대를 충족시키지 못했다는 평가가 지배적이다. 상하이시 관리들은 동 시범구를 투자 유치를 위한 핵심 지역으로 만들려고 하였으나, 외국 투자기업 1,200여 개를 비롯하여

1만여 개의 기업이 등록하는 등 외형적 성장에도 불구하고 실질적 투자사업 유치 등의 희망은 실현되지 못했다. 적지 않은 기업들이 실질적으로 사업에 참여하기보다는 금융규제 완화를 이용하여 중국 내륙과 홍콩간 위안화 이자율 차이를 이용하려고 하며, 수익을 창출하는 '투기꾼'들을 위한 등 차익거래 시스템이 형성되었다.

상하이는 시험구를 글로벌 금융 중심지로 변신시키기 위해 노력하고 있으며 중국 중앙정부가 시험구 내에서 위안화의 완전한 태환을 결정함에 따라 실질적인 추진력을 획득한 듯 보였으나, 아직 거래 플랫폼조차 발족되지 않은 상황이다. 또한, 중국 금융 당국은 자본 흐름을 면밀히 감시하고 있으며, 이를 정지시킬 권한을 가지고 있기 때문에 시험구 내 특별 계좌와 해외 계좌간 이체가 자유롭지 않은 상황이다. 2014년 7월 상하이시는 시험구 내 석유 정제 등의 분야에 대한 외국 투자자의 접근을 허용하였으나, 네거티브 리스트가 국제 표준과 동등하지 않기 때문에 이러한 조치는 실질적이라기보다는 상징적 조치에 불과하다.

### (3) 파이낸셜 타임즈 보도

금융규제 철폐 지역으로서 상하이 자유무역시험구가 출범한 지 1년이 되었으나, 자본통제 완화와 금리자유화에 대한 진전이 이루어지지 못하고 있는 상황에서 실망감이 팽배하고 있다. 기관 투자자들을 위해 서비스를 제공하는 상하이 주재 컨설팅 업체 CEBM 그룹의 Peng Zhenwei 경제학자는 "상하이 자유무역시험구는 주로 상품의 수출입에 포커스를 맞추고 있는 것으로 본다며, 자본 흐름에 관해서는 많은 규정과 규제를 철폐하겠다고 하지만 실질적인 진전은 보지 못하고 있다."고 말했다.

경제학자들은 이미 세계 최대의 수출국이자 세계 제2의 수입국인 중국에게 상품 무역에 대한 규제 완화가 가장 시급히 풀어야 하는 개혁 중 하나가 될 순 없다고 말하고 있다. 심지어 지난 달 물류 창고를 자유무역지구 내에 설치할 계획이라고 밝힌 미국 전자상거래 업체 아마존도 소비자들에 대한 지리적 접근성이 좋지 않은 상하이 자유무역시험구 내 사업 운영이 어떤 장점이 있는지에 대해 확신하지 못하고 있다.

소수의 사람들만이 금융 개혁에 즉각적인 돌파가 있을 것이라고 예측하고 있으나, 전반적으로 실질적인 변화가 거의 없는 상황에서 은행가들 사이에는 자유무역시험구에 대한 회의적인 평가가 지배적이다. 시험구 내 중소기업체들과 거래하고 있는 한 은행가는 "현재까지 시험구에 대한 과대선전이 일변이었다고 보면 되며, 사실상 아무것도 변한 것이 없다."라고 언급하였다.

자유무역지구와 연계된 주식 시장 변화는 투자자들의 열기가 식고 있음을 반영하고 있다. 지난 7월에 14위안이었던 자유무역시험구 와 이까오챠오 개발회사의 주가가 상하이 자유무역시험구 현판식 전날 최고가인 64위안까지 올랐으나 화요일에는 28위안으로 장을 마감하였다. 골드만삭스 금융 애널리스트인 Hino Lam은 최근 상하이 자유무역시험구 현판식 직전 급상승하였던 소위 'concept stock'으로 불리는 '상하이 국제항공사' 관련 최근 리포트에서 "2014년 현재 긍정적인 파급 효과를 찾아 볼 수 없는 상황에서 상하이 자유무역시험구의 개혁정책으로부터 나올 이익이 현실화되기까지는 기대보다 시간이 더 걸릴 것이다."라고 언급한 바 있다.

중국의 정책 결정자들은 지난 2세기 동안 경제 불안정을 야기할 수 있는 어떠한 금융 개혁에 대해서도 매우 신중한 자세를 유지해 왔다는 점에서, 투자자들이 그러한 과대 선전에 장단을 맞춘 데 대한 비난은 겸허히 받아들여야 한다. 규제 당국이 외국 자본이 자유롭게 중국 국내외를 자유롭게 돌아다닐 수 있도록 갑자기 문을 연다는 것은 무리다. 다음 달 개장을 앞두고 있는 상하이·홍콩주식시장 간 상호거래는 엄격한 쿼터와 특정 부문에 한해 투자를 허용하고 있다는 점에서, 자본시장 개방에 대한 보다 전형적인 중국의 접근법이라고 할 것이다.

Bank of America는 중국이 지난 6월 270억 달러의 자본 유출을 겪어 7월 경제의 건전성에 대해 우려했다. 비록 작은 규모라 할지라도 자본의 유출은 정책결정자에게는 싸워나가야 할 위험요소이다. 중국 자본 통제를 완화시키는 어떠한 조치도 자본 유입과 유출 규모 증가를 초래할 수밖에 없다. Wang Ju 홍콩 HSBC 선임 외환거래 전략가는 "투자자들이 개척적인 경제 및 금융 개혁을 추진하고 있는 중국의 방식을 이해해야 한다."라고 언급하면서, "이러한 개혁과 관련된 많은 것들이 잘 알려져 있지 않고 모호한 측면이 있어 최초 준비 과정이 길고 느려 보이기도 하지만 개혁이 일단 시작되면 빠르게 변화할 것이다."라고 언급하였다.

### (4) 한국 언론 보도

한국 언론들은 긍정적인 보도도 하였지만 부정적인 보도가 많았다. 고질적 관료주의가 어느 정도 사라지고 특정 산업에 대한 투자가 개방돼 신규 기업 등록과 수출입 실적 등의 부문에서는 가시적인 성과를 거두었다고 평가하였다. 상하이 자유무역시험구 투자 제한 목록인 네거티브 리스트도 190개 항목에서 51개(약 27%)가 줄어 139개가 되었고, 무역 절차를 간소화해 유통비용을 줄여 상품 가격이 싸지고 있다는 점을 보도하였다.

외국 기업의 물류, 의료 등 서비스업 투자 제한을 대폭 완화하고, 외국인 투자 의료기관의 최소 투자총액과 경영 기한 제한도 없애 외국 자본의 의료기관 설립을 보다 쉽게 한 점을 평가하였다. 씨티은행, 홍콩상하이은행(HSBC) 등 23개의 외국계 은행을 비롯해 증권사와 금융리스사, 자산관리회사, 금융정보서비스 회사 등 국내외 금융 관련 다수의 기업들이 사무실을 개설하였다고 보도하였다.

그러나 한국 언론 매체들은 국가 차원의 다양한 제도 혁신을 시도하는 '제2의 개혁·개방의 실험장'이 될 것이란 당초 기대에는 미흡하다고 보도하였다. 심지어 어느 언론은 상하이 자유무역시험구 성과는 'C 학점'에 해당된다고 하고, 어느 언론은 1년 성과가 용두사미에 그쳤다고 보도하였다. 한국 언론 보도 내용 일부를 소개한다.

1만개가 넘는 기업이 진출했지만 실제 사업을 실시하고 있는 업체는 전체의 10분의 1 수준이고 외국계 기업도 홍콩 자회사를 거쳐 설립한 중국인 소유 기업이 많아 무늬만 자유무역구라는 지적이 많다. 외국 업체들이 중국의 개방 정책 내용이 모호하고, 금리자유화와 해외 외환 투자, 위안화 자본의 해외 유출입 등에 대한 시행세칙 발표가 늦어지는 등 실질적인 개혁·개방 조치가 지연되고 있다는 점도 불만이 제기되고 있다.

제2의 개혁 개방을 위한 야심찬 실험 정책으로 출범한 상하이 자유무역구가 외자 혜택 등 세부세칙 마련 미흡으로 본격적인 추진 탄력을 받지 못하고 있으며, 외자 기업 역시 관망하는 분위기가 이어지고 있다. 기업등록 관련 행정처리 및 통관 간소화, 해외투자 간소화, 서비스업 개방 확대 등의 긍정적인 요인도 있지만 부정적 시각도 적지 않다. 대표적으로 금리자유화, 해외 외환 투자, 위안화 자본의 해외 유출입 등 시행세칙 발표가 늦춰지고 있다. 또한 자유무역구 면적이 협소하여 사무 공간 확보가 어려우며, 일부 업종의 영업 범위가 자유무역구 내로 제한되면서 각종 애로사항이 늘고 있다. 실제 미국 자동차부품 업체 M사는 자유무역구 설립 후 반년 동안 정책정비가 미진해 외자기업들이 가시적 혜택을 누리지 못하고 있다.

상하이 자유무역시험구는 출범 이후 금융업 개방, 투자 개방, 무역 통관 간소화, 기업 설립 제도 개선 등을 추진했으나 당초 목표에 비해 후속 조치를 제대로 실행하지 않은 것으로 평가됐다. 가장 주목받았던 금융 분야에서는 위안화의 자유로운 유출입과 금리자유화 등을 목표로 내세웠으나 실제로는 시장 리스크를 이유로 정책을 점진적이고 단계적으로 실행하다 보니 매우 초보적인 수준의 진전만 이뤄졌다는 분석이다.

투자 분야의 경우도 139개 업종에서 1,069개 항목의 네거티브 리스트(명시된 것 이외에는 전부 개방하는 방식)를 공개했지만 구체적인 실시 조례가 부족한 데다 공간 제한으로 인해 실제로 기업이 투자 허가를 받기는 어려운 것으로 파악됐다. 또한 중앙정부 부처별로 수많은 정책 규정을 조정해야 하기 때문에 많은 시간이 소요될 것으로 예상됐다.

일부 분야에 대해서는 외국 기업의 진입 장벽이 아직도 높다는 지적이 나온다. 산업별로 1차 산업 6개, 2차 산업 66개, 3차 산업 67개 업종이 투자 제한 조치 대상으로 남아 있기 때문이다. 주하이빈(朱海斌) JP모건 수석 이코노미스트는 상하이 자유무역구가 지금처럼 더딘 속도로 나가다가는 실패로 끝날 수 있다고 경고했다.

## (5) 언론 보도 변화

그런데, 현재는 한국 언론을 포함한 외국 언론이 상하이 자유무역시험구에 대해서 부정적인 보도를 하는 경우를 거의 볼 수 없으며 긍정적인 보도가 주류를 이루고 있다. 2014년 7월 1일 투자개방을 위한 31개조 투자 조치가 발표되면서 보도 분위기가 달라지기 시작했다.

2014년 12월 중국 정부가 자유무역시험구를 다른 지역으로 확대하기로 결정하자 전면적 개혁 심화에 대한 중국 중앙정부의 확고한 결심과 박력을 재구현한 것으로 평가하여 보도한 경우도 있다. 광둥, 톈진, 푸젠 등 세 개 지역에 자유무역시험구가 추가적으로 지정되고 상하이 자유무역시험구도 루자주이 등으로 확대하기로 결정된 이후에는 부정적인 보도는 사라지고 긍정적인 보도가 대세가 되었다. 나아가 네 개의 자유무역시험구들이 경쟁적으로 혁신 정책을 추진하면서 자유무역시험구가 정책을 단순 복제 차원에서 탈피에서 탈피하여 상호보완과 대비 실험을 형성할 수 있을 것이라는 가오후청(高虎城) 상무부 부장의 자신 있는 언급 내용을 크게 보도하기도 하였다.

현재는 한국 언론이 상하이 자유무역시험구에 대해서 부정적인 보도를 하는 경우를 거의 볼 수 없으며 긍정적인 보도가 주류를 이루고 있다. 2014년 12월 중국 정부가 자유무역시험구를 다른 지역으로 확대하기로 결정하자 전면적 개혁 심화에 대한 중국 중앙정부의 확고한 결심과 박력을 재구현한 것으로 평가하여 보도한 경우도 있다.

## 1. 상하이 자유무역시험구 운영 현황 평가

중국 정부는 상하이 자유무역시험구 출범 1년 만에 1만 개가 넘는 기업이 진출하여 네 개의 보세구에서 20년간 입주한 기업수 보다 많고 외자 기업수도 1,000개를 훌쩍 넘어섰다는 점을 강조하였다. 그러나, 등록만 해놓고 실제 사업을 실시하고 있는 업체는 많지 않으며, 외국계 기업도 홍콩 자회사를 거쳐 설립한 중국인 소유 기업이 많아 외국인 기업체는 그렇게 많지 않다는 지적이 있다.

중국 정부는 성과 지표를 대대적으로 선전하여 국가 정책에 대한 관심을 끌어내고 성공의 모멘텀을 확보해 나가는 전략을 구사하는 경향이 있다. 기업 등록 수를 강조하는 것도 이러한 홍보의 전략이다. 상하이 자유무역시험구도 마찬가지이다. 정책 모멘텀을 유지하기 위해 상하이 자유무역시험구 성과를 대대적으로 홍보해 왔으며, 한편으로 제도 개선, 정책 조치에 가속을 넣고 있다.

해관 통관 수속이 빨라져 시간과 비용을 단축하는 효과를 보고 있다. 와이까오챠오 보세구에서 기업을 운영하고 있는 한 사업가에 따르면 푸둥을 오고가는 컨테이너 물동량이 확실히 많아졌다고 한다. 네거티브 리스트 제도가 도입되고 2014년판에 그 리스트가 축소되었으며, 31조 개방 및 27조 개방 조치를 통해 외상 투자에 대한 개방이 조심스럽지만 지속적으로 확대되고 있다. 빗장이 단단히 걸려있던 의료, 통신, 게임 산업, 법률 등 서비스 부문에서도 개방이 진전된 것으로 평가된다. 경영류 전자상거래기업의 외자 지분 비율은 100%로 확대되었다.

금융 분야에서는 은행감독위원회 8개항, 증권감독위원회 5개항, 보험감독위원회 8개항에 이어 인민은행의 금융지원에 관한 의견 30개항, 위안화 국경 간 사용 세칙, 외환관리 세칙, 자본시장 개방 관련 상하이판 신국9조 등 다량의 세칙이 발표되고, 일련의 금융 개방 조치가 이루어졌다. 금융개혁에서 가장 창의적인 자유무역계좌(FT)와 다국적기업 종합자금센터 제도가 도입된 것은 상당한 평가를 받고 있다.

외자은행 지점 설립 시 최소 자본금 보유 규정과 대표처 설립 의무 규정 등을 2015년 1월 1일부로 폐지하였으며, 2015년 1월에는 네 개의 외자은행이 자유무역계좌 업무를 취급할 수 있게 되었다. 자유무역시험구도 톈진, 광둥, 푸젠 등 3개 지역에 추가적으로 지정되면서, 상하이 자유무역시험구도 금융 단지인 루자주이 등으로 확대되었다.

상하이 자유무역시험구에서 각종 혁신적인 금융개혁 조치가 시행되고 있는 데다 상하이와 홍콩 증시의 교차 거래를 허용하는 후강퉁이 개통되고, 브릭스 신개발은행(NDB)의 본사가 상하이 푸둥지구에 들어설 것으로 예상되어 상하이의 글로벌 금융허브로서의 이점이 작용하여 기업들을 끌어들이고 있다. 2015년 들어 중국 대형 기업들이 상하이로 본사를 이전하고 있다. 부동산재벌 완다(万達)그룹이 전자상거래와 금융사업부를 상하이로 이전하고, 2017년에 상하이 자유무역시험구에 완다금융그룹을 건설하겠다는 계획을 밝혔다. 본래 랴오닝성 다롄의 대표적인 기업이었던 완다그룹은 이미 지난 2008년 베이징으로 본사를 옮긴 바 있다. 알리바바의 지불결제사인 알리페이도 2014년 7월 상하이 자유무역시험구에 지사를 등록하고, 2015년 4월말 기업 등록 주소를 항저우에서 상하이 푸둥지구 루자주이 단지로 변경하였으며, 이제 상하이로 본사 이전을 준비 중이다. 푸젠성 푸저우에 소재한 부동산 업체 정룽(正榮)그룹도 그룹 본사를 2016년에 상하이로 이전할 계획이라고 밝힌 바 있다.

## 2. 자유무역시험구 추진 목적과 관련한 평가

한국 언론을 포함하여 해외 언론은 전통적인 시각에서 해외 투자 유치를 초점에 맞추어 상하이 자유무역시험구를 평가하고 있다. 그런데, 중국 정부는 자유무역시험구는 정책 우대혜택을 위한 실험 구역이 아니라 혁신, 개혁개방 정책의 실험구역이라고 강조하고 있다. 이러한 측면에서 상하이 자유무역시험구를 보면 평가가 확 달라질 수 있다.

상하이 자유무역시험구에서 먼저 시험적으로 혁신정책을 시행해 본 후 이 정책을 타 지역이나 전국적으로 복제하고 확대해 나가는 것이 중국 정부가 추구하는 자유무역시험구의 궁극적인 목적이다. 시험구 설립 1년이 경과되면서 기업 설립 등록제, 통관수속 간소화, 네거티브 리스트 제도 실시 등 시험구에서 실험을 거친 제도와 정책들이 전국적으로 확산되고 있는 현상이 확연히 나타나고 있다. 이 결과 중국의 개혁개방을 촉진하고 중국 기업들의 경쟁력을 향상시키고 있는 측면에서 보면 그 성과를 가볍게 볼 수 없다. 상하이 자유무역시험구의 주된 목적은 외국인 투자를 유치하는 것이 아니라 자체 경쟁력을 향상시키는 것이기 때문이다.

또한, 위안화 무역결제, 직접투자 간소화, 국제 위안화 쌍방향 캐쉬 풀링, 자유무역구 계좌 개설, 자본계정을 통한 위안화 역외서비스 확대 등 금융 조치를 통해 금융 개선과 함께 위안화 국제화에 긍정적인 영향을 주고 있다. 자본시장 개방에 진전된 조치가 이루어져 후강통으로 연결되고 있다. 중국 전문가들은 새로운 금융제도가 실시되면서 중국계 은행들이 복잡한 업무를 처리하고 있는데, 금융학습이라는 측면에서 큰 의미가 있다고 평가하고 있다.

## 3. 중국의 국가 전략 측면에서 평가

푸둥지역 개발 초기에는 부정적인 전망도 많았으나, 외국 기업, 지방 정부 및 일반 국민들의 관심을 이끌어내어 투자 자금을 모았다. 건물들이 우후죽순처럼 올라가자 사무실 공실률 문제가 지적되기도 하였으나, 중앙정부는 흔들림 없이 제도 확충 및 인프라 투자 등을 통해 전폭적인 지원을 하여 오늘날 푸둥 지구가 뉴욕 맨해튼에 버금가는 지역으로 발전하게 되었다. 이제 광활한 황무지였던 푸둥은 중국 개혁개방의 상징이 되었고 발전의 견인차 역할을 하고 있다.

시진핑 주석, 리커창 총리 등 국가 지도자들이 각종 주요한 회의나 행사 계기에 상하이 자유무역시험구를 강조하고 있으며, 주요 정책 문건에 반영되고 있다. 중국 정부는 정책을 발표한 후 그 정책에 대한 이행이 잘 되며 이행 점검도 상당히 잘 이루어져 정책의 시행, 점검 및 연속성 유지라는 측면에서 큰 강점을 가지고 있다. 특히, 중국 최고위 지도층이 상하이 자유무역시험구를 중요한 국가 발전 정책으로 결정하여 이끌어 가고 있기 때문에 긍정적 전망을 할 수 있다.

중국이 세계 제2위의 경제 대국으로 부상하기까지는 1978년 말 개혁개방 정책 실시 천명, 1992년 등소평의 남순강화를 통한 개혁개방 가속화 독려, 2001년 WTO 가입 등이 중요한 요소로 작용하였다. 개혁개방 천명 이후에 선전 특구 등 특정 지역 중심의 발전을 도모하는 전략을 구사하여 우대정책을 통한 외자 유치와 수출주도형 발전을 특징으로 하는 '정책성 개방'을 추진하였다.

WTO 가입을 통해서는 국제사회에서 통용되는 제도, 규칙, 관례 등을 받아들이는 '제도적 개방' 정책을 실시하였다. 이제 중국 정부는 자유무역시험구를 통해 '개방형 경제 수준'을 업그레이드하려고 하고 있다. 자유무역시험구 정책은 중국의 발전에 있어서 또 하나의 전환점이 될 것이며 신정책의 트렌드로 기능할 것으로 전망된다.

# 제7장

## 자유무역시험구
## 실시 지역 확대

– 자유무역시험구 확대 결정 과정
– 신규 설립 자유무역시험구 관련 내용
– 제3기 자유무역시험구 선정 추진

## 제1절　자유무역시험구 확대 결정 과정

### 1. 자유무역시험구 설립 경쟁

2013년 9월말 상하이 자유무역시험구가 정식 개설된 이후, 연해지역, 중서부지역은 물론 국경 접경지역에 이르기까지 각급 지방정부마다 앞 다투어 자유무역구를 개설하겠다고 나섰다. 텐진시, 광둥성, 쟝수성, 푸젠성, 산둥성, 랴오닝성, 허난성, 쓰촨성, 광시자치구 등 각지의 수십 개 지방정부가 자유무역구 개설을 준비하면서 연초 개최된 각 지방 인민대표대회를 통해 자유무역구 개설을 중점 업무로 발표하였다.

각 지방정부는 중앙정부의 비준을 받기 위해 지역 특성 및 장점을 고려한 차별화된 설립방안을 내놓았다. 텐진시는 제조업과 하이테크 기술 분야에 대한 개방 확대와 강점을 가지고 있는 금융리스 서비스업을 더욱 발전시킨다는 청사진을 제시하였다. 광둥성은 홍콩과 마카오에 인접해 있다는 점을 활용하여 홍콩-마카오-광둥 일체화 시너지를 거둘 수 있도록 역외 위안화 결제 시범업무와 함께 무역 편리화 및 전자상거래 육성에 중점을 두는 전략을 선보였다.

허난성, 쓰촨성 등 내륙지역은 약품, 자동차 업종 육성과 내륙지역 해관업무 확대를 기치로 내걸었다. 충칭은 서남부를 연결하는 교량 역할과 변경무역 및 내륙 개방에 대한 파급 효과를 강조하고, 저장성 저우산은 곡물 및 석유 위주의 대종상품 가공무역기지 건설에 초점을 맞추었다. 광시자치구, 윈난성 등은 국경 접경지역 경제무역의 활성화를 추진하면서 수출가공무역기지 건설과 종합보세구 건설을 적극 추진하겠다는 방안을 내놓았다.

## 2. 충분한 타당성 검토 지시

여러 지역에서 자유무역구를 경쟁적으로 신청한 데 대해 2014년 3월말 시진핑 주석이 무분별한 신청에 대해 우려를 표하며 타당성을 충분히 검토한 후 신청하라고 지시한 후 자유무역구 준비 활동이 주춤해 졌다는 관측이 있었다. 시진핑 주석은 두 가지 측면을 고려하여 이러한 지시를 한 것으로 분석되었다. 첫째, 자유무역시험구 인허가는 중앙정부 상무위원회에서 관할하는데, 상무위원회 구성원들이 지방에서 당서기 등을 역임한 관계로 각 지방의 이익을 대변하여 결정할 우려가 있기 때문에 한쪽으로 치우치기보다는 객관적인 입장에서 검토해보라는 의미이다.

둘째, 지방 정부가 자유무역구를 통한 국가 전체의 경쟁력 강화보다는 지역의 이익을 위해서 설립 인허가를 요청하고 있다고 보고 준비를 좀 더 과학적으로 한 후 추진하라는 의미로 신청 중단 지시를 내렸다. 자유무역시험구의 본질인 법제화와 개혁개방 강화보다는 자유무역지구 선정에 따른 특혜 정책만을 기대하고 있다고 우려하고, 각 지방정부에 각성을 요구하며 자유무역구 정신에 부합하는 계획을 재수립하라는 의미가 있다는 것이다.

시진핑 주석의 중단 지시 이후 자유무역시험구 추가 설립에 관한 언론보도는 줄어들었다. 그럼에도 불구하고 하나의 시험구만으로는 리스크가 큰 만큼 두세 개의 자유무역시험구 증설을 통해 경쟁이 이루어지도록 할 필요가 있다는 의견이 계속 제기되었으며, 내부적으로는 선정 검토 작업을 계속 진행하였다. 중국 언론에서는 톈진이 확실하며, 광둥도 유력하다는 보도가 이어졌다. 각 도시들은 자유무역구 선정의 기회를 잡기 위해 심혈을 기울여 나갔다.

## 3. 자유무역구 확대 결정

2014년 10월 시진핑 주석은 중앙 전면심화개혁영도소조 제6차 회의에서 자유무역구를 가급적 빠른 시일 내에 확대하는 것이 필요하다고 밝힘으로써 자유무역시험구 추가 지정 문제에 대한 관심을 불러 일으켰다. 당시 시진핑 주석은 상하이 자유무역시험구를 시험지역에서 거둬들인 씨앗이라고 하고 이 씨앗을 더 많이 심으면 이른 시일 내에 더 많은 꽃이 필 것이라고 말했다. 언론에서는 시진핑 주석이 자유무역지구의 전국적 확대 추진 입장을 밝혔다고 하면서 실시 지역을 확대해 나갈 것이라는 의미로 크게 보도하였다.

또한, 시진핑 주석은 12월 5일 중앙 정치국회의에서 자유무역지대 확대 추진 전략은 새로운 대외개방의 중요한 부문이며, 중국이 새로운 역사의 기점에서 '중국의 꿈(中國夢)'을 이루기 위해서는 반드시 경제 글로벌화에 동참하여 국제 정세 변화를 조기에 파악하고, 국내 개혁 발전에 따른 새로운 수요를 정확히 분석할 수 있어야 한다고 말했다. 이를 토대로 대외 개방형 경제체제 구축을 통해 국제경쟁력을 갖춰 글로벌 경제발전을 주도해야 한다고 강조하였다.

이어서 개최된 12월 5일 자유무역구 건설 가속화에 대한 제19차 집체학습에서 시진핑 주석은 주도적 대외개방을 통해 중국의 경제 발전과 국제 경쟁의 주도권을 잡을 수 있다고 하면서 자유무역구 전략 실현의 속도를 높임으로써 개방형 경제의 새로운 체제 건설을 가속해야 한다고 강조했다. 12월 12일 중국 국무원은 리커창(李克強) 총리 주재로 열린 회의에서 상하이(上海)에 추가하여 톈진시(天津市), 광둥성(廣東省), 푸젠성(福建省)의 특정지역을 자유무역원구(自由貿易園區)로 지정하고, 상하이 자유무역시험구의 운영경험을 확대 시행해 나가기로 결정하였다.

국무원은 상하이 자유무역시험구 운영 경험 중 네거티브 리스트 제도, 투자 및 무역 편리화, 금융서비스 업무 개방, 관리감독 개선 등 28개 항목을 신설되는 광둥, 톈진, 푸젠 등 세 개의 자유무역원구에 복제하여 운영하고, 상하이 자유무역시험구의 경험을 토대로 하되 지역 특색을 가미하여 추진하며, 일부 개방 조치도 여타 푸둥신구로 넓혀나가기로 하였다. 아울러, 새로운 차원의 수준 높은 대외 개방을 추진할 것이라면서 기존 상하이 무역구에서도 네거티브 리스트를 축소하고 서비스업과 선진 제조업 등에 대한 개방을 확대하기로 했다고 강조했다.

## 1. 자유무역시험구 확대 입법화 조치

2014년 12월 12일 국무원이 새로운 자유무역시험구를 발표하면서 자유무역시험구 추가 설립을 위해 전국인민대표대회(전인대) 상무위원회의에 구체적인 방안을 제출해 관련 제도의 정비에 나서기로 하였다. 이에 대해, 많은 전문가들이 2015년 3월 개최되는 전인대 전체회의 직전인 2월경에 개최될 상무위원회의에서 논의될 것으로 예상하였다. 그런데, 신규 자유무역시험구 발표 후 불과 보름 후인 2014년 12월 28일 개최된 전국인민대표대회(전인대) 상무위원회 회의에서 논의가 이루어졌는데, 그만큼 중국 정부가 속도감 있게 자유무역구 정책을 추진하고 있음을 반증하고 있다.

이 회의에서 전인대 상무위원회는 중국(광둥) 자유무역시험구, 중국(톈진) 자유무역시험구, 중국(푸젠) 자유무역시험구 지정과 중국(상하이) 자유무역시험구 확대 관련 법률 규정 일시 조정과 관련된 행정심사승인을 결정했다. 3개 자유무역시험구 및 상하이 자유무역시험구 확대 지역은 2015년 3월 1일부터 외자 3법(외자기업법, 중외합자경영기업법, 중외합작경영기업법) 및 《대만동포투자보호법》 등을 포함한 자유무역시험구 운영에 필요한 각종 법률을 3년간 한시적으로 개정, 시행할 권한을 보유하게 되었다.

## 2. 신규 설립 자유무역시험구 지역 범위 및 의미

광둥(廣東) 자유무역시험구는 광저우 난사신구 $60km^2$ (남사보세항구 $7.06km^2$ 포함), 선전 천하이 샤코우 $28.2km^2$, 주하이 헝진신구 $28km^2$ 등 총 $116.2km^2$이다. 텐진(天津) 자유무역시험구는 텐진항 $30km^2$, 텐진공항 $43.1km^2$, 빈하이 신구 $46.8km^2$ 등 총 $119.9km^2$이다. 푸젠(福建) 자유무역시험구는 핑탄 $43km^2$, 시아먼 $43km^2$, 푸저우 $31.78km^2$ 등 총 $119.78km^2$이다. 상하이 자유무역시험구는 루쟈주이 금융구 $34.26km^2$, 진챠오 개발구 $20.48km^2$, 장지앙 첨단과기단지 $37.2km^2$ 등 $91.94km^2$가 확대되어 기존의 $28.78km^2$을 합쳐 $120.72km^2$가 되었다.

상하이 자유무역시험구는 이번에 추가된 지역을 포함하여 총 면적이 $120.72km^2$이고, 광둥 자유무역시험구가 $116.2km^2$, 텐진 자유무역시험구가 $119.9km^2$, 푸젠 자유무역시험구가 $119.78km^2$로서 네 개 지역 모두 $120km^2$ 내외의 비슷한 규모로 지정되었다. 각 지역에서는 면적 확대를 희망하였지만 시험구로서의 특성을 감안하여 면적을 제한하여 실시하겠다는 중앙의 의지가 반영된 것으로 분석된다. 또한, '3년 시험 운행'의 정책 조정 공간을 남겨 두는 것은 단순한 복제 차원에서 탈피하여 시험구간 경쟁, 상호 보완을 통해 조속한 시일내에 성과를 시현해 전면적 개혁심화의 목표를 실현시켜 가겠다는 포석으로 풀이된다.

12월 26일 가오후청(高虎城) 상무부 부장은 전인대 상무위원회에서 광둥, 텐진과 푸젠에서 기존의 신구(新區)와 원구(圓區) 단지를 기반으로 한 3대 자유무역시험구를 설립하여 중국(상하이) 자유무역시험구와 상호보완 실험 및 대비 실험을 할 수 있다고 말했다. 이제 자유무역지구간 경쟁이 불가피하게 되었으며, 네 개의 자유무역시험구는 각각 특성이 있는 정책을 들고 나올 것이다. 중국은 자유무역시험구를 통해 본격적인 경쟁의 시대에 돌입하게 되는 것이다.

## 3. 신설 및 확대된 자유무역시험구별 추진 방향

상하이 자유무역시험구가 1기 자유무역시험구라면 광둥, 톈진, 푸젠 자유무역시험구는 제2기에 해당된다. 제2기 자유무역시험구는 상하이 자유무역시험구에서 실험된 개방정책을 바탕으로 기업들의 투자 금지, 억제 항목을 명시한 네거티브 리스트를 공통적으로 적용하고, 투자, 서비스업, 금융업 등의 개방을 확대하며, 행정관리 간소화를 적극적으로 추진할 것으로 전망된다.

또한, 내외자 동일시 원칙하에 투자 프로젝트에 대한 심사를 간소화하고, 네거티브 리스트를 계속 축소해 나갈 것으로 예상된다. 한편, 신설되는 자유무역시험구는 각자의 지리적 이점, 일정한 경제발전 토대 및 발전 방향을 고려하여 지역적 특성을 살려 추진해 나갈 방침이다.

### (1) 광둥 자유무역시험구

신설된 세 개의 자유무역시험구 중에서 가장 주목을 받고 있는 광둥 자유무역시험구는 홍콩 및 마카오와의 경제 일체화, 서비스 무역 일체화, 중국-ASEAN FTA 및 수출가공무역의 심도 있는 전환에 중점을 두게 될 것이다. 광둥 자유무역시험구는 난사 구역(南沙), 헝친 구역(横琴), 첸하이(前海) 구역 등 크게 세 지역으로 구성되며, 홍콩·마카오와 인접하고 있는 지리적 이점으로 난사지구와 첸하이 지구는 홍콩과, 헝친 지구는 마카오와 경제 협력을 강화해 나갈 것이다. 구체적으로 난사 지구는 광둥성-홍콩-마카오 연동 서비스업 발전, 경제 무역과 해운·항공에 있어 아시아의 허브 역할에 중점을 두며, 주하이 헝친 지구는 레저·관광·건강 산업을 중점으로 한 발전과 친환경 첨단산업단지 건설이 주된 목표이고, 선전 첸하이 지구는 홍콩의 선진 금융 시스템과 경제력을 활용해 위안화의 국제화 추진 역할을 하는 것이 중요하다.

광둥성은 기존의 저임금, 저비용 경제성장 모델이 한계에 도달하여 가공 무역지로서의 장점이 퇴색되고 있어 새로운 성장 동력 발굴이 시급하다.

이에 따라 자유무역시험구 추진을 통해 광둥은 선진적인 국제 무역시스템 도입과 글로벌 기업 환경 조성을 도모해 나갈 것으로 본다. 특히 홍콩, 마카오에 대한 개방수준을 제고하고 나아가 서비스 무역 자유화를 추진하는 등 홍콩, 마카오와의 협력을 강화하여 시너지 효과를 극대화해 나갈 것으로 전망된다.

참고로 중국-홍콩은 2003년에 경제 긴밀화 협정인 CEPA(Closer Economic Partnership Arrangement)를 처음 체결한 후 매년 보충협정을 체결해 왔으며, 2014년판 보충 협정이 12월 18일 서명되었다. CEPA는 중국-홍콩 간 FTA와 같은 협정으로 교역시에 무관세 혜택, 서비스 시장 우선 개방 등이 골자이며, 중국은 서비스 자유화 표기방식으로서는 최초로 네거티브 리스트 방식을 채택해 수입제한 및 금지품목을 지정하게 되었다.

광둥 자유무역시험구가 출범된 이후 발표되고 있는 주요 정책을 살펴보면, 첫째는 국제화·시장화·법치화 실현을 통한 경영환경 조성이다. 통일·공개·공평의 원칙에 따라 시범적으로 대내외 개방 관련 법 집행과 사법 시스템을 정비하고, 각종 시장 주체의 공정한 경쟁을 실현하며, 지적재산권 관리 및 법 집행 체제와 지적재산권 분쟁 조정 및 권익 보호 메커니즘을 보완하고, 시장 진입 및 관리 감독을 엄격히 실행할 수 있는 제도를 설립하고, 외국인 투자 분야의 네거티브 리스트 제도를 실시를 통해 개방도 및 투명도를 제고해 나가겠다고 표명하였다.

둘째는 홍콩·마카오 서비스 무역 자유화 추진을 위한 조치이다. 홍콩과 마카오의 서비스 산업을 연구하고, 홍콩과 마카오 투자자의 자격요건, 주식 투자 제한 및 경영 범위 한정 조치 등의 진입 제한을 취소하거나 완화하고 있다. 자유무역시험구 내에서 광둥성·홍콩·마카오는 상품 인증 및 검역·검사 결과를 상호 인정해주는 제도를 통해 한 번의 인증과 한 번의 검역·검사로 세 지역을 통과할 수 있도록 하였다. 또한, 홍콩·마카오의 인증 기구가 자유무역 시범 지구에 들어와 인증 업무를 발전시킬 수 있도록 하고, 이들이 내륙에서 설립한 합자 및 독자 인증기관, 검사기관 및 실험실과 동등한 대우를 받을 수 있도록 조치하였다.

셋째는 국제 무역 기능 집중 강화이다. 광둥성·홍콩·마카오가 공동으로 21세기 해상 실크로드 인근 국가와의 무역을 강화해 국제 시장 개척에 앞장설 수 있도록 하고 있다. 광둥성·홍콩·마카오는 공동으로 전시 산업 협력을 강화하고 자동차 병행 수입을 개시하며, 세관 특수 관리 구역 내에서 선물 보세 인수와 창고 증권, 융자 등의 업무를 개발하고, 국제 전자상거래의 발전을 위해, 세관 관리, 보완 검사, 세금, 물류 등의 시스템을 보완하고 서비스 무역의 새로운 영역을 확장하였다. 광둥성·홍콩·마카오의 해운과 항공 연동 메커니즘을 조성, 21세기 해상 실크로드 물류센터 건설, 국제적으로 경쟁력을 갖춘 해운 운송발전 제도 및 협동 운영 시스템을 운영해 국제 물류 서비스 기능 강화를 추진하고 있다.

넷째는 금융 분야 개방 혁신 심화이다. 위안화를 자유무역 시험구역, 홍콩·마카오 및 해외 국가 간 무역에서 주요 결제 통화로 추진하고 있다. 자유무역시험구에 거시적 금융관리 시스템을 구축해 금융규제 조정 메커니즘을 세우고, 업종과 시장을 뛰어넘는 금융 리스크 모니터링 평가 시스템을 구축해 큰 리스크에 대한 식별과 체계적인 금융 리스크의 방비를 강화한다.

자유무역시험구역 내 기업이 적절한 시기에 위안화 융자(일정 범위 내)를 받을 수 있도록 연구하고 있으며, 시범구 안에 있는 은행 혹은 기타 금융기관을 통해 대출업무를 실행할 예정이다. 광둥성·홍콩·마카오 및 해외 금융기관의 위안화 해외 투자기금 설립을 허용해 자유무역시험구의 기업들이 홍콩 주식시장에 위안화 주식을 발행할 수 있도록 연구 중이며, 해외 지역의 채권발행 허용규모 제한을 완화하고 해외지역에서 마련한 자금의 자유무역 시범구역 내 유입 및 사용을 허가하고 있다. 조건에 부합하는 외국금융기구는 독자은행이 설립가능하며, 조건에 부합하는 외국 금융기구와 중국기업 간의 합자은행도 설립이 가능하다.

## (2) 톈진 자유무역시험구

톈진 자유무역시험구는 북방지역 항구 중심지로서 징진지(京津冀) 일체화, 금융 혁신, 첨단적인 제조와 서비스업에 주안점을 두게 된다. 구체적으로 살펴보면, 먼저 베이징의 서비스업, 톈진의 제조업, 허베이성의 자원의 강점을 활용할 수 있도록 수도권 협력 발전 계획 징진지 발전계획을 적극 활용해 나갈 것으로 전망된다. 또한, 북방의 유일한 자유무역시험구로서 중국-중앙아시아-유럽을 관통하는 신 실크로드 경제벨트 발전에서도 중요한 역할을 할 것으로 예상된다.

산업 측면에서는 금융업과 제조업의 발전을 촉진하고, 항공, 자동차, 전자 등의 산업을 육성하며, 국제 무역과 물류 발전과 전자상거래 영역 개발에 중점을 두게 될 것이다. 특히, 금융리스 업무를 발전시켜 금융 허브로 거듭날 것을 기대하고 있는 데, 톈진 빈하이(濱海) 신구에 위치한 금융리스 집결지 둥장(東疆) 보세항구의 발전에 이목이 집중되고 있다. 2015년 1월 25일 톈진시 황싱궈(黃興國) 시장은 인대(人代) 정부 업무보고에서 첨단 설비, 기계, 항공기 제조업 등 첨단 제조업과 금융리스 서비스업을 중점 발전시키고 징진지 지역협력 발전과 '일대일로(一帶一路)' 전략에 참여토록 노력하겠다고 보고하였다.

한편, 상하이 재정대학 자유무역구연구소 천뽀(陳波) 연구원은 동북아 무역에서 중요한 역할을 담당하는 항구도시인 톈진은 한중 FTA의 실질적 타결에 따라 양국 무역편리화를 실현하는 창구로 활용될 것으로 예상하였다. 한국 기업들이 대거 입주(약 3300 개)한 중국 북방의 중요한 산업기지인 톈진에서 자유무역시험구 출범과 한중 FTA 타결의 시너지 효과가 크게 나타나길 기대한다.

### (3) 푸젠 자유무역시험구

푸젠 자유무역시험구는 특히 대만에 대한 자유무역에 중점을 두고, 해상 실크로드 경제 및 관광 협력 플랫폼 구축을 중점적으로 추진하며, 자유무역시험구에 포함되어 있는 샤먼(廈門), 핑탄(平潭), 푸저우(福州)의 지역 특성을 감안한 정책을 실시할 것으로 예상된다. 샤먼

(廈門)은 서비스업을 바탕으로 한 산업구조를 업그레이드시키고, 중국 대륙에서 대만과 가장 가까운 지역인 핑탄(平潭)은 타이완과의 경협 확대, 연결 강화의 교두보로 역할을 할 것으로 기대된다. 푸젠성 성정부 소재지인 푸저우는 21세기 해상 실크로드 전략과의 통합을 도모하고 중국 동남 연해의 서비스업 전략적 허브도시로 발전하려는 계획을 구상하고 있다.

푸젠 자유무역시험구는 대만과 마주보고 있다 하여 양안(兩岸) 자유무역시험구로도 불린다. 중국과 대만은 지난 2010년 경제협력기본협정(ECFA)을 체결한 데 이어 후속 조치로 서비스무역협정, 제품무역협정 체결 협상을 벌이고 있어, 푸젠 자유무역시험구는 양안간 무역 자유화와 경제 통합의 시험장이 될 전망이다. 아울러, 자유무역시험구를 통해 발전된 경제적 관계가 양안간 교류와 정치 관계 발전에 긍정적인 영향을 주기를 기대하고 있다.

### (4) 상하이 자유무역시험구

2015년 4월부터 상하이 자유무역시험구는 기존 보세구 4곳에서 루자주이(陸家嘴) 금융지구, 진차오(金橋) 개발구, 창장(長江) 첨단기술단지를 새로 포함시킨 7개 지역으로 확대 운영되고 있다. 기존 4곳은 지리적으로 외각에 위치했으며 자유무역시험구 이전부터 운영돼 온 보세구의 강점을 활용하려는 취지가 강했다. 새로 확대된 3곳은 금융, 첨단기술단지 기능을 강화해 다국적기업 및 중국 금융, 연구개발기관을 적극 유치하겠다는 의지가 반영되었다. 루자주이 금융지구는 상하이 국제금융의 핵심지역이며, 푸동신구의 0.5% 밖에 되지 않는 면적에 700개의 전 세계 금융기업, 300여 개의 다국적 기업 본부, 2,000여 개의 벤처캐피털, 자산관리, 신용평가기관 등이 밀집해 있다. 진차오 개발구 상하이 선진 제조업 핵심기지이자 전략적 신흥산업 시범단지로 육성한다. 창쟝 첨단과학기술구는 국가급 하이테크 개발구, 과학기술 혁신 핵심지역으로 바이오산업, 문화혁신산업, 광전자, 친환경산업 등을 집중 육성한다.

2015년 6월 4일 상하이시 투광샤오(屠光绍) 부시장은 '13차 5개년 계획' 기간 중에 상하이 국제금융센터와 자유무역시험구(FTZ) 연동을 강화할 계획이라고 밝혔다. 투 부시장은 상하이 국제금융센터는 '일대일로' 전략과 위안화 국제화 전략 추진에 적극 이바지할 것이며, 상하이 자유무역시험구와의 연동 강화, 과학기술금융센터와 연동 강화를 추진할 예정이라고 강조하고, '인터넷 금융' 발전에 디딤돌 역할을 담당할 것이라고 말했다. 아울러, 상하이 자유무역시험구가 해외자본 유치, 대외투자 촉진, 수출입 확대 등을 통해 상하이의 경제 성장을 견인하고 있으며, 특히 금융 개혁을 뒷받침하고 있다고 평가했다.

## 4. 신설 자유무역시험구 전망

상하이 자유무역시험구는 법 제도, 정부 관리감독, 국제적 규범 등의 제도 개선을 추구하면서도 자유무역시험구 내 설립 기업에 대한 세수감면 조치는 실시하지 않았다. 신규로 출범하는 자유무역시험구들도 체제정비를 핵심으로 한 투명한 비즈니스 환경 조성에 중점을 둘 것으로 예상된다. 중국 재정학회 쟈캉(賈康) 부회장은 "세수우대 정책을 적용해 지역 내 기업에 수혜가 돌아가도록 하는 것이 아닌 법치 시스템 구축 및 관리방안 개선을 통해 새로운 시장체제를 정비하는데 주안점을 둘 것이다."라고 말했다.

한편, 자유무역시험구는 외자 유치를 위한 특별지역이 아닌 글로벌 경쟁 환경에 적응하기 위한 협력 강화의 창구 및 중국 기업들의 대외 투자를 확대하는 창구로 활용될 것이다. 자유무역시험구 구축은 자본 순수출국으로 탈바꿈한 중국의 대외투자 활성화와 위안화 국제화를 위한 시험장으로 활용할 것으로 보인다. 신설된 자유무역시험구를 통해 금융시장 개방에 박차를 가하고 서비스업과 첨단 제조업 발전을 추진하는 정책이 속속 나올 것으로 전망된다.

## 제3절 자유무역시험구 추가 설립 전망

### 1. 자유무역시험구 추가 설립 필요성

중국 공산당은 2014년 12월 5일 중앙 정치국회의를 열어 2015년 경제정책 방향을 논의하고 뉴노멀(New normal, 新常態) 시대에 적극적으로 적응해 나가자고 하면서 뉴노멀 시대를 공식화하였다. 시진핑 주석이 5월 허난(河南)성을 순시하면서 "중국의 발전은 중요한 전략적 기회를 맞고 있다며 중국 경제의 발전단계 특성을 바탕으로 신창 타이에 적응해 신뢰를 키워야 한다."고 신창타이(新常態)를 처음 언급한 후 뉴노멀(新常態)은 이제 중국의 중요 정책이 되었다.

한편, 2014년 12월 9~11일간 개최된 중앙경제공작회의는 육상 및 해상 실크로드의 통합 발전 전략인 '일대일로(一帶一路)', 베이징-톈진-허베이 지역 통합발전 전략인 징진지(京津冀) 협력발전, 창장

(長江) 경제벨트라는 3대 전략을 중점적으로 추진해 나갈 것을 강조하였다. 참고로 징진지(京津冀) 전략의 '징'은 베이징, '진'은 톈진, '지'는 옛 기주(冀州)가 있던 허베이성의 약칭이다. 베이징은 첨단기술, 문화, 서비스 산업을 육성하고, 톈진은 선진 제조업(IT, 자동차, 제약)과 물류, 금융·보험을 발전시키며, 허베이는 베이징 주위에 10여 개의 위성도시를 만들어 수도권 일부 기능을 흡수하겠다는 구상이다. 징진지 협동발전 규획 영도소조 조장으로 중앙정치국 상무위원이자 국무원 장까오리(張高麗) 상무 부총리가 임명되었다.

앞으로 자유무역구 정책은 양적 성장 중심의 정책에서 질적 성장을 도모하는 새로운 발전 방식인 뉴노멀 정책과 '일대일로', 징진지(京津冀) 협력 발전 및 창쟝(長江) 경제벨트 3대 전략의 추동력 역할을 해 나갈 것이다. 각 지방 정부가 발전 전략으로 자유무역구 설립을 적극적으로 희망하고 있기 때문에 중앙 정부로서도 이에 부응하고 뉴노멀 정책과 일대일로 등 전략을 이끌어 가기 위해서는 자유무역시험구를 확대해 나갈 필요성이 있으며, 단계적으로 추가 지정해 나갈 것으로 예상된다.

## 2. 자유무역시험구 지역 추가 설립 전망

제2기 자유무역구가 지정된 후 얼마 안 된 2015년 1월 중순경 중국 언론은 제3기 자유무역시험구 선정 준비 작업이 시작되었으며, 시안(西安), 우한(武漢), 충칭(重慶), 청뚜(成都) 등 네 개 지역이 유력 후보지로 거론되고, 이미 시험구 건설 방안을 국무원에 제출한 상태라고 보도하였다.

지역적으로는 '일대일로' 혹은 창쟝 경제벨트와 같은 전략지역이 우선지역을 차지하게 되며, 네 개 유력 후보 지역 중에서 일대일로 연관지역은 시안이고, 창쟝 경제벨트 지역은 우한이며, 청뚜와 충칭은 일대일로와 창쟝 경제벨트와 모두 연관된 지역이다. 이들 네 개 도시 모두 내륙에 위치하고 있어 어느 도시가 선정되더라도 제3기 자유무역시험구는 내륙 자유무역구의 타이틀이 부여될 것이다.

### (1) 시안(西安) 자유무역시험구 추진 계획

중국 역대 왕조들의 수도가 자리하여 문화 유적지가 많아 중국의 과거로 불리우는 시안은 삼성이 대규모 투자하면서 새로운 공업도시로 탈바꿈하고 있으며, 이제 중국의 미래로 부상하고 있다. 시안은 육상과 해상 신 실크로드를 구축하는 일대일로 계획 가운데 중앙아시아와 유럽을 잇는 육상 신 실크로드의 시발점이자 중국 서북부 물류의 중심인데, '일대일로' 계획이 구체적으로 발표되면 시안의 중요성은 더욱 부각될 것이다.

또한, 시안은 문화 중심지로서 중국의 소프트 파워를 중앙아시아 각국에 확장하는 역할도 맡게 될 것이다. 아울러, 항공, 중장비 산업이 발전해 있고, 특히 항공우주 산업 분야에서 전통적인 강점이 있다. 이러한 이점을 살려 시내 동북부 지역의 국제 보세구와 국제 화물구를 합쳐 내륙 자유무역시험구를 추진하고 있다.

### (2) 청뚜(成都) 자유무역시험구 추진 계획

청뚜는 지리적으로 광활한 중국 중서부 지역의 중앙에 위치하고 있어 이 지역 항공물류 중심지이자 동남아 국가와의 교역이 활발한 지역이다. 항공우주산업도 발달해 있기 때문에 과학기술 및 내륙 물류형 자유무역시험구를 건설하여 상하이의 서비스형 자유무역구와 차별화된 중서부 지역 특성의 자유무역시험구를 선보일 수 있다. 2015년 1월 21일 쓰촨성 웨이홍(魏宏) 성장 주재로 개최된 쓰촨성 인민정부 상무위원회는 상하이 자유무역시험구의 개혁 경험, 개혁제도 및 국가급 경제구 모델 등을 참고로 자유무역시험구를 추진하기로 결정하였다.

### (3) 충칭(重慶) 자유무역시험구 추진 계획

2013년 9월 23일 황치판(黃奇帆) 충칭 시장은 국제 경제자문회의에서 충칭 자유무역구가 상하이 자유무역구와 달리 전통적인 화물자유무역구로서 차별화된다고 언급하면서 자유무역구 추진 의지를 피력하였다. 충칭은 창장 경제벨트 상류에 위치해 있으면서 수로, 철도, 항공의 중심지로서 일대일로 및 서부대개발의 핵심지역이다. 또한, 충칭에는 $17km^2$ 규모의 시용종합보세구(西永綜合保稅區)와 양루춘탄보세구(兩路寸灘保稅區)가 있어 자유무역구를 실시할 수 있는 기반이 갖추어져 있는 것으로 평가된다. 또한, 충칭은 한국에도 잘 알려져 있는 양강신구(兩江新區)라는 개발구가 있다.

한편, 충칭에는 대기업을 중심으로 한국 기업체들의 진출이 속속 이루어지고 있다. 현대자동차가 일찍이 잠재력이 큰 중서부 지역 시장에 주목하여 충칭에 제4공장 건설을 추진하고 있다. 한국타이어가 공장을 건설하고 있으며, SK하이닉스가 메모리 반도체 공장 가동에 돌입하였다. 포스코는 충칭강철과 절반씩 투자하여 150만톤 규모의 파이넥스 공장과 최첨단 일체형 강판 제조 공정(CEM)이 연결된 일

관제철소 건설을 추진하고 있다.

### (4) 우한(武漢) 자유무역시험구 추진 계획

우한은 창장 중류의 중심 도시로서 내륙 해운이 발달된 도시로서 물류 측면에서 매우 주요한 도시이며, 둥후첨단기술산업개발구(東湖新技術産業開發區)를 중심으로 한 내륙 물류형 자유무역시험구 건설을 추진하고 있다.

2015년 1월 29일 우한시 자야오빈(賈耀斌) 상무 부시장은 언론 인터뷰에서 국가급 자유무역구의 비준을 얻기 위해 필요한 준비를 적극적으로 할 것이라고 언급하고, 상하이 무역시험구의 선진 경험을 습득하여 자유무역구 선정을 위한 경쟁력을 높여 나가겠다는 복안을 밝혔다. 우한시는 2월 4일 정부 공작보고회에서도 내륙경제 개방 우위 확보, 우한 신강공항종합보세구(武漢新港空港綜合保稅區) 비준 획득과 더불어 내륙 자유무역시험구 추진에 박차를 가할 예정임을 밝혔다.

# 제8장

## 중국의 자유무역구 정책의
## 시시점, 대응 방안

- 중국 시장 진출 측면
- 한국의 경쟁력 제고 측면
- 중국 진출 지원 측면
- 공공기관, 지자체, 창업지원 기관 적극 활용

# 제8장 중국의 자유무역구 정책의 시사점, 대응 방안

 상하이 자유무역시험구에서 실험을 거친 정책들이 하나하나 전국으로 확대되고 있으며, 세 개의 자유무역시험구가 신설되고 상하이 자유무역시험구도 푸둥 신구지역으로 확대되어 자유무역구 정책은 중국의 혁신 정책으로 확실히 자리 잡아 가고 있다. 이제 자유무역시험구는 중국을 변화로 이끌어가는 원동력이 되고 있으며, 제2의 개혁개방이 될 것이라는 말이 현실화되고 있다는 평가이다.

 한국은 최대 교역 및 투자 대상 국가이자 세계 경제 대국으로 급속히 부상하고 있는 중국에서 자유무역구라는 신정책이 추진되고 있는 상황을 보고만 있어서는 안 되며, 대중국 진출과 자체 경쟁력 향상을 위한 대책을 마련해 나가야 한다. 이는 한민족이 동북아 일원으로 당당하게 살아가고 미래 세대에게 희망을 이어주기 위해서 해야 할 당위에 해당된다. 그러면 무엇을 어떻게 해야 할 것인가?

## 제1절 중국 시장 진출 측면

### 1. 중국의 신정책 파악 및 활용

해외에 공장을 짓거나 사무소를 낼 경우에도 시장조사를 하고 그 나라의 법규나 정책을 사전에 면밀히 살펴보는 것은 당연한 일이다. 더구나 거대한 중국 내수시장을 놓고 외국기업뿐만 아니라 중국 로컬 기업들과 치열한 경쟁을 해 나가야 하는 한국 기업들로서는 중국의 신 경제정책의 핵심인 자유무역구 정책을 제대로 알아야 한다. 이제 중국 정부의 자유무역구 정책이나 규정을 알지 못하면 중국에서 제대로 사업을 할 수 없게 되어 있다.

기업 설립제도가 심사허가제에서 등록제로 변경되고 있으며, 공상등기 자본금납입제(實繳制)가 회사등록자본 납입약속등록제(認繳登記制))로 전환되고 있고, 기업의 연도검사(年檢)가 연도공시로 변경되는 조치들이 시행되고 있는 등 기업 관리제도에 일대 변화가 진행되고 있다. 외상 투자에 있어서 네거티브 리스트를 채택하는 지역이 늘어나고 있다.

자유무역시험구에서의 다양한 개혁 조치가 이루어지고 전국적으로 확대되면서 새로운 법규와 제도가 많이 도입되어 개혁개방 이후 중국의 외국인 투자 기업에 관한 기본법이라고 할 수 있는 외자 3자법(외자기업법, 중외합자경영기업법, 중외합작경영기업법)을 대폭 수정해야 하는 상황에 왔다. 예상보다 빨리 2015년 1월 19일 외자 3자법이 하나로 통합된 《외국투자법》 초안이 나와 의견 수렴 작업을 시작하였다. 이로써 기존의 많은 외자 투자 관련 법규들이 구문이 되고 있다. 자유무역구 정책을 통해 중국의 새로운 경제 정책을 이해하고 예측하고 활용해야 하는 이유가 바로 여기에 있는 것이다.

자유무역시험구에서 통관의 효율성을 높일 수 있는 다양한 제도가 도입되어 통관 시간과 비용을 절감해 주고 있다. 각종 서비스 부문에 대한 개방 조치로 외자 기업들의 투자 기회가 확대되고 있으며, 새로운 정책을 활용하기 위해 세계 굴지의 기업들도 속속 진출하고 있다. 마이크로소프트와 소니의 게임 시장 진출, 아마존의 전자상거래를 통한 판매망 구축 추진 및 독일 아르테메드사의 의료시장 진출은 대표적인 사례이다. 20개 혁신 사례에서 볼 수 있듯이 중국 기업들이 다양한 분야에서 자유무역시험구 제도를 적극적으로 활용하고 있으며, 신제도를 응용하여 새로운 사업을 발굴하고 노하우를 축적하면서 앞서 나가고 있다. 중국 시장을 개척하고 중국에서 성공하기 위해서 한국 기업들도 자유무역구라는 레이스에서 뒤쳐서는 안 되며, 선두 그룹에서 뛸 수 있도록 방책을 마련해야 한다.

첫째, 한국 금융기관들의 적극적인 태도가 필요하다. 자유무역구에 하나의 은행도 설립하지 않아 자유무역구 금융 제도를 운영해 본 경험이 전혀 없는 한국계 은행들은 중국계 은행(홍콩 은행 포함)들에게 노하우면에서 한참 뒤져 있다. 그런데, 이제 한국계 은행들은 피할 수 없게 되었다. 상하이 자유무역시험구가 금융 중심지이자 한국계 은행들도 입주해 있는 루쟈주이까지 확대되었고, 톈진, 광둥, 톈진, 푸젠에 추가 설치되었기 때문이다. 이제 자유무역구 금융 제도를 이해하고 운영하는 것은 한국계 은행들에게 필수사항이 되었다.

둘째, 한국 기업들이 창조적인 물류 생태계를 구축하고, 전자상거래를 적극 도입하여 중국에서 펼쳐지고 있는 자유무역구라는 새로운 장에 적극 진출하여 기회를 창출해야 한다. 한국도 유수한 항공 화물 기업과 해운 회사 등 물류 기업이 있고 품질 높은 상품들이 많아 전자상거래를 효과적으로 활용하면 중국 시장을 개척하는 데 뒤질 이유가 없다. 중국 시장을 공략하는데 하나의 기업이 할 수 없으면 힘을 합쳐 함께하는 방식도 있다.

셋째, 공공기관에서는 늦기 전에 분야별로 자유무역구 정책의 내용을 파악하고 분석하여 기업과 국민들에게 알리고, 필요할 경우 해당 기관과 정부에 정책 건의를 해야 한다. 나아가 자유무역구 정책을 활용하려는 기업들에게 편의를 제공하고 연계 역할을 해 나가야 한다. 호주를 비롯하여 러시아, 이탈리아, 칠레 등이 상하이 자유무역시험구에 국가관을 설립하여 운영하고 있다. 호주 국가관은 보세구 세금 우대를 활용하여 직접 판매의 방식으로 자국의 식품, 보건식품, 농산품, 양모, 포도주 등을 전시하여 판매를 돕고 있다. 그뿐만 아니라 보건의료, 이민, 관광, 교육, 금융 및 법률 서비스 등을 소개하여 중국 기업들을 유치하는 역할도 하고 있다.

넷째, 개별 기업 차원에서 중국의 신정책의 내용과 흐름을 파악하여 활용하겠다는 기업인들의 의지가 필요하다. 중국에 주재하고 있는 지사들은 현업에 바쁘고 현재의 일만 잘하면 된다는 생각을 가지기 쉽기 때문에 중국의 변화를 따라 잡는데 소홀할 수 있다. 한국 본사나 기업인들이 의지를 가지고 자유무역시험구에서 이루어지는 정책 변화를 모니터링해 나가도록 해야 한다. 이러한 바탕 위에서 전략을 짜고 자유무역구에서 이루어지고 있는 개방 정책을 적극 활용해 나가면 기회가 생긴다.


## 2. 한류를 시장 개척의 원동력으로 활용

수년 전에는 중국 텔레비전 채널을 돌리면 쉽게 한국 드라마가 잡혔지만 지금은 중국 텔레비전에 나오는 한국 드라마가 그렇게 많지 않다. 한국 드라마에 대한 쏠림 현상을 막기 위해 규제하기 때문이라

한다. 그렇다고 중국에서 한국 드라마의 인기가 식었다는 것은 아니다. 젊은 세대들이 인터넷을 통해 한국 드라마를 흥미있게 보고 있으며, '별그대'가 인터넷을 통해 공전의 히트를 친 이후 중국에서 한류가 다시 점화되고 있다.

2014년 상하이 국제아트페스티벌에 대구시 창작 뮤지컬인 '투란도트'가 공식 초청되어 동방아트센터에서 11월 1~2일 양일간 화려하고 수준 높은 공연을 선보였다. 1,000여 석이 넘는 객석이 꽉 들어차고 배우 한명 한명의 연기력과 폭발적인 가창력에 관객들은 기립 박수로 화답했다. 오페라 '시집가는 날'이 2014년에 상하이 대극원과 항저우 대극원에서 공연되어 중국 관중들의 열띤 반응을 자아냈다. 특히, 항저우 공연에서는 일부 대사 내용을 중국어로 연기하였는데, 관중들의 호응이 대단하였다.

중국 사람들과 이야기하다 보면 한류가 주된 화제가 된다. 한류는 케이팝을 위시하여 드라마 및 영화, IT, 심지어 식품, 관광으로까지 확대되고 있다. 한류는 중국인들이 한국을 좋아하고 나아가 한국 제품이 각광받는 원동력으로 작용하고 있다. 이에 따라 한류를 활용한 사업의 길이 무궁무진하게 열려 있다고 해도 과언이 아니다. 그런데, 구슬은 꿰어야 보배라는 말이 있듯이 한류를 통해 이윤을 창출해 나가야 한다.

먼저, 한국 전문 상품 판매 루트를 개척해나가야 한다. 현재 중국 각지에서 의류, 화장품 등 한국 상품 전문 매장을 만들자고 제의해오는 경우가 많은데, 이를 적절히 활용해 나길 필요가 있다. 이우시 한국상회가 중국 측과 협력하여 연 대형 한국 의류관이 성공하고 있다. 이우시 황예시장 쇼핑몰의 7층에 3만 평으로 구성되어 있는 한국관 매장은 조만간 8층까지 확대되어 6만 평으로 확장된다. 100% 한국 제품으로서 대부분 중소기업 제품이며 황옌시장에서 가장 인기가 있는 매장으로 자리 잡았다고 한다.

중국 현지 대형 전자상거래상과 연계하는 방법도 있다. 농수산물유통공사는 한국 우수식품 24개사 800여 제품을 알리바바 B2B 거래시스템에 입점시켜 효과를 보고 있다. 상하이 자유무역시험구 보세전시 전자상거래 플랫폼인 콰징퉁을 활용하는 것도 방법이다. 보세전시 전자상거래 플랫폼은 정저우, 닝뽀 등 다른 지역으로 확산되고 있는데, 중국 정부가 적극 추진하고 있고 정품이라는 인식이 있어 신뢰도가 높아 각광을 받을 가능성이 높다고 한다.

둘째, 규모가 큰 기업들이 한류를 통한 진출을 적극 모색해 볼 필요가 있다. CJ는 한류를 활용하여 문화 콘텐츠 사업, 식품 사업을 하여 중국에서 성공한 대표적인 케이스다. 중국 내 여러 곳에서 영화관을 운영하고 있으며 한중 합작 영화도 제작하여 히트를 치고 있다. 베이커리 '뚜레주르'는 드라마 별그대 남자 주인공 역을 맡은 한류 스타 김수현의 광고 출연 덕분에 폭발적인 신장세를 기록한 바 있다.

셋째, 중국에서 한류가 지속되고 나아가 문화 산업이 진출할 수 있도록 실질적인 지원을 해 나가야 한다. 전주 MBC 창사 50주년을 기념하여 2015년 1월 1일부터 22일까지 전라북도 대표 화가 전시전이 상하이문화원에서 개최되었다. 상하이 한국문화원이 대대적인 리모델링 작업을 하고 처음으로 개최된 전시회였는데, 중국 언론 매체, 미술계 인사들도 많이 참석하여 높은 관심을 표명하였다. 문화원이 중국에 보다 많이 설립될 필요가 있으며, 문화원 등 공공기관들이 한국 문화가 중국 시장에 진출할 수 있도록 보다 적극적으로 나서야 한다.

넷째, 자유무역시험구 개방정책을 적극적으로 활용하는 것이다. 중국에서는 아직도 문화산업의 진출에 제약이 많은데, 자유무역시험구의 문화 관련 세칙에 따라 외자기업의 오락 연예의 중국시장에 판매가 가능하게 되었으며, 상하이시에 서비스를 제공하는 경우에 한해 자유무역시험구에 설립된 중외합자 공연기획사의 외국 측 지분 제한이 해제되어 기획사의 진출의 길이 넓어졌다. 현재로서는 상하이 자유무역시험구를 통해 진출하는 방법이 중국에서 문화 산업에 진출하는 가장 빠른 지름길이다.

## 제2절 한국의 경쟁력 제고 측면

### 1. 물류 체제 정비 : 부산, 인천, 새만금 벨트 구축

상하이 자유무역시험구를 통해 중국자본이 지배하는 편의치적선을 이용한 수출입 컨테이너 선박의 상하이 기타 연안항만 운송이 가능해졌고, '화물선적항(loading port) 수출세 환급' 정책에 따라 화물선적항 및 운송 방식 적용 범위가 확대되어 환적항으로서 상하이항의 경쟁력이 향상되고 있다. 이와 더불어 통관 절차의 개선이 이루어지고 있어 상하이항의 경쟁력은 더욱 강해지고 있다는 평가이다.

또한, 자유무역구에서 제시된 통관 정책들이 현재 전국적으로 확산되고 있으며 해관 일체화를 통해 통관 효율을 높이고 비용을 줄여주고 있다. 나아가 자유무역시험구로 추가적으로 지정된 광둥, 톈진, 푸젠 지역 모두 중국의 주요 항만들이 소재하고 있음을 감안할 때, 자유무역시험구의 정책들은 중국의 해운, 항만업에 큰 영향을 미칠 것으로 판단된다. 벌써 홍콩, 부산, 싱가포르 등지에서 환적하던 일부 화물이 상하이로 이동하고 있다는 분석이 있다.

중국의 자유무역구 시대가 열림에 따라 동북아 지역에서 해운, 항만 산업의 경쟁이 더욱 치열해질 것임은 자명하다. 해운, 항만 산업 경쟁력 확보를 위한 획기적인 대책 마련을 해 나가야 한다. 인천을 전자상거래 및 해외직구 상품을 신속히 배송할 수 있는 물류 거점 기지로 육성하고, 부산에는 항만과 공항의 시너지 효과를 확보할 수 있는 보다 적극적인 대책 마련이 절실하다. 또한 수심이 깊고 광활한 부지가 있을 뿐만 아니라 중국과 가까이 있는 새만금을 대중국 신물류 전진 기지 및 교역 루트로 육성해 나가야 한다. ₩

상하이 푸둥개발 정책은 1990년부터 시작되었지만 본격적인 개발은 1992년 등소평 남순강화 이후이다. 새만금은 푸둥과 비슷한 시기인 1991년 11월 시작하였지만 현재 상전벽해의 발전을 이룬 푸둥과는 대조적이다. 새만금 방조제는 33km로서 세계 최장의 방조제이며 주변은 경치가 수려하여 관광객을 끌어 들이기에 안성맞춤이다. 한중 정상회담에서 새만금을 한중 경협단지로 조성하기로 합의하였다. 풍부한 중국의 투자 자금을 유치하여 새만금 단지를 개발하고, 매력있는 관광 코스를 만들어 중국인 관광객들을 유치해나가면 새만금은 한중 협력의 상징, 한국의 보물로 거듭날 것이다.


## 2. 전자상거래, 핀테크 분야 경쟁력 배양

알리바바가 뉴욕 증시에 상장하여 히트를 치면서 갑자기 전자상거래 거인으로 나타났다. 그런데, 이것은 우연의 산물이 아니다. 마윈

회장의 창업정신과 직원들의 동업의식이 하나가 되어 이룬 결과이다. 그리고 그 저변에는 중국 정부의 전자상거래 육성 정책과 제도적인 뒷받침이 작용하였다. 알리바바는 1999년에 창업하였기 때문에 세계 굴지의 전자상거래 기업이 되는 데는 15년여 밖에 걸리지 않았다.

중국에는 알리바바뿐만 아니라 바이두, 텅쉰(텐센트) 등 대형 전자상거래상이 즐비하며 다양한 분야에서 치열한 경쟁을 벌이면서 시장을 급속히 확대하고 있다. 문제는 이러한 경쟁을 통해서 더욱 강해진 중국 로컬 전자상거래 기업들이 아직 역량 있는 전자상거래 기업이 부재한 한국 시장에 상륙할 것이라는 점이다. 알리바바 공세는 무서울 것이다. 잘못하면 한국 시장이 알리바바의 생태계에 휩쓸릴 우려도 있다.

한국의 오프쇼어 위주의 기존 판매망을 재검토하고 우수한 전자상거래 체제가 확립될 수 있도록 방책을 마련해 나가야 한다. 롯데, 신세계, 현대백화점, 이마트 등은 오프쇼어에서 성공을 거두었다. 그런데, 앞으로 전자상거래가 급속도로 발전함에 따라 오프쇼어 점유율은 갈수록 작아질 것이고, 전자상거래 추세로 나갈 것이다. 그리고 알리바바 등 중국 전자상거래 파고가 밀어닥칠 것이다.

이에 대비하기 위해 대형 마켓들은 오프쇼어 매장을 효율화하면서 전자상거래에 과감한 투자를 해 나가야 하며, 정부와 협의하여 좋은 방책을 마련해 나가야 한다. 중국은 정책을 만들 때 업계와 협의하고 치열하게 논의하면서 방안을 만들어 낸다. 정경 유착이 아니라 올바른 정책을 만들기 위해 좋은 아이디어를 짜내고 힘을 합치는 것이다.

전자상거래 발전뿐만 아니라 현대 금융의 주류로 급속히 부상할 조짐이 보이고 있는 IT와 금융이 만난 핀테크(Fintech) 분야에서도 중국이 앞으로 치고 나가고 있다. 중국의 IT 전자상거래 삼국지인

BAT(바이두, 알리바바, 텐센트)가 기존 인터넷 영역을 넘어 금융 영역에도 진출하여 치열한 경쟁을 이어가고 있으며, 이는 핀테크 발전을 이끌어 가고 있는 원동력으로 작용하고 있다. 선두 주자인 알리바바는 제3자 결제 시스템인 쯔푸바오(支付寶, Alipay)를 중심으로 보험, 은행, 재테크 상품 등 다양한 영역을 선점하고 있고, 텐센트와 바이두가 추격하고 있다. 아울러, 이들 기업은 머니마켓펀드(MMF : Money Market Fund), 인터넷 민영은행, 소액 대출 사업 등 다양한 형태로 금융 영역에서 경쟁을 하고 있다.

핀테크 분야는 IT가 발달된 한국이 잘 할 수 있는 분야인데 현재 중국에 한참 뒤처져 있다. 중국은 벌써 인터넷 은행을 가동하고 있는데 한국은 이제 인터넷 은행 설립을 추진하겠다고 하는 판이다. 왜 이렇게 되었는가? 한국은 일찍이 깔아놓은 전산망을 활용하여 행정의 혁신을 이루었다고 자부하였다. 그런데, 공인인증서가 보안성만을 강조한 나머지 편의성을 저해하고 있다는 지적이 많았음에도 불구하고 공인인증서 사용을 의무화하여 은행, 기업들이 정부가 만들어 놓은 보안 안전장치에만 의존하고 혁신을 등한시하였기 때문이다.

알리바바는 공인인증서가 왜 필요하냐고 반문한다. 기업이 보안장치를 장착하여 고객 정보를 보호하고, 고객들의 정보를 축적하여 신용도를 평가하면서 상거래를 하면 된다고 말한다. 상거래 영역은 정부가 관여하기 보다는 기업이 책임지고 하는 것이 바람직하다는 것이다. 그 결과 알리바바는 망외의 부수입을 올리고 있다. 전자상거래를 통해 광범위한 정보를 확보하여 세계 굴지의 신용평가 회사들보다 더 정확한 신용 평가력을 갖게 되었다는 것이다.

기업, 은행들이 책임 의식, 개척자 정신을 가지고 나아가도록 해야 전자상거래 시대, 핀테크 시대에서 살아남고 앞으로 나갈 수 있다. 기업과 은행들은 책임 의식을 가지고 보안장치를 개발하고 혁신을 해나가야 하며, 정부도 과도한 규제를 과감하게 풀어야 한다. 한국에서 경쟁은 국내 기업들만의 장이 아니다. 세계적인 기업들과 경쟁해야만 하는 세상이다. 스스로 안주하고 있을 때 경쟁력은 약화되고 다른 나라 기업들이 좋은 자리를 차지하게 된다. 세계 기업들과의 경쟁을 염두에 두고 전자상거래, 핀테크 산업 발전을 막는 규제가 없는지 미리 찾아내서 해결하고 디지털 시대에 맞는 규제 체계를 갖춰 한국 기업들이 발전할 수 있도록 해야 한다.

과거 경제발전 과정에서 한국은 역동성이 있었고 책임 의식이 충만하였으나 지금은 이러한 측면에서 부족하고, 당장의 성과에 집착한 나머지 중장기적인 비전을 가지고 업무를 추진하지 못하고 있다는 자성이 많다. 금융과 전자상거래가 같이 가는 핀테크 시대에는 역동성과 책임 의식, 장기적인 비전이 없으면 성공할 수 없다. 일찍이 조지프 슘페터는 기업가 정신을 '생산적 요소의 새로운 조합을 발견하고 촉진하는 창조적 파괴(Creative Destruction)의 과정'으로 정의했다. 우리 모두에게 현실에 안주하지 않는 진취적이고 도전적인 기업가 정신이 요구되는 시점이다.

## 3. 강점있는 의료 분야 개발 : 의료 허브 구축

중국 정부는 2013년 10월 상하이 자유무역시험구에 외국 투자가가 독자 형식의 영리성 의료기관을 설립할 수 있다고 규정하였고, 2014년 7월에는 베이징시, 톈진시, 상하이시, 장쑤성, 푸젠성, 광둥성, 하이난다오성 등 7개 성, 직할시에서 외국인 투자자가 단독으로 신규 병원을 설립하거나 기존 병원 인수를 할 수 있도록 허용하였다. 중국의 의료 시장 개방에는 크게 두 가지 동기가 작용하고 있는 것으로 분석된다.

먼저, 급증하고 있는 의료 수요에 대응하기 위한 것이다. 중국은 소득 수준이 높아지고 노년 인구가 늘어나면서 의료 수요 규모가 급속도로 커지고 있다. 한편으로 의료보험 체계 개편으로 의료시장이 확대되고 있다. 현재 의료 사각지대에 놓여 있는 농민과 도시 빈민들이 혜택을 받을 수 있도록 의료보험 체계를 대대적으로 개편하고 있다. 아울러, 낙후된 의료기관 개선을 위해 공립병원 수준을 제고하는 한편 민영병원 유치를 적극 추진하고 있다. 의료시장 개방은 이러한 의료 수요에 적극적으로 대응하겠다는 의미가 있다.

다음으로, 중국 정부는 대외 개방을 통해 의료 서비스 수준을 향상시키고 경쟁력을 배가하여 해외로 가려고 하는 자국인 환자들로 하여금 국내 병원을 이용토록 하고, 나아가 의료 허브를 만들겠다는 구상이다. 수준 높은 병원 설립을 장려함에 따라 현재 중국 각지에 대형 병원들이 속속 들어서고 있다. 이들 병원들은 호텔 수준의 침실까지 확보해 놓고 있으며, 외국 의사들을 초청하여 기술 전수를 받고 있다. 중국에서 의료시장 참여자는 다양하며, 특히 자본력 있는 기업가들이 대형 민영병원을 개업하고 있다. 민영병원을 설립한 기업가들은 가능한 병원 운영에 직접 개입하지 않고 능력이 있는 외국의 병원 운영가나 CEO를 초빙하여 맡기고 있다.

중국 의료시장 개방은 한국에게 기회가 될 수 있다. 그러나 현실은 녹녹치 않다. 한국 의료기관들이 재활의학과 성형 및 피부미용을 중심으로 중국 의료서비스 분야에 진출하고 있는데, 영세성을 벗어나지 못하고 있다. 한국의 병원은 기본적으로 비영리법인 시스템인 관계로 해외 영리법원 투자를 위한 대규모 투자자금 조성이 어렵다. 한국의 국내 법규가 중국 의료시장 진출에 발목을 잡고 있는 것이다.

중국 측은 한국이 이러한 의료법상의 제약으로 중국에 대규모 투자를 할 수 없다는 것을 잘 알고 있다. 상하이 자유무역시험구에서 100% 독자 외자병원 설립이 가능해짐에 따라 한국 성형외과 병원 설립 문의가 많았으나, 등록 자본금 및 설립 요건을 맞추더라도 실제로 허가를 내주지 않으며 미국이나 EU에서 투자하는 대형병원 유치를 우선적으로 희망하고 있는 것 같다고 한국 기업체 인사가 토로한 적이 있다. 한국이 대형 투자할 수 있도록 제도를 변경하지 않으면 아무리 의료 수준이 높고 병원 경영 노하우가 있어도 중국 의료시장 확보는 어려운 것이다.

한국의 의료법은 의료 허브 구축에도 걸림돌이 되고 있다. 성형을 하기 위해 관광을 겸하여 한국에 중국인들이 많이 오기 때문에 한국 병원을 이용하는 외국인 환자들이 많은 것처럼 느껴지지만 성형 등 일부 진료항목에 집중되어 있고 사실은 그렇게 규모가 큰 것이 아니다. 2013년 싱가포르의 외국인 환자 유치 규모는 100만 명으로서 한국의 24만 명에 비해 네 배가 넘는다. 싱가포르 일반병원들은 물론 금융회사와 일반인도 투자가 가능한 투자 개방형 병원으로 바꾼 덕분이다. 태국 병원들은 체류 외국인과 의료 관광객 등 연간 약 150만 명의 외국인 환자를 진료하고 있다.

한국이 의료 허브를 구축하면 포화상태에 있는 의료 인력들의 활로를 찾고 떠돌고 있는 800조 원에 달하는 거대한 단기 유동자금을 활용하여 국민의 먹거리를 창출할 수 있다. 그런데 의료 허브를 구축하기 위해서는 한국의 의료시장에 대한 정확한 인식이 선행되어야 하고 의료 허브를 구축하기 위한 일련의 개혁적인 조치가 필요하다.

첫째, 한국의 의료시장의 현실을 직시하여야 한다. 한국 의사의 수준이 높은 것은 정평이 나 있다. 인재들이 많이 몰리기 때문이다. 그런데, 경영난 때문에 폐업하는 중소 병원들이 속출하고 있다. 빚더미에 올라 법원에 개인 회생을 신청하는 의사가 급증하고 있어 의사를 '대출 1순위'로 쳐주던 은행들도 병원의 재정 악화와 파산 위험을 반영하여 대출 심사를 까다롭게 하고 있다고 한다. 병원 폐업이 속출하지만 앞으로도 매년 의과 대학을 졸업하는 머리 좋은 의사들이 쏟아져 나올 것이다. 그런데, 국내 환자 수는 제한되어 있다. 의사라는 청운의 꿈을 품고 어려운 의과 대학에 합격하고 긴 시간을 공부하여 개업하였는데 빚더미에 눌려 폐업하는 안타까운 현실이 계속될 수밖에 없는 것이다.

둘째, 외국인 환자를 유치할 수 있도록 병원을 대형화 첨단화해야 한다. 외국에서는 개인이 운영하는 병원은 많지 않다. 대부분의 병원들은 의사들이 공동으로 운영하거나 기업형 대형 병원이다. 한국 의사들도 개인 병원에 집착할 것이 아니라 모여서 병원을 만들어 대형화해야 한다. 역량이 있는 관리자가 효율적으로 병원을 경영하도록 해야 한다. 병원을 합동으로 운영하거나 대형화하면 여러 가지 이점이 있다.

건물 임대료 비용을 절약함은 물론 값비싼 의료기기를 공동으로 구매하여 이용하고, 직원들을 효과적으로 활용할 수 있어 규모의 경제를 이룰 수 있다. 소규모 개인병원에 의료 사고가 발생하면 처리하는 데 시간, 비용이 크게 소요되어 병원 유지가 곤란한 지경에 이르는 경우가 다반사라고 하는데, 공동 운영이나 대형화하면 전문 행정 인력이 로펌과 연계하여 체계적으로 대응할 수 있기 때문에 비용과 리스크를 줄일 수 있다.

외국인 환자들은 시설이 좋은 대형 병원을 선호할 것이다. 그런데, 대학병원 등 대형병원들은 내국인 환자들로 넘쳐나고 대기자가 줄을 서고 있어 외국인 환자를 받을 공간이 없다. 나아가 외국인 환자를 유치하려는 의지가 발휘될 여지도 없는 것이다.

외국인 환자들을 유치하기 위해서는 결국 대형화, 첨단화된 병원이 많이 설립되어야 하는 것이다.

셋째, 의료 시스템 개혁을 위해 모두 함께 지혜를 발휘해야 한다. 의료 허브로 가기 위해서는 우수한 인력이 함께하는 첨단화된 대형병원이 많아야만 가능하지만 현재 한국은 각종 규제로 인해 대형 병원이 쉽게 만들어지기 어렵게 되어 있다. 한류라는 분위기가 있고 중국인들의 한국 의료 서비스에 대해 신뢰도와 선호도가 높다는 점을 감안하고 지리적 이점을 잘 활용해 나가면 많은 중국인 환자들을 유치할 수 있는데, 한국 스스로의 제도가 의료 허브 전략에 큰 걸림돌이 되고 있는 것이다.

정부와 정치권은 의사들이 공동으로 병원을 설립하는 데 필요한 자금을 금융회사나 일반인들의 투자 자금을 통해 확보할 수 있도록 제도를 정비해야 한다. 시중에 풍부한 유동자금은 있지만 주식은 불안하고 은행 금리는 초저금리로 나타나고 있는 상황에서 투자자들은 마땅한 투자처를 찾지 못하고 있다. 이러한 유동자본이 한국이 강점을 가지고 있는 의료 분야에 투자된다면 일자리를 창출하고 국민의 먹거리를 만들어 낼 수 있다.

의료 허브를 구축하는 것은 바로 미래 세대들에게 희망을 주는 것이고 국가를 부강하게 국민을 행복하게 하는 지름길이다. 정부, 정치권 그리고 의료인들이 의료 허브의 필요조건인 병원 대형화, 첨단화를 위한 대승적인 결단을 하루 속히 내려야 한다. 중국은 자금력이 풍부하고 인구가 많아 시장이 크기 때문에 의료 허브를 만드는 것도 가능할 것으로 보고 있다. 그런데, 중국인 유치를 목표로 의료 허브를 추진하고 있는 나라는 한 둘이 아니다. 싱가포르, 태국이 앞서가고 있다. 여기에 중국이 가세하려고 하는 것이다. 최근 언론에 심지어 말레이시아도 한국을 앞지를 추세라는 보도까지 나오고 있다. 이미 다른 나라들이 뛰고 있다는 것을 명심하여야 한다.

## 제3절 중국 진출 지원 측면

### 1. 기업의 비용 효율화 : 교육비 부담 해결

일반적으로 가계 생활수준을 측정하는 지수로 식료품비가 차지하는 비율을 기준으로 하는 엥겔지수를 사용하고 있다. 소득 증가에 비례해 식료품비는 늘어나지 않기 때문에 소득이 많을수록 엥겔지수는 낮아지게 되어 저소득 가계일수록 식료품비가 차지하는 비율이 높고, 고소득 가계일수록 식료품비가 차지하는 비율이 낮아져 엥겔지수가 높으면 소득 수준이 낮은 가정에 해당되는 것으로 인식된다. 그런데, 한국에는 교육비가 차지하는 비율이 후생 수준을 결정하다시피 하고 있기 때문에 엥겔지수만으로 가계 생활수준을 측정하는 것은 불충분하다고 본다.

한국의 교육비 부담 현실이 얼마나 심각한지는 다른 나라와 비교하여 보면 금방 알 수 있다. 미국의 경우 영어가 모국어이기 때문에 영어에 드는 비용은 무시하여도 된다. 고등학교 과정까지 의무교육이고, 미국도 유명한 사립대학 경쟁은 상당하지만 대학 선택폭이 넓어

과외수업을 받지 않고도 학교 수업을 충실히 따라가면 자연스럽게 자신의 능력에 맞는 대학에 진학할 수 있다.

　그리고 대학 수업료도 물론 부모가 부담하는 경우도 있지만 대학 이후는 자녀들이 해결하려고 하며 장학금을 받거나 아르바이트를 하거나 아니면 장기 저리로 학비 융자를 받아 졸업 이후에 직장 생활을 하면서 갚아 나간다. 그래서 미국에서 학부모들에게 자녀 학비는 부담으로 작용할 수 없는 것이다. 캐나다, 호주, 뉴질랜드 등도 미국과 상황이 비슷하다.

　독일의 경우 초등학교 졸업 무렵에 담임선생님과 협의하여 인문계 학교를 진학할 것인가 아니면 실업계 학교를 진학할 것인가를 결정한다. 물론 실업계 학교를 다니더라도 나중에 생각이 바뀌면 변경할 기회가 있다. 실업계를 나와도 안정된 직장을 찾을 수 있고 보수에 차별이 없기 때문에 인문계든 실업계든 담임선생님의 판단을 존중한다. 인문계 고등학교를 졸업하면 본인이 원하는 적당한 대학에 진학할 수 있기 때문에 학부모들이 과외비를 걱정할 여지 자체가 없다. 중고등학교뿐만 아니라 대학교 학비도 무상이다. 그래서 독일에서 학부모들의 학비 부담은 거의 없는 것이나 마찬가지이다.

　반면에 한국 부모들은 자녀 학비 때문에 등골이 휘어질 지경이고 빈곤 노인층을 양산하는 주된 원인이 되고 있다. 자녀가 국내에서 교육을 받는 경우는 그나마 낫다. 자녀가 해외에서 공부하는 경우는 교육비 부담이 상상을 초월한다. 미국에 있는 대학을 가면 천문학적인 학비를 내야한다. 한 해 한국이 해외 교육 관련 비용으로 쓰는 돈이 40조 원에 달한다고 한다. 국민들이 피땀 흘려 번 막대한 돈을 외국에서 교육비로 써버리는 것이다.

그런데, 이러한 학비 부담이 중국에서 한국 기업들의 경쟁력을 약화시키는 주요 요인이 되고 있다는 말이 들린다. 쟝쑤성 쩐쟝(鎭江)에서 교민간담회를 개최한 적이 있는데, 직원 자녀학비 부담이 너무 커서 회사 운영이 어렵다고 토로한 기업인들이 많았다. 상하이의 경우 한 해 1인당 국제학비는 20만 위안(약 3,600만 원)을 넘어섰고 일부 학교는 30만 위안(약 5,400만 원)에 육박하고 있다. 미국에 있는 사립대학에 입학하게 되면 1년에 학비로만 5만 달러는 써야 한다. 한국 대기업들은 초·중·고 학비를 지원하고, 상당수 대기업들은 대학교 수업료도 일부 지원해 주고 있다.

막대한 해외 교육비를 감당해야 하는 현재의 구조로 간다면 한국기업들의 경쟁력 약화는 불을 보듯 뻔하게 되어 있다. 그런데, 교육비는 민감한 문제이기 때문에 말을 하지 않는다. 그 대신 말없이 주재원 수를 줄인다. 그래서 상하이, 쟝쑤성의 경우 한국인 주재원 수가 급격히 줄고 있다. 주재원을 급격히 줄이게 되면 기업 정체성 약화가 우려된다. 우시(無錫) 어느 대기업 공장 방문 시에 총경리로부터 한국 주재원을 25% 수준으로 줄일 것이라는 말을 들었다. 동석한 그 회사 직원은 민감한 문제라 직접적으로 이야기하지 못하지만 자녀 학비 지원으로 인한 비용 때문에 주재원을 줄일 수밖에 없다고 말하였다.

그 후 상하이에서 들은 주재원 학살 이야기는 더욱 심각하였다. 평소에 잘 알고 지낸 대기업체 주재원들이 갑자기 줄줄이 한국으로 발령이 났다. 후임은 없고, 3개월에서 최대 1년 단기 파견 형식으로 직원들이 교대로 일하게 되었다고 한다. 이러한 사례는 상당히 많아지고 있다. 세계의 시장이 되고 있는 중국 시장을 놓고 경쟁이 치열해지고 있는 상황에서 중국 내수시장을 개척하기 위한 한국 기업인들의 진군은 힘차게 이루어져야 한다. 그런데, 자녀 학비라는 비용 부담으로 인해 제동이 걸리면 어떻게 되겠는가. 그리고 3개월, 6개월, 혹은 1년간 잠시 와서 어떻게 꽌시를 맺으면서 치열한 중국 시장을 개척하고 이윤을 창출할 수 있는가? 이것은 안 되는 이야기이다.

기업체들로서 주재원이 필요하나 학비 부담 때문에 주재원 유지가 어려운 이 상황을 어떻게 돌파할 수 있는가? 최근에 중국 내 한국학교에 대한 인식이 완전히 달라지고 있다. 한국학교에서 학생들이 영어, 중국어를 체계적으로 공부할 수 있고, 한국 대학교 진학률이 매우 높다. 그래서 국제학교를 고집하던 학부모들도 이제는 한국학교에 관심을 부쩍 갖기 시작했다. 상해한국학교는 대기자가 너무 많아 경쟁 시험을 통과해야만 입학할 수 있다. 최근에 교육부는 역량이 있는 한국학교에는 교과 과정 편성의 자율권을 더 많이 부여하기로 하였다.

그렇다고 국제학교 대신에 한국학교를 선택하도록 제도를 바꾸라는 것은 절대 아니다. 기업체에서 국제학교 학비를 대준다고 하여 국제학교만 고집할 것이 아니라 자녀의 교육 상황 등에 알맞은 학교를 선택하는 것이 현명하다. 상황과 필요에 따라 국제학교나 한국학교를 결정하는 선택의 개념으로 나가야 한다. 기업체로서는 자녀 학비 부담 때문에 아무런 공론화 과정도 없이 주재원들을 무조건 감축하든가 단기 파견 형식으로 바꾸는 대신 여러 가지 방안을 검토해 보아야 한다. 한국학교는 교과 과정을 혁신하여 국제학교 수요를 선제적으로 흡수하여 훌륭한 교육의 전당이 됨은 물론 한국 기업들이 중국에서 웅비해나가는 데 기틀이 되어야 한다. 정부는 중국 내 한국 기업 밀집 지역에 한국학교라는 공공재를 대대적으로 공급해 나가야 한다.

## 2. 창업으로 일자리 창출 및 부가가치 제고

세계적인 IT 산업의 메카인 미국의 실리콘벨리는 스탠퍼드 대학과 버클리 대학 학생들의 혁신적인 창업 활동이 바탕이 되어 형성되었다고 한다. 중국의 대표적인 IT 단지로서 레노보, 바이두, 샤오미가 탄생한 베이징 중관춘도 칭화대학 등 대학들을 배경으로 발전하고 있다. 현재 각국 정부에서는 기술 개발을 위해 그리고 일자리 창출을 위해 청년, 대학생 창업 장려 정책을 적극적으로 실시하고 있다.

중국 정부도 다양한 방식으로 창업을 독려하고 있다. 각 대학별로 혁신적인 창업 교육을 실시하고 창업 교육 과정을 학점에 포함시키기고 있다. 대졸자 창업을 위한 기업 투자방식을 확대하고 사업자 등록 수속을 간소화하며, 대졸자 창업 중소기업에 대해서는 기업소득세 50%를 감면하고 월수입 2만 위안을 초과하지 않으면 부가가치세와 영업세 징수를 잠정 유보하였다.

전자상거래, 인터넷 플랫폼에서 인터넷몰을 개설하는 대졸자는 소액 담보대출과 이자 보조정책 혜택을 받을 수 있다. 중소기업 발전 특별기금이 적극적으로 활용되도록 하고 대졸자 창업을 중점적으로 지원하는 엔젤투자와 창업 투자기금을 설립하고 있다. 리커챵 총리는 2015년 1월 14일 국무원 회의에서 1,000만 개의 일자리 창출을 목표로 청년, 대학생들의 창업을 지원하기 위한 '국가 신흥 산업 창업투자 기금'을 확정하였다.

수십만 명 아니 수백만의 젊은 세대가 대기업 입사, 공무원 시험에 매달리는 한국 사회의 모습은 바뀌어야 한다. 진취적으로 창업하여 새로운 기술을 개발하고 일자리를 창출할 수 있도록 정부, 대학 모두

팔을 걷어 붙여야 한다. 전자상거래, 기후, 나노, 재난안전, 정보보호, 스마트 방송, 디지털 콘텐츠 등 미래형 시장 선점 정책에 창업 붐을 일으켜야 한다. 이를 위해서는 대학 재학 중에 창업 의식을 가지고 창업에 도전하며 나아가 각개 약진 하기 보다는 협업과 동업하는 분위기를 조성하고 제도적인 뒷받침을 해 주어야 한다.

먼저, 대학이 바뀌어야 한다. 단순한 취업 성적에 목매달도록 할 것이 아니라 대학별로 혁신적인 창업 교육을 전개하고 창업 교육 과정을 학점에 포함시켜 나가야 한다. 2014년 일부 대학에서 기말 고시 실시 기간 중에 학생들의 학점 산정 방식을 기습적으로 변경하여 학생들의 반발을 크게 산 적이 있다. 이렇게 주먹구구식으로 학교를 운영하도록 하면 안 된다. 학점에 매몰되도록 하면 학생들의 창업 의식은 결코 배양될 수 없다.

다음으로, 중소 벤처기업에 모험자본을 공급하는 장소로서 한국 자본시장이 역할을 할 수 있도록 주식 상장 제도의 유연화가 필요하다. 또한, 현재 투자처를 찾지 못하고 있는 대규모의 단기 유동 자금이 창업에 투여될 수 있도록 규제를 혁파해 나가야 한다. 특히, 현금을 쌓아놓고 있는 대기업체와 거대 자산가들이 움직일 수 있도록 투자 항목 및 조건 등에 있어서 유연한 정책이 필요하다. 자본력이 부족하여 개발된 기술을 중국 기업에 팔아버리면 희망이 없다. 투자 자금이 밑바탕이 되어 기술력을 배양하고 경쟁력을 키워 부가가치를 높이고 중국 시장에 진출하도록 해야 한다.

항저우 대한민국 임시정부 청사 유적지 근처에 있는 삼겹살 식당에 가본 적이 있는데, 손님들이 많아 그야말로 인산인해였다. 삼겹살을 구우면 연기가 나기 때문에 연통이 있어야 하나 한국 기업인이 연통이 필요 없는 후라이팬을 개발하였으며, 중국 기업인이 매입하여 확보하였다고 한다. 한국 기업인이 그 기술을 활용하여 중국 시장에 직접 투자하였다면 높은 부가가치를 창출하였을 것이라는 아쉬움을 느꼈다. 한식 부문에서도 개발된 기술이 시장화되고 중국 시장에 진출할 수 있도록 자본 확보, 프랜차이즈 기업화, 주식 상장 등에서 보다 유연한 정책이 필요하다.

## 제4절 공공기관, 지자체, 창업지원 기관 적극 활용

### 1. 공공기관과의 협업

중국에는 서비스업과 첨단 제조업의 융합 산업까지 시장 확대 범위가 무궁무진하며, 한국 기업들이 국내외에서 다양한 관련 비즈니스 경험을 축적했고 한류라는 좋은 분위기까지 등에 업는다면 충분히 도전해 볼 만하다. 중국에 나와 있는 대사관, 총영사관 등 공관, 코트라, 무역협회 등 공공기관, 지자체 사무소 등과 협력하는 한편, 바이어, 투자자들을 직접 만날 수 있는 수출 상담회, 창업 세미나 등을 활용하면 중국 진출에 길이 보이고 효과를 높일 수 있다.

상하이총영사관은 경제 부처에서 나온 영사들로 구성된 경영 지원 지원단을 운영하고 있다. 화동지역 곳곳에 투자하고 있는 한국 기업체들을 대상으로 통관, 세무, 지적재산권, 사회보장 협정, 기업의 사회적 책임(CSR) 등에 관한 순회 설명을 실시하고 있다. 특히 특허, 상표 등 등록을 선제적으로 하도록 하여 지적재산권 보호에 상당한 성과를 거두고 있다. 아울러, 개별기업들의 애로사항을 청취하여 해결을 위해 나서고 있으며, 한화 60억 원에 이르는 어느 한 대기업체 미

수금 문제를 해결하는 데 도움을 준 적이 있다.

코트라는 수출, 투자 역군으로서 중요한 역할을 하고 있다. 각종 세미나를 개최하여 중국 경제 정보를 제공하고, 수출상담회를 개최하여 투자자와 수요자를 매칭시켜 주고 있다. 2015년 1월 20일에는 상하이에 자동차 부품 센터를 개설하여 자동차 부품 생산 업체들의 중국 시장 개척을 지원하는 일도 하고 있다. 코트라는 베이징에 '코리아 비즈니스 플라자'(KBP)를 구축하여 중국 내수시장 공략을 지원할 방침이다. KBP에는 수출입은행과 무역보험공사, 수출기업 등이 입주하여 중국 진출의 교두보 역할을 할 것으로 기대된다.

무역협회 상하이지사는 매년 한국기업 채용 박람회를 개최하여 높은 평가를 받고 있다. 2013년 채용 박람회는 삼성, 현대, CJ 등 대기업 계열사와 은행, 파리바게트, 대우인터내셔널, 락앤락, 이랜드, 제성유압, 천사마트 등 중국에 진출한 84개 한국기업들이 참가하여 성황리에 개최되었다. 이들 기업은 무역, 유통, 경리, 인사, 정보기술(IT), 마케팅 등 수십 개 분야에 걸쳐 경력, 신입, 인턴사원 등 다양한 형태의 구직자를 뽑기 위한 면접과 상담을 벌였으며, 이날 박람회 현장에는 중국인과 한국인 등 2,500여 명의 구직자가 몰려 취업 가능성을 타진했다.

한편, 무역협회는 '차이나 데스크'를 출범시켜 중국 내수시장 공략에 힘을 보탤 방침이다. 삼성동 무역협회 건물에 설치될 차이나 데스크는 무역협회와 코트라 등 관계기관이 합동으로 참여해 중국과 무역거래를 하는 기업에 원산지 관리 및 수출시장 개척, 비관세장벽 해소 등의 서비스를 종합 지원하게 된다.

최근 들어 상하이에서 농수산물 유통공사(aT)의 역할이 두드러지고 있다. 소득수준이 향상됨에 따라 식품 안전에 부쩍 신경을 쓰고 있는 중국인들은 한국 식품을 안전과 건강 측면에서 높게 평가하고 있다고 한다. 농수산물 유통공사는 상하이를 위시한 화동지역 중산층 소비자들이 찾는 고부가가치 농산물 시장을 개척하는 데 첨병 역할을 하고 있다.

K-food 페어 개최, 현지 대형 유통업체 연계 소비자 판촉행사 개최 등 각종 홍보 행사를 개최하고, 관련 업체들의 전시회 참여를 지원하며, 식품 바이어를 한국으로 초청하여 수출을 알선하고 수출 유망상품을 개발하는 일을 하고 있다. 상하이 식품 전시회 계기에 개최된 한국 장류를 활용한 중국 음식 만들기 대회가 매년 개최되어 상하이 시내 유명 호텔 요리사는 물론 중국에서 요리 분야로 가장 명성이 있는 양주대학 학생들이 참가하여 자웅을 겨루고 있는데, 상하이 식품 박람회에서 가장 특색 있고 인기 있는 코너로 자리 잡았다.

수협이 2014년 6월 26일 중국 최대의 소비 중심 도시인 상하이에 사무소를 개설하여 수산물의 중국 수출 확대를 위한 전진기지로서 시동을 걸었다. 중국인들이 선호하는 수출 품목을 발굴하고, 인적 네트워크 구축을 통해 수입상을 확보하며, 수산단체간의 교류협력을 통한 관계 강화를 도모해 나가는 것이 주된 업무이다. 수협 사무소는 개설한 지 얼마 안 되었지만 온라인, 오프라인 홍보 및 마케팅 지원뿐만 아니라 중국 내 수산물 판매장소를 설립하여 한국 수산품 브랜드에 대한 인식 제고를 추진하고 있다.

## 2. 지자체 대표 사무소 활용

지자체들도 분주히 움직이고 있다. 2014년 말과 2015년 1월까지 불과 2~3개월 사이에 서울, 부산, 인천, 전남, 제주, 충북 등 6개 광

역 지자체장들이 상하이를 방문하여 시장 개척활동을 하였다. 2014
년 12월 현재 상하이 8개, 난징에 대전시 사무소 등 9개 광역 지자체
사무소가 운영되고 있었는데, 2015년 1월에는 충북 사무소가 개설되
었고, 서울시도 개설을 추진하고 있다.

지자체 대표 사무소는 중국 지방정부와의 교류사업 전개, 관광객
유치, 유학생 유치 등 교류활동 전진기지로서의 역할은 물론 시장정
보 수집, 바이어 발굴 및 거래 알선, 박람회, 수출상담회 업무지원, 투
자유치 설명회 개최 등 각종 통상 지원 활동을 하고 있다. 예를 들어
대구시 대표 사무소는 의료 허브를 구현하려는 '메디 시티 대구' 정책
하에 중국 현지 여행사와 협력하여 관광객들을 유치하는 데 나서고
있다. 경기도는 2013년 '섬유 센타'를 설립하여 섬유 생산 중소기업
체와 바이어를 연결시키는 데 적지 않은 성과를 거두고 있다.

## 3. 학술, 인증, 투자기관 활용

한국 해양수산개발원(KMI) 중국 연구센터도 중국에 진출하였거나
진출하고자 하는 한국기업을 지원하는 업무를 수행하는 데 열심이다.
우선 정기적으로 중국 물류 리포트를 발간해 해운, 항만, 육상물류,
해양, 수산 분야에서의 중국 정부 정책과 이슈 및 뉴스를 분석 정리
하여 제공하고 있다. 다음으로, 다양한 학술행사 개최를 통해 기업 전
략 수립에 필요한 정보를 제공하고 있는 데, 2014년의 경우 전자상
거래, 중국의 신 실크로드 정책, 콜드체인, 서부 대개발, 내륙 물류시
장 진출 등을 주제로 활발한 세미나와 워크숍을 개최했다.

한국 화학융합연구소(KTR)가 2014년 10월 중국의 무역 중심지

이자 검측시장 중심지인 상하이에 설립되었다. 수출 위험 화학물질에 대해 중국 역내 수입통관검사를 국내에서 선적하기 전에 사전 실시하여 절차를 간소화하고, 중국 수출 시 겪고 있는 등록절차 애로사항(정보 부족, 소통 한계, 고가 컨설팅비 등)을 해결하여 의료기기, 화장품 등의 등록지원을 통한 수출, 판매 지원 서비스를 제공하고 있다. 상하이를 비롯한 화동지역이 한국의 중국과의 교역이 40% 가까이 되고 6,000여 개의 한국 기업들이 투자하고 있는 점을 감안할 때 화학 융합 사무소 개설은 큰 도움이 될 것으로 기대되고 있다.

2014년 6월 27일 중소기업청과 한국벤처투자가 국내 벤처기업들의 중국시장 진출을 지원하기 위해 상하이에 벤처투자센터를 설립하였다. 2013년 초 미국 실리콘밸리에 이어 두 번째 센터가 설립된 것이다. 현지 벤처투자자, 펀드운용사, 기업 등과 접촉해 네트워크를 구축하고 모태펀드에서 투자를 받았거나 받을 예정인 한국 벤처기업들을 현지 파트너와 연계해 주는 서비스를 제공하고 있다. 2014년에 상하이 창업기금회(창업 초기 전문 투자기관) 등과 창업초기 공동펀드 결성 MOU를 체결하였으며, 한국 벤처투자 시장을 소개하고 투자 기업을 매칭시키는 한류 콘텐츠 로드쇼, 한국 스타트업 기업 투자설명회 등을 개최하였다.

한편, 상하이에서는 크고 작은 창업 세미나가 수시로 개최되고 있다. 2014년 11월 20일 중소기업청과 한국 벤처투자가 창업 세미나를 개최하고, 한중 양국 기업들 간 직접 투자 상담의 장도 마련하였다. 그 행사에 참석한 한국 벤처투자 사장은 미국 실리콘밸리를 방문한 적이 있는데, 그때 만난 미국인들이 가깝고 전망이 무궁무진한 상하이에 가지 않고 왜 여기 왔느냐고 반문하여 급히 상하이에서 행사를 갖게 되었다고 하면서, 이번 기회에 상하이를 개척 공략 포인트로 삼아야 한다는 것을 절실히 느꼈다고 말했다.

한민족은 수많은 민족들이 명멸하는 가운데에도 동북아에서 굳건히 자리를 잡고 살아왔다. 한국은 매우 단기간에 원조를 받는 국가에서 원조를 주는 국가로 발전한 성공 모델이 되었고, 조선, 자동차, 석유화학, 건설, IT 등 주요 산업에서 세계 5위에 드는 산업 강국으로 부상하였다. 여기에는 국가 전체의 활력과 역동성, 정책을 이끌어 가는 정부의 의지와 공무원들의 책임의식, 그리고 해보자 하는 국민적 열기가 작용하였다.

그러나 지금은 어떠한가? 중국은 개혁개방 이후 한국 발전 경험을 습득하였고 한국 기업들은 투자와 기술 전수를 통해 중국의 발전에 적지 않게 기여하였다. 그런데, 이제 중국은 한국 발전 전략과 경험을 논하지 않는다. 스스로 할 수 있다는 자신감이 충만하고, 실제로 많은 분야에서 한국을 따라 잡았으며, 이제는 한국을 앞서기 위해 뛰고 있다.

상하이 자유무역시험구를 통해 중국의 역동성은 확연히 나타나고 있다. 혁신을 통해 국가 전체를 도약시키려는 중국 지도자들의 의지와 지도력을 느끼지 않을 수 없다. 이제 더 나아가 중국판 마셜플랜으로 불리는 해상과 육상의 통합 실크로드 프로젝트인 '일대일로(一帶一路)' 정책을 표방하면서, 대규모 기금을 조성하여 주변국 도로, 철도망 등 인프라 개발을 통해 역내 영향력을 확대하려하고 있다. 한편으로 막대한 차이나 머니를 바탕으로 브릭스(BRICS)의 신개발은행(NDB), 아시아 인프라투자은행(AIIB) 등 국제은행 설립을 주도적으로 추진하여 국제경제 프레임을 다시 짜려고 하는 의지를 보이고 있다.

중국 시장은 세계의 유수 기업들의 각축장이었다. 그러나 이제 중국 로컬 기업들도 당당히 경쟁에 가세하였고 그 기세가 무섭다.

중국 휴대폰 업체인 샤오미가 중국 시장 판매량에서 삼성 갤럭시폰을 제치고, 전자상거래 기업인 알리바바가 위세를 떨치면서 중국 로컬 기업들의 힘을 보여 주고 있다. 과거에 중국 시장에는 홈팀이 없는 것이나 다름없었기 때문에 한국 기업들의 중국 시장 개척이 비교적 용이했으나, 이제는 강하고 많은 중국 기업들이 홈팀으로 치고 올라오고 있어 철저히 어웨이 게임을 해야 하는 불리한 위치에 서게 되었다.

한편으로 중국 기업들이 부동산, 서비스 등을 중심으로 한국 상륙 시동을 걸었다. 중국 정부의 저우저취(走出去 : 밖으로 내보낸다) 해외 투자전략에 따라 거대한 외환보유고를 바탕으로 한국에 대한 진출도 본격화할 움직임을 보이고 있다. 중국 자본이 제주도 노른자위 땅을 마구 사들이고 우량 한국 기업들을 M&A 하고 있다. 알리바바 등 거대 전자상거래 기업들이 창의력 있는 한국의 벤처기업들이 개발한 기술을 사들이면서 자신의 생태계로 편입하고 있다. 이제 중국 기업들이 한국시장에서 어웨이 게임을 하겠다고 도전을 내미는 형국이 온 것이다.

상하이 자유무역시험구에서 시작된 중국의 혁신이 기업 경쟁력 향상으로 이어지고 한편으로 중국 지도자들이 일련의 국력 강화와 위상 확대 전략을 구사하는 것을 목도하면서 중국의 주변국인 한국이 어떻게 동북아에서 떳떳하게 살아나가고 미래 세대들에게 당당한 국가를 물려주고 희망을 지속시켜 줄 것인가 하는 큰 과제에 직면하게 될 것이라는 것을 느낀다. 앞으로 직면할 과제를 어떻게 풀 것인가?

해외에서 생활하면서 한국의 미래 세대들이 창의성과 적극성, 국제적인 감각, 외국어 구사능력 등 여러 측면에서 세계 어디에 내

놓아도 손색이 없다는 것을 확신하게 되었다. 이러한 미래세대가 있기에 정부, 기업, 지자체, 공공기관 등이 서로 힘을 합쳐 열심히 일하면 한국이 다른 나라보다 못할 이유가 하나도 없다. 나아가 미래 세대들에게 희망을 주고 당당한 국가를 물려주어야 하는 과제를 담당하지 못할 이유가 하나도 없다. 해법은 바로 두 가지이다. 중국에 대한 경쟁력을 유지하면서 중국 시장이라는 거대 시장을 개척해 나가야 하며, 부가가치 높은 산업을 발전시키기 위해 부단히 노력하고 혁신하는 것이다.

먼저, 중국의 변화 상황을 제대로 알아야 한다. 시진핑 주석을 중심으로 하는 현재의 지도층은 과감한 개혁개방 드라이브를 걸고 있으며, 이에 따라 새로운 정책들이 쏟아져 나오고 있다. 자유무역 시험구에서의 다양한 개혁 실험을 거쳐 새로운 법규와 제도가 대대적으로 도입되면서 중국의 경제 제도에 일대 변화가 이루어지고 있다. 개혁개방 이후 외국 투자 기업에 관해 규율해 온 외자 3자법을 '외국기업법'으로 통합 추진하는 것은 단적인 예이다.

둘째, 국내적으로는 혁신을 하여 부가가치를 높일 수 있는 기회를 창출하도록 해야 한다. 넘쳐나는 우수한 인력을 활용한 의료 허브 구축을 위한 개혁 필요성은 아무리 강조해도 지나치지 않는다. 거대한 유동 자금 특히, 대기업들이 쌓아놓고 있는 현금이 생산적인 분야에 투자될 수 있도록 유도하고 과도한 규제를 혁파해 나가야 한다. 한편으로, 미래 세대들이 기술을 개발하고 실력이 있는 기업을 창업하고 자본 조달이 용이하도록 유연한 정책을 전개해야 한다.

셋째, 국민들이 앞으로 나갈 수 있도록 분위기를 끌어 올려야 한다. 한마디로 국민적 역동성을 불러 일으켜야 한다. 여야 정치권은 정치 논리, 진영 논리에서 벗어나 국익만을 생각하면서 치열하게 토론하고 올바른 결정을 도출해 나가야 한다. 언론, 사회 지도층도 눈치 보지 말고 할 말은 하면서 앞장서야 한다. 지금 모두의 분발이 필요한 때다. 코끼리 같은 거대한 중국이 달리고 있다. 변변한 자원도 없고 국토도 좁으며 인구도 절대적으로 적은 한국은 더 세게 달려야 하지 않은가?

'해마'라는 어종을 가지고 2014년 상하이 식품 전시회에 참가한 어느 한 부인의 말이 아직도 가슴을 울린다. 해마는 중국에서 건강에 좋기로 소문나 선호도가 높은 어류다. 양식이 상당히 어려우나 제주 대학에서 교편을 잡고 있다가 은퇴한 학자가 양식 개발에 성공하였다. 양식에 성공하였다는 소식을 듣고 중국 사업가들이 큰돈을 들고 와서 기술을 사겠다고 하였으나 그 학자는 기술 판매를 거절하였다. 식품 전시회에 참가한 그 학자 부인은 "절대 기술 팔지 않을 것입니다. 기술 개발하여 돈 받고 팔아버리면 누구 좋은 일만 시키지요. 제주도 어민들에게 분양하여 대량으로 양식하여 중국 시장에 팔 것입니다."라고 힘주어 말했다. 한국인들이 이러한 생각과 자세로 나아가면 한국은 희망이 있고 미래가 있다.

## 【참고문헌】

1. 중국(상하이) 자유무역시험구 홈페이지, 중국 정부, 상하이 정부 관련 부서 및 해당 기업, 기관 사이트-자유무역구 http://www.china-shftz.gov.cn/Homepage.aspex

2. 인민일보, 신화사, 동방조보, 제1재경일보 등

3. 화동정법대학,《중국(상하이) 자유무역시험구 법률연구원》월간지, '信息簡報'(2013년 10월~2014년 11월)

4. 상하이 재경대학 자유무역시험구연구원, '2014 중국(상하이) 자유무역시험구 발전 연구보고'

5. 상하이 교통대학출판사, '중국(상하이) 자유무역시험구 안내 1권 및 2권'(2014년)

6. 상하이 금수문장출판사, '자유무역구 관통(自貿區打通關)'(2014년)

7. 베이징대학 출판사, '자유무역구에서 이익창출(贏在自貿區)'(2014년)

8. 푸단대학 출판사, '상하이자유무역구 해설(上海自貿區解讀)'(2014년)

중국 주재 외교관이 전하는 중국 新 경제 정책의 핵심

# 상하이 자유무역시험구

2015년 3월 30일 1판 1쇄 발 행
2015년 12월 10일 1판 2쇄 발 행

지은이 | 이강국
펴낸이 | 박정태
편집이사 | 이명수    감수교정 | 정하경
편집부 | 김동서, 위가연, 조유민
마케팅 | 조화묵, 이상원, 박용대    온라인마케팅 | 김찬영
경영지원팀 | 최윤숙
펴낸곳 | 북스타
출판등록 | 2006. 9. 8. 제 313-2006-000198호
주소 | 경기도 파주출판문화도시 광인사길 161 광문각빌딩
전화 | 031-955-8787    팩스 | 031-955-3730
E-mail | kwangmk7@hanmail.net
홈페이지 | www.kwangmoonkag.co.kr

ISBN  978-89-97383-51-1    03340
값 22,000원